中南财经政法大学
哲学院学术丛书

侯忠海○著

莱布尼茨神义论思想研究

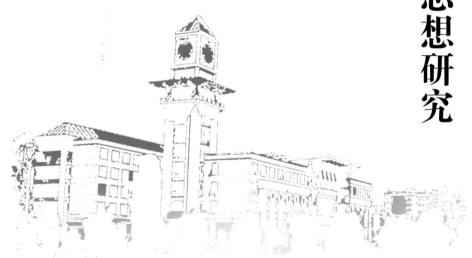

A STUDY ON THE
THEODICY IDEAS OF LEIBNIZ

中国社会科学出版社

图书在版编目(CIP)数据

莱布尼茨神义论思想研究/侯忠海著. —北京：中国社会科学出版社，
2020. 11

（中南财经政法大学哲学院学术丛书）

ISBN 978 - 7 - 5203 - 7083 - 7

Ⅰ. ①莱… Ⅱ. ①侯… Ⅲ. ①莱布尼茨（Leibniz, Gottfried Wilhelm
Von 1646 - 1716）—哲学思想—研究 Ⅳ. ①B516. 22

中国版本图书馆 CIP 数据核字（2020）第 164072 号

出 版 人	赵剑英	
责任编辑	杨晓芳	
责任校对	刘 昭	
责任印制	王 超	

出 版 中国社会科学出版社
社 址 北京鼓楼西大街甲 158 号
邮 编 100720
网 址 http://www.csspw.cn
发 行 部 010 - 84083685
门 市 部 010 - 84029450
经 销 新华书店及其他书店

印 刷 北京君升印刷有限公司
装 订 廊坊市广阳区广增装订厂
版 次 2020 年 11 月第 1 版
印 次 2020 年 11 月第 1 次印刷

开 本 710×1000 1/16
印 张 19.25
字 数 288 千字
定 价 99.00 元

目　录

导　言

人们对神有不同的理解，并不是在任何情况下都存在神的正义（神正或神义）问题。在什么情况下会出现神的正义问题呢？出现神义问题至少包括这样一些条件：只存在一个唯一的神；这个唯一的神是所有宇宙的创造者；所有宇宙中都存在着各种各样的恶。神的正义问题的理论难度随着唯一神的属性的不同而不同，当唯一的神是全知全善全能的，唯一的神只创造了唯一的宇宙的时候，神的正义问题的理论难度最大。

在哲学史发展的任何阶段，神义问题都与其他问题有着这样和那样的联系。在哲学史发展的某一具体阶段，关于神义问题的理论具有各自的特色。

一般认为，对神义问题的讨论是从柏拉图（Plato）开始的，其发展历经两个大的阶段：古希腊罗马时期和中世纪，到了近代莱布尼茨（Leibniz）那里得到了第一次全面系统的综合。

从柏拉图开始的古希腊罗马时期神义论思想中的神主要是工匠神，创世者尽管是全知全善自由的，并以创造一个完善、和谐、不平等而有秩序的宇宙来证明其至善和正义的属性，然而总有物质性本原是与创世者同样永恒的。虽然创世者赋予了宇宙善的目的和秩序，但仍然存在神义问题，这里神义问题只涉及与恶无关的自由、平等和至善问题。世间虽然存在恶，但恶被归于独立于创世者的物质性本原，与上帝的正义无关，对于上帝的正义问题的探讨在古希腊罗马时期主要讨论宇宙的秩序、自然万物的和谐、相互补偿、自由和平等的问题。

在斯多葛派那里，一方面由于不存在独立于创世者的物质性本原；另一方面由于创世者的绝对预定，没有给被创造物的偶然、自由、自由意志留下任何地盘，创世者具有了绝对自由，创世者对世间的恶就具有不可推卸的责任。不管怎样，恶与恶的起源就与创世者不可分割地联系在一起了，面对世间的恶神的正义问题成为一个必须回答的问题。古希腊罗马时期哲学家伊壁鸠鲁（Epicurus）第一次尖锐地提出了面对世间的恶全善全能的神的正义问题："上帝或者希望消除所有恶事而不能；或者，他能而不愿意；或者，他既不愿意又不能；或者，他既愿意也能。如果上帝愿意而不能的话，他是软弱——这与上帝的品格不符；如果上帝能而不愿意的话，他是恶毒——这同样与自己的品格相冲突；如果上帝既不愿意又不能的话，他就既恶毒也软弱，因此就不是上帝；如果上帝既愿意又能——这唯一符合上帝，那么，恶事到底从何而来？或者说，他为什么不拿开这些恶事？"① 伊壁鸠鲁在这段话中揭示了上帝的全善与全能之间的矛盾，第一次明确地提出了面对世间的恶，唯一的全善全能的上帝的正义何在的问题，即上帝的全善、全能与恶的关系问题。

　　基督教神学家神义论思想中的上帝是唯一的神，是全知全能全善的神，是无中生有的人格神，神义问题论证的难度可想而知。旧约《约伯记》中和新约《罗马书》里也提出了神义问题。正义是上帝的本性，面对世间的恶，我们不能怀疑上帝的正义，哪些人是有罪的，哪些人是纯洁的，上帝是完全知道的。试探、考验、证明人是否有罪、是否纯洁不是上帝而是魔鬼或人提出的问题或所做的事。试探、考验、证明的是魔鬼或人自己，与上帝无关。

　　世界是上帝的创造物，世间的恶也就与上帝有必然的联系，因此必然产生上帝是否正义的问题。或者，上帝是独立的，魔鬼、人、世间万物也是独立的，同时，上帝、魔鬼、人、世间万物又是同一的，神义问题也就得到了解决，但合理的结论是矛盾比上帝更根本。或

---

① 伊壁鸠鲁关于恶之问题的这段经典论述载于拉丁教父拉克唐修（Lactantius）的《论上帝的愤怒》（De ira Dei）第十三章，第20—21节，转引自〔德〕莱布尼茨《神义论》，朱雁冰译，道风书社2003年版，中译本导言第 xxi 页。

者，全知全善全能的上帝、无中生有的上帝面对世间存在的恶，不仅有伊壁鸠鲁提出的全善与全能之间的矛盾，而且还多出了全知与全能之间的矛盾、全知与全善之间的矛盾、全知全善全能之间的矛盾。或者，"如果上帝和人以同一标准在不同程度上迈向正义，那么邪恶，尤其是道德邪恶又该放在何处呢？如果上帝是公正的，为什么世界充满了不完美、疾病和原罪（正如莱布尼茨承认的那样）？如果人类是不公正的，因为我们没有上帝那么完美，我们又如何能够真的为自己的行为负责呢？……上帝和人的正义（或进一步讲，善）能用同一标准来界定吗？"① 或者，神义问题的实质是个别与一般的问题。或者，神义问题的最终解决就是证明上帝不存在。

"神义"（法文 Théodicée；德文 Theodizee；英文 Theodicy）是由莱布尼茨（Gottfried Wilhelm Leibniz，1646—1716 年）将两个希腊词根"θεós"（上帝）与"δíκη"（正义）合二为一首创的术语。莱布尼茨基于信仰与理性的一致既把"神义"当作神学概念，又把"神义"当作一个纯粹的哲学概念。1710 年莱布尼茨以法文出版了《神义论——关于上帝的慈善、人的自由与恶的来源》（Essais de théodicée sur la bonté de Dieu，la liberté de l'homme et l'origine du mal）一书，人们习惯于将其简称《神义论》或《神正论》。黑格尔（Hegel）在《哲学史讲演录》中说："《神义论》在读者中间最著名……沃尔夫认为这部书写得十分严肃认真，他认为，莱布尼茨即使不是以这种意义下的严肃态度写《神义论》的，却也不知不觉地在其中写下了他的最好的思想。"② 黑格尔的本意并不是赞扬莱布尼茨的《神义论》，我们却是借黑格尔的这些话来赞扬莱布尼茨的《神义论》的。《神义论》是莱布尼茨"最著名的作品"③。"《神义论》'至少'足以说明他的体系

---

① ［美］帕特里克·赖利编：《莱布尼茨政治著作选》，张国帅、李媛、杜国宏译，中国政法大学出版社 2014 年版，第 10 页。

② ［德］黑格尔：《哲学史讲演录》第 4 卷，贺麟、王太庆译，商务印书馆 1997 年版，第 166—167 页。

③ ［美］帕特里克·赖利编：《莱布尼茨政治著作选》，张国帅、李媛、杜国宏译，中国政法大学出版社 2014 年版，第 10 页。

的'原则'。"① 随着这本书的问世，神义论成为了基督教神学和西方哲学方面的专门理论问题的领域。

神义问题可以概括为这样一个问题：唯一的上帝的正义与上帝创造的这个最好的世界中的恶的关系问题。为了回答这个问题必须回答下列一系列问题：唯一的上帝是否存在？如果上帝不存在，或者上帝存在，但上帝不唯一，神义问题因此而随之消失；如果上帝存在，但上帝不是从无中创造了这个世界，上帝利用原始物质创造了这个世界，神义问题也不存在；如果上帝存在，那么上帝有哪些属性呢？上帝不同性质的属性会导致对神义问题的不同回答，甚至同样导致神义问题的取消。如果上帝是全知、全善、全能、正义的，那么上帝从无中创造的这个宇宙中的恶来源于何处呢？恶的原因是什么？恶的理由是什么？上帝为什么容许恶的存在，尤其容许道德的恶的存在？正如莱布尼茨所说："人们不可以否认，世界上存在着形体上的恶事（即苦难）和道德上的恶事（即犯罪），尘世间形体上的恶事似乎并不是按照正义的要求根据道德上恶事的程度加以分配的。所以，即便在自然神学中也仍然存在着这样一个问题：唯一一个至善、至智、全能的原则怎么会容许恶事，尤其是怎么会容许罪，怎么会轻易地作出那种往往使恶者幸福而使善者不幸的决定？"② 莱布尼茨对上帝的正义的质问是把自然和人当作一个整体来看待的，内在地包含了古希腊罗马时期和中世纪对神义问题的探讨。

为了全面深入地把握莱布尼茨的神义论思想，走进莱布尼茨的神义论思想，以挖掘其理论意义和实践意义，我们必须注意以下一些问题。

第一，神义论思想的内容要回溯到古希腊罗马哲学才能得以全面揭示。莱布尼茨自觉地吸收了自古希腊以来神义论思想，把相互区别甚至相互对立相互矛盾的观点都内化进自己的神义论思想体系中，从

---

① ［英］玛丽亚·罗莎·安托内萨：《莱布尼茨传》，宋斌译，中国人民大学出版社2015年版，第439页。

② ［德］莱布尼茨：《神义论》，朱雁冰译，道风书社2003年版，第68页。

而把神义论思想的研究提高到一个新的高度。莱布尼茨说："对这个系统的考虑，也使人看到：当我们深入地来考察事物时，在大部分哲学派别中都可看到有比人们所认为更多的道理，如怀疑论派所说的在感性事物中缺乏实体的实在性；毕达哥拉斯派和柏拉图派把一切还原为和谐，或数、理念和知觉；巴门尼德和普罗提诺所讲的没有任何斯宾诺莎主义的一和甚至唯一的大全；斯多葛派那种和别人所讲的自发性可以相容的联系；犹太和埃及的神秘主义者所讲的认为一切都有感觉的生命哲学；亚里士多德和经院哲学家们所讲的形式和隐德莱希；以及另一方面德谟克利特和近代人那种对一切特殊现象的机械论的解释等等；所有这一切都被结合在一起，就像结合在一幅图景的一个中心一样，从这个观点去看，整个对象（从别的一切观点去看都被搅混乱了的）就显出它的井井有条和各部分的和谐一致。"① 这清楚地表明，莱布尼茨有意把各种理论结合在一起，构成一个有机的体系，从而解释莱布尼茨所遇到的各种哲学问题，其中包括神义论问题。

第二，要弄清楚莱布尼茨神义论思想的时代背景。自马丁·路德（Martin Luther）发起的宗教改革运动以来，当时欧洲长期统一的基督教在欧洲各国间及各国内部都产生了广泛的分裂。基督教在分裂为天主教、东正教之后，又分裂为天主教、东正教与新教。新教又有很多派系。在莱布尼茨生活时期的德国，基督教至少分裂为三派，即天主教和作为新教的路德教、加尔文教。这三个派别各有其政治经济势力范围，与各统治阶级的意识形态勾结在一起，在德意志内部分裂的国中之国中作为各自的幕后支持者。德国境内各宗教派别之间错综复杂的矛盾与欧洲其他国家宗教派别之间的激烈斗争有紧密的联系，甚至就是这种激烈斗争的一个缩影。

由于生产力的发展，以及当时欧洲在经济、政治、文化、宗教、民族和主权等多方面矛盾的激化，1618 年终于在处于欧洲中心、国力相对弱小的德国爆发了三十年战争（1618—1648 年）。这场战争是一场主要在德国发生的国际战争。这场战争作为人祸给德国带来了一

---

① 陈修斋、段德智：《莱布尼茨》，东大图书公司 1994 年版，第 28 页。

系列坏的影响。使本来就分裂的德意志分裂为更多的大大小小的国中之国，国家的主权受到内外力量的交互分割，国家的经济、政治、文化处于崩溃的边缘。德国的资本主义发展遇到极大障碍，人民深陷水深火热之中，使得已经落后的德国更加远远落后于西欧各国。

三十年战争的苦难迫使各个领域的有识之士谋求国家统一以使国家独立和自强。资产阶级也希望国家统一以形成统一的市场从而发展资本主义。国家主权完整、独立、富强、安定、和谐符合大众的根本利益，因而也是希望安居乐业的广大民众所渴望和追求的。而理论界则要求重建宗教观、人生观、价值观和世界观以统一人们的思想。暂时的分裂是为统一做准备，再一次分裂是为更大的统一、更深刻的统一做准备。实践家追求国家的统一以为当时的资本主义发展准备条件。理论家追求思想的统一以为国家的统一准备条件。社会总是会存在各种不同理论的，但追求各种不同理论的统一及追求各种不同理论探索活动的统一是莱布尼茨自小的志愿。"从根本上说，莱布尼茨穷其一生都怀抱着同一个梦想：把多样的人类知识统一为一个逻辑的、形而上的和可付之教化的整体，这个统一的整体以天主教传统的有神观念为中心并致力于追求公共的善。这项规划被表述在一系列描绘了如何改革与提升整个科学大百科的综合计划的概述性文本中。"① 只有一个莱布尼茨，不管莱布尼茨所从事的理论研究和实践活动多么不同，它们都是统一的，关键是我们理解到什么程度了。莱布尼茨认为，天主教与新教的分裂是国家分裂的主要原因，为了实现国家的统一，必须从根本上使天主教与新教和谐相处，因而必须建立天主教与新教统一的理论基础。这是时代提出的新问题，以往的哲学理论对这个问题都只能提供部分的答案，没有一个过去的理论能够单独地回答这个问题。

正如前面所述，莱布尼茨长期思索他所处时代提出的大问题，并利用古希腊罗马以来的各种理论资源创立了一种各个阶层都能接受的

① ［英］玛丽亚·罗莎·安托内萨：《莱布尼茨传》，宋斌译，中国人民大学出版社2015年版，第5页。

新哲学理论，当然也能为天主教和新教共同接受，从而有利于国家在各个层面的统一，这就是他创立的《单子论》（1714 年）和《神义论》（1710 年）。从某种意义上说，《单子论》主要是从本体论上论证宇宙的在先和谐，《神义论》主要是从伦理学上论证宇宙的在先和谐，两者都服务于同一目的：为宇宙的和谐统一建立理论根据。

第三，莱布尼茨写作《神义论》的一些具体原因。按照莱布尼茨的思想，具体的原因只是必然要发生的事情的机缘。这些具体的原因是统一在莱布尼茨的理论活动和实践活动之中的。

首先，莱布尼茨长期关注、研究、探索神义问题，比如，上帝的正义、恶的来源、人的自由等。莱布尼茨创作的第一篇讨论神义问题的文章是《论人的自由、上帝的旨意、幸福与灾祸以及过错或命定、恩宠选择以及创造物之为与不为的参与；论正义以及受永罚者中此一人之被离弃和彼一人之受接纳的有理和无端》（1670 年）。这篇文章的内容初步讨论了后来在 1710 年出版的《神义论》中所论述的大部分主要问题，两篇文章之间相隔 40 年之久。

其次，莱布尼茨为了纪念索菲－夏洛蒂公主（Sophie-Charlotte，1668—1705 年），以及系统整理与培尔在宗教哲学问题上争论的需要。这里表现出哲学既是最抽象的又是最具体的特征，哲学既是对社会生活的深入同时又是对社会生活的超出的特征。

再次，莱布尼茨认为神义问题很重要。莱布尼茨称神义问题为困扰人类理性的两个迷宫之一，可谓把神义问题推崇到了极致。莱布尼茨指出："有两个著名的，往往使我们的理性在其中产生混乱的迷宫：其一涉及关于自由和必然性的重大问题，尤其关于恶事之产生和来源的问题；其二是关于持续性和不可分事物的讨论，这些事物的构成部分似乎是其自身，因而人们不得不同时将对无限性的思考纳入其中讨论。前者几乎使整个人类陷入尴尬境地，后者只令哲学家为之伤神。也许我在另外的场合有机会就第二个迷宫发表我的看法，并指出人们由于错误理解实体（substance）与物质的本质而采取了错误的立场，这造成了不可克服的困难；然而，正确利用这种立场也许恰恰会转变它。如果说关于持续性的知识对于思辨是重要的，那么，关于必然性的知识对于实际行动同样如此；这将成为本书的论题。本书同时还将讨论与之相关联的两点，即人的自由与上帝的正义。"① 这两大迷宫是莱布尼茨终生所关注的问题。可以说，这两大迷宫在莱布尼茨那里是互相依存的。不可分的点与连续性关系问题可以说处于本体论层次，而自由与必然关系问题可以说处于伦理学层次。莱布尼茨正是为了寻求自由与必然关系问题的答案才去探究不可分的点与连续性关系问题的，而莱布尼茨探求不可分的点与连续性关系问题的答案正是为了自由与必然关系问题的回答寻求理论根据，对自由与必然关系问题的探索反过来又加深了对不可分的点与连续性关系问题的理解，因此两个迷宫在莱布尼茨那里是相互依存、相互促进的。

神义论所探讨的就是自由与必然、恶的起源这个迷宫。那么，自由与必然与恶的起源是一个什么样的关系呢？我认为，如果上帝没有自由，那么上帝就不用对宇宙中的恶负责，人若没有自由，那么人也就不用对道德的恶负责。上帝是无限自由的，那么上帝的正义何在？世间的恶来源于何处呢？人是自由的，由于人是上帝的创造物，人的自由是否也是上帝的创造？那么人是否就一定要对道德的恶负责呢？也就是说，要回答恶的起源问题，最终必须追问上帝的自由和人的自由。自由与必然的关系问题不仅仅涉及恶的起源问题，但恶的起源问题是自由与必然关系问题中尤其重大的问题。正义问题与理智、意志、情感、能力、自由、恶的起源及平等等都有关，因此，上帝与人之间的正义的关系及人与人之间的正义的关系在以上各方面的表现就是我们研究的重要内容。

一些学者认为，莱布尼茨的《神义论》是媚俗的或通俗的著作，里面并不包含深奥的哲学观点。罗素说："莱布尼茨公开宣扬的一个体系（以《神义论》为代表——引者注）讲乐观、守正统、玄虚离奇而又浅薄。"② 莱布尼茨既有晦涩的哲学著作，又有通俗的哲学著作，两种著作表达的是同一个莱布尼茨的同一个思想。相比较而言，

① ［德］莱布尼茨：《神义论》，朱雁冰译，道风书社 2003 年版，第 7—8 页。

② ［英］罗素：《西方哲学史》下卷，马元德译，商务印书馆 2001 年版，第 106 页。

莱布尼茨的通俗著作还有一些独到的优越性。首先，它可以启发一般读者对书中提到的问题进行更深入的理解，从而增加社会影响力。其次，也可以使有很深哲学造诣的学者推出深奥的哲学结论，甚至推出莱布尼茨本人隐藏在其中不敢直说的观点。比如，莱布尼茨《神义论》中两个迷宫的观点与康德（Kant）《纯粹理性批判》中的理性宇宙学的四个二律背反有比较紧密的联系。有鉴于此，研究莱布尼茨的神义论思想就不能局限于《神义论》，还应研究莱布尼茨的其他哲学著作。

　　莱布尼茨是继亚里士多德之后的另一位百科全书式的思想家，是象征一所科学院的一个人。也就是说，他一个人就是一所科学院。仅仅因为创立微积分，他就可以被称为数学家；仅仅因为提出充足理由律和普遍文字的构想，他就可以被称为逻辑学家；能量守恒的观点足以支撑他物理学家的地位；也由于相应的功绩，他也是当之无愧的历史学家、外交家、神学家等；当然也是一位充满智慧的哲学家。罗素在《西方哲学史》中指出，"莱布尼茨是一个千古绝伦的大智者"，"莱布尼茨的伟大现在看来比以往任何时代都明显"①。莱布尼茨的智慧既体现在以单子论中多位一体思想为哲学基础的神义论面对世间的恶赞美了人的自由，也体现在以单子论中在先和谐学说为哲学基础的神义论面对世间的恶弘扬了宇宙的整体和谐，还表现在信仰与理性的一致关系中他推进了西方宗教的理性主义和人本主义精神。

---

　　① ［英］罗素：《西方哲学史》下卷，马元德译，商务印书馆2001年版，第106、124页。

第一章 莱布尼茨以前神义论思想

第一节 古希腊罗马神义论思想

如前文所述，只有回溯到古希腊罗马哲学才能走进莱布尼茨的神义论思想。古希腊罗马哲学是西方哲学的源头，后来哲学家讨论的问题都可以在这里找到踪迹。具体到正义观这个问题上，古希腊罗马哲学也包括了以后各种正义观的胚芽。尽管如此，古希腊罗马哲学所有正义观都集中在一个主题上，那就是"人的自然的正义"（莱布尼茨的神义论思想内容的外在表现之一）。人们认识的次序是从外向内、从自然向人。原因在于外部自然首先引起我们的惊异，也相对较易把握，然后根据把握自然的尺度来把握不易把握的人及人的内部。

这一时期的正义问题是以自然为主题的，也就是说一切正义问题都既远离自然又归结为自然。所谓远离自然，就是说，这一时期论述的是人的自然的正义，其中包括人的正义、神的正义、社会的正义等，其中任何一项都不是讨论自然的正义，从某种意义上说，自然无所谓正义。所谓归结为自然，就是说上述种种正义观最终都以自然为标准、都以必然为标准。正义虽然表现为自由、补偿、和谐、命运、奴隶与自由民的区分、理想的社会制度、享乐主义和对恶的克服等，但其中都贯穿着自然必然性的主线。

莱布尼茨的神义论讨论的问题是，面对上帝创造的宇宙中的种种的恶，唯一的全知全善全能的神为什么还是正义的？古希腊罗马哲学的正义观的很多内容表面上看与莱布尼茨神义论思想没有关系，或者说只有少数内容与莱布尼茨的神义论思想有关，其实不然，因为无非就是三种情况：正义必须在各种善之间选择；正义必须在善恶之间选择；正义必须在各种恶之间选择。然而，选择小善也是选择了恶，因此正义无不与恶有关。因此，凡正义问题无不与恶有关，也无不与莱布尼茨的神义论思想有关，这也是后文要一一解决的问题。

莱布尼茨"'以哲学的范畴深入信仰的空间，从而有可能使哲学与神学的关系颠倒过来。这样的哲学不再是神学的奴婢，而是以信仰进行审判的理性。'可以说，'他将宗教奇迹、基督徒的本性和基督教的拯救说全都纳入理性的框架'"①。莱布尼茨在理性主义的前提下，以信仰为手段，不断提高理性的层次。莱布尼茨在《神义论》的绪论中详细论述了信仰与理性的一致。一方面，莱布尼茨用理性来解释所有与信仰有关的问题，使信仰理性化；另一方面，莱布尼茨用信仰审判理性，信仰的作用就是把人的理性发挥到极致。这两方面合起来就是极端的理性主义。

费尔巴哈（Feuerbach）认为："在这里，只有智慧、善良和正直才是上帝的本质的和实在的特性；其他特性都退到后面，它们不是神学观点的代表性特征，而是形而上学，仿佛形而上学突然出现在神学之内，或者毋宁说被吸引到神学之中。"② 莱布尼茨并不是用信仰的方法来说明上帝的正义，而是用有形显示无形，用恶来显示这个最好的世界，因而面对世界中的恶还能证明上帝的正义。因此，虽然莱布尼茨对宗教神学有极深的造诣，但莱布尼茨的《神义论》是理性化了的宗教神学著作，又是严格意义上的哲学著作，表现出极端的理性主义精神。

宗教在莱布尼茨这里起的作用主要有两种，一是提出问题，二是把问题推向极端。比如说，容纳一切世间恶的快乐主义思想、最好世界一定包含恶、上帝允许恶是正义的，用一句话概括就是"恶"是

---

① ［德］莱布尼茨：《神义论》，朱雁冰译，道风书社2003年版，译者前言第 lxvii 页。
② ［德］费尔巴哈：《对莱布尼茨哲学的叙述、分析和批判》，涂纪亮译，商务印书馆1997年版，第106—107页。

正义的。这一切都极端违背常理，为了它们说清楚，莱布尼茨没有用信仰来简单地回答问题，而是不得不把理性发挥到极端以圆满回答宗教神学提出的极端悖理的问题。

希腊哲学是理性精神发源地，探索莱布尼茨的神义论思想自然应从古希腊哲学开始。每个有创新意义的哲学体系都是自觉或不自觉地重写哲学史的结果。莱布尼茨是自觉地重写哲学史的哲学家，研究他的哲学思想更有理由从古希腊哲学开始。

一 柏拉图的神义论思想

没有柏拉图的哲学很难想象怎么会发展出基督宗教的一神论。同样，没有从神话中分化出来的古希腊早期自然哲学也很难想象怎么会产生柏拉图的一神工匠创世说。古希腊早期自然哲学欲在千变万化的现象事物后面寻找某种统一的"本原"，以其说明众多的现象。它们称这个本原为"始基"，宇宙万物自它产生，最后又复归于它。

米利都学派的哲学家认为，宇宙中万物的本原是某种物质性的东西。米利都学派的创始人泰勒斯（Thales）提出了水是万物本原的思想。阿那克西曼德（Anaximander）认为，万物的本原是一种没有固定形态和包含无限性质的"无定"（"无限"或"阿派朗"）。而阿那克西美尼（Anaximenes）则明确指出万物的本原是气。米利都学派的哲学家都认为宇宙是一个活的有机体。因此，米利都学派在宇宙观上持一种一元论的物活论。米利都学派的本原思想通过自然本身说明了自然多样性的同一性。米利都学派虽然认为自然的本原是一种感性物，但其中都蕴含着形而上学的特征，因为本原思想是对无限宇宙同一性的论断。米利都学派的本原思想虽然论述的是客观自然自己产生出不同的自己并回归自己的过程，但里面却潜在着自由的思想。本原与其他事物是不同的，因此，米利都学派的本原思想也蕴含着不平等思想。从本原产生万事万物的过程就是一种偏离，从万事万物向本原的回归就是一种纠偏，就是正义。"万物由之产生的东西，万物又消灭而复归于它，这是命运规定了的。因为万物在时间的秩序中不公正，所以受到惩罚，并且彼此互相补足。"① 有不公正才有公正，相对于自由来说，正义是派生的。如果自由是平等的，也就无所谓正义，或者说是自正义。

毕达哥拉斯派认为数是万物的本原。而数作为形式的本原，它自身中就包含了自身分化的根据，为万事万物之间的差别提供了一种可能的解释，从某种程度上解决了米利都学派认为某种物质作为万物本原而造成的一与多、变与不变的矛盾。米利都学派的本原是作为存在的"一"。毕达哥拉斯派的本原是作为数的"一"。毕达哥拉斯派作为数的一是万物的本原，数一产生万物，万物又回归于数一。米利都学派通过直观的方式解释万物的同一性，很多环节有一些感性根据的猜测。毕达哥拉斯派通过抽象的方式解释万物的同一性，对很多方面都能够进行清晰的逻辑说明。毕达哥拉斯派的逻辑说明虽然不能说是在每个环节上都是正确的，但却开辟了与米利都学派对立的解释宇宙的方式。毕达哥拉斯派认为数的一是独立于宇宙的宇宙本原，但我们却认为作为数的一是宇宙或事物的数量方面。因此，我们把数一理解为宇宙的一或万事万物的一，这样我们就能从宇宙潜在的自由、平等、正义推出万事万物潜在的自由、平等、正义，进而推出人的自由、平等、正义。

赫拉克利特（Heraclitus）认为万物的本原是火。米利都学派是寻找一个无定形的东西当作万物的本原，赫拉克利特主张的火虽然也是一种自然事物，但火是一个既是无定形，又能自己给自己定形并能给他物定形的东西，从而克服了米利都学派无法解释万物变化的动力因的缺陷。火的无定形的定形方面或火本身的尺度就是逻各斯。"从一切产生一，从一产生一切。"② 从表面上看这就是毕达哥拉斯派的数本原说。实际上，赫拉克利特这里的一是指逻各斯，而逻各斯是对数本原思想的发展。这样在赫拉克利特那里就有两个独立、对立的本

---

① 北京大学哲学系外国哲学史教研室编译：《古希腊罗马哲学》，商务印书馆 1961 年版，第 7 页。

② 北京大学哲学系外国哲学史教研室编译：《古希腊罗马哲学》，商务印书馆 1961 年版，第 19 页。

原，一个是火，一个是逻各斯。"在我们身上，生与死，醒与梦，少与老，都始终是同一的东西。"① 这样看来，赫拉克利特的火与逻各斯又是同一的，火在变化的过程中保持不变的就是逻各斯，逻各斯是静态的火。赫拉克利特的唯一本原火或逻各斯就有了质料、形式和运动变化和发展的动力。赫拉克利特认为："对于神，一切都是美的、善的和公正的；人们则认为一些东西公正，另一些东西不公正。"② 对于神，一切都是真善美和正义的。对于神，人的一切也都是真善美和正义的。所谓的假恶丑和不义只是相对于人来说的。神造的一切都是真善美和正义的，这些真善美和正义的东西在人们之间的分配造成了相对于人的假恶丑和不义。

巴门尼德（Parmenides）则反对赫拉克利特的火本原说，并提出比数更为抽象、更为一般的唯一的存在作为万物的本原。由于凡存在的东西没有一个能够产生，没有一个能够消亡。如此一来，宇宙万物的多样性和生成性就消失于唯一的存在这个宇宙本原之中，只有唯一的存在存在，而宇宙万物只是感官的欺骗和假象。巴门尼德认为，这唯一的存在乃是一个完全同一的、毫无区分的滚圆球体，同时也是单纯的、排除一切多样性的宇宙思维，即存在与思维的同一，同时还是不动的、不生不灭的、永恒的。

阿那克萨哥拉（Anaxagoras）认为普遍理性是宇宙的真正本原，是推动万物的原始力量，是普遍的宇宙精神。普遍理性并不等同于人的灵魂，而是在人的灵魂之外具有客观普遍性的独立存在，即心灵、理智或理性。自从阿那克萨哥拉提出非物质性的能动的普遍理性以后，古希腊的物活论就结束了其传统的统治地位，精神不再混杂于物质之中，或本身表现为物质的微粒，它置身于物质宇宙之外，推动、思考和安排这个宇宙的一切活动。以至于出现了精神与物质的区分，出现了世界被自己创造还是被异于世界的他物创造的问题，

---

① 北京大学哲学系外国哲学史教研室编译：《古希腊罗马哲学》，商务印书馆 1961 年版，第 27 页。

② 北京大学哲学系外国哲学史教研室编译：《古希腊罗马哲学》，商务印书馆 1961 年版，第 28 页。

甚至开始出现了创世问题。世界的本原开始从世界之中转移到了与世界不同的世界之外。自然哲学由从自然出发转到从精神出发。物活论开始被目的论取代，也为一个独立于宇宙之外的创世者提供了理论基础。

古希腊潜在着神的正义的思想的早期正义思想主要体现为和谐的思想。米利都学派以多样同一和谐的正义为核心，还有必然性的正义，作为对不正义之克服的正义等。泰勒斯虽然认为世界充满了神，但核心思想还是认为水是万物的本原，最终属于从自然出发的物活论。毕达哥拉斯学派认为："一切都服从命运，命运是宇宙秩序之源。"① 毕达哥拉斯学派认为秩序、和谐、正义来源于命运。毕达哥拉斯学派认为数的和谐就是正义，宇宙的和谐秩序就是正义，万事万物比例和谐、几何结构的和谐就是正义。毕达哥拉斯派的正义观的实质就是数的和谐。赫拉克利特认为："正义就是斗争，一切都是通过斗争和必然性而产生的。"② 即正义是事物之间斗争产生的和谐。"赫拉克利特断言一切都遵照命运而来，命运就是必然性。——他宣称命运的本质就是那贯穿宇宙实体的'逻各斯'。"③ 赫拉克利特认为命运、必然性、逻各斯是正义的："如果没有那些（非正义的？）事情，人们也就不知道正义的名字。"④ 即正义是从不正义派生出来的。赫拉克利特还认为对立面斗争产生出的和谐是正义的。赫拉克利特的正义观是米利都学派正义观和毕达哥拉斯学派正义观的综合。

恩培多克勒（Empedocles）把和谐理解为活的有机整体，认为正义是多元论基础上的和谐。"一切都遵照必然性而产生；旋涡运动既然是一切事物形成的原因，也就是他（德谟克利特）所说的必

---

① 北京大学哲学系外国哲学史教研室编译：《古希腊罗马哲学》，商务印书馆1961年版，第35页。
② 北京大学哲学系外国哲学史教研室编译：《古希腊罗马哲学》，商务印书馆1961年版，第26页。
③ 北京大学哲学系外国哲学史教研室编译：《古希腊罗马哲学》，商务印书馆1961年版，第17页。
④ 北京大学哲学系外国哲学史教研室编译：《古希腊罗马哲学》，商务印书馆1961年版，第21页。

然性。"① 德谟克利特（Demokritos）认为机械旋涡运动的必然性是正义的，原子数比例的和谐、几何形状的和谐是正义的，多元论基础上的和谐是正义的。古希腊早期的和谐正义思想一直影响着后世思想家，比如，奥古斯丁（Augustine）、托马斯·阿奎那（Thomas Aquinas）、莱布尼茨等。

米利都学派的感性本原思想只有与毕达哥拉斯派数一的本原思想结合才能进一步发展。毕达哥拉斯派的数的形式所包含的"一"的原则具体表现为无限的抽象性和无限的具体性，也就是说它既包含宇宙中的万事万物又排除宇宙中的万事万物，可以向两个方向发展。如果把数一看成是具体的宇宙和具体的万事万物的数的方面，就走向了宇宙有规律地自我发展的道路。数在一定的关系中得到确定，对于这种关系，毕达哥拉斯称之为比例、和谐，从中可以体现出赫拉克利特的尺度、规律和逻各斯等概念的本质，以及恩培多克勒、德谟克利特、亚里士多德（Aristotle）等的本质、形式、规律是内在于宇宙和事物之中的经验主义思想，体现出自然自我发展的唯物主义倾向。从宇宙和事物抽象出来的数一作为本原独立于宇宙和万事万物之后，就走向了客观精神创世说，因此，在这个方向潜在着神的正义问题。在巴门尼德、阿那克萨哥拉、柏拉图那里主要被理解为整个宇宙的外在的统一性，一切自然数都是由最小的单位一机械地重复相加而成的，这样就发展出了巴门尼德所说的唯一存在这一宇宙外在本原、阿那克萨哥拉的独立于宇宙的心灵或能动的普遍理性、柏拉图的独立于宇宙的理念世界及最高的理念善的理念。作为对宇宙和宇宙万物秩序超越的阿那克萨哥拉的能动的普遍理性为柏拉图以《蒂迈欧篇》为主所表述的一神工匠创世论提供了充分的前提。

在柏拉图看来，有些事物有起源，有些事物没有起源。永恒存在而且没有变化的事物就没有起源。生灭变化的事物就没有真正的存在，因而就有起源。这样一种形而上学的区分必然导致神对宇宙的创

---

① 王太庆主编：《西方自然哲学原著选辑》（一），北京大学出版社 1988 年版，第 84—85 页。

造，同时会抽象地发展出思维的能动作用。抽象思维的能动作用表现为思维对物质的创造或物质对思维的适应（事实符合概念、实符合名）。宇宙或者有起源，或者没有起源。"凡有生成的事物必定由某种原因的力量方才产生，因为若无原因，任何事物的生成都是不可能的。"① 由于宇宙是生灭变化的，而不是永恒不变的，所以宇宙有起源。宇宙是神根据不变的模型加上原始物质制造出来的神的形象。

柏拉图在关于神学和自然哲学的《蒂迈欧篇》中说："整个世界究竟是永远存在而没有开始的呢，还是创造出来的而有一个开始呢？我认为它是创造出来的。"② 柏拉图认为只有善及理念世界是永恒的。而既存在又不存在的感性世界不是永恒的，因而是创造出来的。柏拉图认为这个变化的感性世界是善通过永恒的理念从原始物质中创造出来的。这一观点为后来基督教的上帝无中生有的创世说准备了契机，也为莱布尼茨的关于上帝根据上帝理智中的可能世界创造了最好世界的理论准备了理论基础。既然这个世界是创造出来的，那么就应该存在一个创造世界的创造者。因此，柏拉图在这里也提供了根据感性世界不具有永恒性证明创世者存在证明之一，从而成为上帝存在证明理论的重要思想渊源之一。

柏拉图认为，整个宇宙分为三部分：永恒的理念世界、变化的感性世界和原始物质。整个宇宙是一个演变或过程，而所有的演变或过程都必须有一个永恒必然的原因，否则，宇宙的形成就是偶然的，宇宙中的万事万物就是一些永远处于生灭和变化之中的经验聚集物。这个原因就是创世工匠德穆革。"知识的对象不仅从'善'得到它们的可知性，并且从善得到它们自己的存在和实在性，但是'善'自己却不是存在，而是超乎存在之上，比存在更尊严更有威力的东西。"③

---

① ［古希腊］柏拉图：《柏拉图全集》（8），王晓朝译，人民出版社 2017 年版，第171 页。

② 北京大学哲学系外国哲学史教研室编译：《古希腊罗马哲学》，商务印书馆 1961 年版，第 208 页。

③ 北京大学哲学系外国哲学史教研室编译：《古希腊罗马哲学》，商务印书馆 1961 年版，第 182 页。

柏拉图在这里所说的"善"，既是作为宇宙创造主的德穆革，宇宙最终的动力、根源、来源，又是最高的理念，即善的理念。善的理念是从属于德穆革的。这也为后来基督教主张的上帝全善属性奠定了基础，为奥古斯丁的存在即善的思想奠定了基础。"是这个善的型相把真相给予被知事物，把认知的力量给予知者，尽管它是知识和真理的原因，但它也是知识的对象。真理和知识都是美好的事物，而善是另外一样事物，比它们更美好。"[①] 柏拉图主张的唯心主义先验论在康德那里变得更加精致，重要的区别之一是柏拉图主张的德穆革的地位在康德那里被人的理性取代了。"在可知的领域，善的型相是被看的最后一样东西……它是一切事物正确、美好的原因，它在可见领域产生了光和光的源泉，而在可知世界里它控制和提供了真理和理智。"[②] 善在莱布尼茨那里演变为作为充足理由的上帝。在柏拉图这里，善的型相还是可见世界和可知世界统一的基础。善的型相是一切事物正确美好的原因，因而创世神不是恶的、不正义的原因，而是善的、正义的原因。

在柏拉图这里，作为动力的善高于作为理念和目的的善。而在亚里士多德那里，动力因、目的因、形式因是一致的。作为宇宙本原的理念自己为何不能直接成为创造的原因呢？按照亚里士多德的解释，柏拉图的理念不是变化的来源或动力因，而仅仅是形式因和目的因。它们不引起变化，而只是将各处被引发的变化加以规范。理念是标准，不是力量。因此，必须到宇宙之外寻找宇宙中万事万物运动和生命的来源。这个来源就是德穆革，德穆革是这个宇宙的创造者。

那么，德穆革为什么要创造宇宙呢？柏拉图认为，德穆革是最高的、最理想的善，而最高的善就是要把不是善的原始物质变成可感世界而趋向自己。善自然不会嫉妒，所以，善必定会出于自己善的本性将善赋予无限的从原始物质创造出来的宇宙万物。正如柏拉图所说：

---

① ［古希腊］柏拉图：《柏拉图全集》（6），王晓朝译，人民出版社 2017 年版，第 220 页。

② ［古希腊］柏拉图：《柏拉图全集》（6），王晓朝译，人民出版社 2017 年版，第 227 页。

"就让我来告诉你们这位创造者为什么要造出这个生成的世界。他是善的，没有一位善者会对任何东西产生妒忌；没有妒忌，他就希望一切都要尽可能地像他自己。这就是最真实意义上的创世的根源和宇宙的起源，而在这方面我们应当相信聪明人的证词。由于神想要万物皆善，尽量没有恶，因此，当他发现整个可见的世界不是静止的，而是处于紊乱无序的运动中时，他就想到有序无论如何要比无序好，就把它从无序变为有序。……这样，就可能性而言，我们可以说这个生成的宇宙是一个由神的旨意赋予灵魂和理智的生物。"① 柏拉图的至善的创世神与奥林匹斯山上嫉妒成性的希腊众神形成鲜明的对照。希腊众神由于自身的不完善只配作为趋近至善的宇宙万物之一。柏拉图的至善的创世神把所有的原始物质都变成宇宙万物而趋近至善。至善的创世神希望一切事物都是他自身的形象。至善的创世神想要万物皆善而尽量没有恶。至善的创世神使万物有序而尽量减少恶。"所以他取来一切可见的事物——不是静止的，而是处于紊乱无序的运动之中的——将它从无序状态变为有序状态。"② 由于理智可以使无序变为有序，灵魂可以连接理智与有形的事物，所以至善的创世神把宇宙创造成为有理智的可见的生灵。"这个生灵把一切本性与之相同的生灵包含于自身中。"③ 这个有理智的可见的宇宙生灵在各个方面都是完善的。

这使得创世神德穆革不仅要创造宇宙，而且要创造唯一的最好宇宙。柏拉图明确指出："既然如此，我们说只有一个宇宙。这样说对不对呢？还是应当说宇宙有许多个，或者无穷多呢？如果说摹本是按照模型被造出来的，那么必然只有一个宇宙。因为把一切其他理智的生物包括在内的东西，决不能在一个之外再有第二个，或者说还有一

---

① ［古希腊］柏拉图：《柏拉图全集》（第三卷），王晓朝译，人民出版社2017年版，第281页。

② ［古希腊］柏拉图：《柏拉图全集》（8），王晓朝译，人民出版社2017年版，第173页。

③ ［古希腊］柏拉图：《柏拉图全集》（8），王晓朝译，人民出版社2017年版，第173页。

个同伴；倘使有第二个的话，那么必须有包容此二者在内的另一个生物存在，而此二者各为其中的一部分，这样一来，就不能说二者是相像的，而应当说它们是按照那包容二者的第三个生物被创造出来的才对。为了使这个宇宙成为惟一的，与那完善的生物相似，创造主没有创造两个宇宙或无数个宇宙，而只创造了这个独一无二的宇宙和天，它现在是惟一的，将来也是惟一的。"① 后来的伊壁鸠鲁认为存在着许多彼此相似的世界，神居住在各个世界的空隙之间，神并没有创造也不干涉任何一个世界。柏拉图在这里却明确提出了唯一性的问题。创世神是唯一的，宇宙是唯一的。理念世界中有无数理念，无数的理念统一为一个唯一的模型。感性世界中有无限事物，无限的感性事物统一为一个唯一的宇宙。柏拉图这里的统一是建立在理智基础之上的，而理智又是建立在数和数的比例之上的。因此柏拉图这里对唯一的论证具有抽象性和形而上学性。对时间和空间也是从数出发进行论证的，而不是从感性宇宙出发进行论证，因而必然走向唯心主义的先验论。在柏拉图那里，尽管有唯一的至善神、唯一的理念世界、唯一的宇宙、唯一的原始物质等一系列的唯一，还不是唯一的唯一，但提出唯一的唯一的问题已蕴含在其中了。泰勒斯之所以被称为哲学之父，就是因为泰勒斯提出了一元论问题。而柏拉图在这里却提出了一元论、二元论、多元论问题。万事万物究竟是统一于德穆革，还是统一于原始物质，或者是两个本原，或者是多个本原？由于理念世界、感性世界，以及原始物质之间的分离，以及理念与理念之间的分离、独立，这是否又是多元论呢？

柏拉图认为宇宙"首先，作为一个活物，它应当是一个整体，应当尽可能完整，应当由所有部分组成。其次，它应当就是唯一的，因为没有任何东西留下来，可以用来创造另一个像它的东西。最后，它应当不会衰老，也不会生病"②。在柏拉图这里既有物活论的因素又

---

① ［古希腊］柏拉图：《柏拉图全集》（第三卷），王晓朝译，人民出版社 2017 年版，第 282 页。

② ［古希腊］柏拉图：《柏拉图全集》（8），王晓朝译，人民出版社 2017 年版，第175 页。

有目的论的因素，他认为物活论是目的论基础之上的物活论且宇宙整体带有封闭的意味。"在它（宇宙——引者注）之外没有其他任何东西，没有任何东西从它那里出来，也没有任何东西从其他地方进到它里面去。宇宙自身排泄的东西就为它自己提供了食物。它所做的一切或承受的一切都发生在它内部，是它自身的行为。因为造物主明白，自给自足的事物胜过需要其他东西的事物。"① 在柏拉图这里，宇宙、自然在时间和空间上都是有限的、有边界的，但宇宙是宇宙之外的至善的神创造的，同时唯一的宇宙又是独立于至善的创世神的，这为犹太教的基督教化准备了理论基础。基督教把至善神演化成了人格神。"'事物自身'确实存在——这些型相不是我们感性知觉的对象，而只是我们理智的对象。"② 事物自身也就是事物的理念、概念、本质、形式、事物的不变方面与事物分有的理念等。"神用型与数来塑造它们。"③ 柏拉图在这里借助于至善的神通过型和数使宇宙自身成了一个有机的整体，如果撇开至善神就很容易导向辩证唯物主义一元论。古希腊主要是把自然力神化了，中世纪主要是把人的自然性神化为人格神，近代则主要是把人的人性神化为上帝，再往后人就是上帝了。古希腊主要研究的是自然，即便是对神的研究，也是借助于神对自然的神化。

那么，创世神是怎样创造这个唯一的最好宇宙的呢？柏拉图认为，与创世神德穆革一样古老的有两样东西：一是无定形的原始物质或者说空间，作为形式或理念的容器，是非存在；二是存在而不变动的纯粹形式的理念世界或者说理智范型。至善的创世工匠德穆革以善的理念为指导由理念加原始物质造出可感事物，即宇宙中的万事万物，是通过感官把握的现象世界，是既存在又不存在的变动的东西。

---

① ［古希腊］柏拉图：《柏拉图全集》（8），王晓朝译，人民出版社2017年版，第175页。

② ［古希腊］柏拉图：《柏拉图全集》（8），王晓朝译，人民出版社2017年版，第194页。

③ ［古希腊］柏拉图：《柏拉图全集》（8），王晓朝译，人民出版社2017年版，第195页。

这个现象世界由于至善的创世工匠德穆革赋予的理智秩序而成为一个最完善的充满目的的和谐世界，因此，与德谟克利特的原子论宇宙形成鲜明对比。德谟克利特认为，宇宙万物的构成是由处于必然旋涡运动中的原子碰撞而组成的，由此形成的宇宙是一种有秩序但无目的的机械论的宇宙。柏拉图主张的创世神是唯一的、至善的，但并不因此就等于《圣经》中那位爱的、无中生有创世的上帝。《圣经》里唯一的上帝除了全知、全善外还是全能的，他从虚无中造出万物。而柏拉图主张的上帝只是一个赋予与上帝同样古老的原始物质以目的、形式和理性秩序的造世工匠。或者说，柏拉图主张的上帝是根据一个永恒不变的理智范型从原始物质中创造出的一个充满理智秩序的最好世界。因此，柏拉图主张的上帝不是全能的，也不能说是全知的，只能说是全善的。

柏拉图主张的上帝创世所依据的理智范型是一个永恒不变的理想有机生命体，其中包括了所有种类和个别生物的理想形式。正如柏拉图所说："创造主按照哪一种生物的样子来创造这个宇宙呢？我们毋须在意任何按其本性只以'部分'存在的性质，因为任何相似于不完善者的事物绝不会是美的。但是让我们假定，这个宇宙同那以一切其他生物的个体或者族类作为所属部分的生物最为相像。因为这个宇宙一开始就包含一切理智的存在于自身，恰如这个世界包含我们和其他一切可见的生灵在内一样。由于神想要把这个宇宙造得与最美好、最完善的理智存在最为相像，因此就把这个宇宙建构成为一个包含所有本性上同种的生物于其自身之内的可见的生物。"① 创世神德穆革的善及其正义就体现在他创造的这个最好宇宙之中。这个最好的宇宙是创世神德穆革根据一永恒不变的理智的生命体范型复制出的一个无限丰富多彩、包括所有可能的生物体在内的宇宙整体。这个宇宙整体不仅具有无限的多样性，而且充满理智秩序，从而是一个多样性统一的和谐整体。如果有某种生物创造不出来，宇宙就不是一个多样性统

---

① ［古希腊］柏拉图：《柏拉图全集》（第三卷），王晓朝译，人民出版社 2017 年版，第 281—282 页。

一的和谐整体，那么创世神就不是至善的，也不是正义的。相反，由于永恒的理智范型是一必然的实在，所以它必然生成有限的存在物。即使创造物具有不完善性，但也不能就此说明创世神不是至善的，反而可以证明创世神的至善和正义，因为创世神让可能存在者存在，没有偏向任何一种可能者，并使它们彼此限定、节制而达到整体的和谐。

柏拉图的《蒂迈欧篇》正是为柏拉图的《理想国》寻找根据的。《理想国》论述的是城邦的正义问题，是秩序、制度及各个层面的和谐问题。柏拉图的德穆革的至善和正义不仅体现在使创造物之间多样性统一而形成的整体和谐，而且体现在使每一个创造物内部和谐上。

在个人方面，人的灵魂的三部分理智、激情和欲望的德性分别为智慧、勇敢和节制。而作为最高德性的正义则是指智慧、勇敢和节制的整体秩序和和谐。因此，人的灵魂的最高美德就是和谐和秩序，即正义的美德。"不像勇敢和智慧各自居于城邦的某个部分，分别使城邦勇敢和智慧，节制散布于整个城邦。"① 节制恶直接是一种善。善不节制也会走向恶。正义也就是对恶的节制。和谐也就是对无序的节制。理智的美德是智慧，激情的美德是勇敢和慈善，欲望的美德是节制，节制不仅贯穿于欲望，还遍布于智慧、勇敢、慈善，以及整个城邦，从而使人的灵魂和谐有序而成为正义的人，使城邦和谐有序而成为正义的城邦。这种对人的灵魂能力的划分着重于理智、意志（激情）、能力（欲望），对后来的基督教的上帝的属性（全知、全善、全能）的形成有巨大的影响。柏拉图为什么忽略了情感呢？从某种意义上说，是因为柏拉图是个理性主义者，还因为柏拉图贬抑艺术和轻视生产劳动。而基督教中无中生有的上帝也不会有劳动和艺术的基础地位。每个人只做一件适合自己的事，不涉足不是他自己的工作就是正义的。"正义就是做自己的工作，不涉足不是他自己的工作。"② 这

---

① 〔古希腊〕柏拉图：《柏拉图全集》（6），王晓朝译，人民出版社 2017 年版，第130 页。

② 〔古希腊〕柏拉图：《柏拉图全集》（6），王晓朝译，人民出版社 2017 年版，第132 页。

还是强调了人的自然天赋，而没有考虑到后天教育和社会历史的发展对人的能力发展的影响。

"也就是说激情与理智结盟？但我不认为你能说，你从来没有在你自己身上或在其他人身上看见过激情本身与欲望结盟，做理智已经决定一定不能做的事情。"① 激情是自由的，可以遵守理智的规定而成为善的、正义的，也可屈从欲望而成为恶的、不正义的。原始物质与创世神无关，屈从于欲望是我们自己自由的结果。所以这些都不影响创世的正义。

"不正义当然就是三个部分之间的内战，干预其他部分的工作，灵魂的某个部分反叛整个灵魂，为的是不恰当地统治灵魂。造反的这个部分依其本性就适合当奴隶，而其他部分依其本性不是奴隶，而属于统治阶层。我假定，我们会说事情就是这样的，这些部分的混乱和偏离常规就是不正义、放纵、怯懦、无知，简言之，就是完全的恶。"② 柏拉图论述个人的正义或不正义主要是通过论述灵魂的正义或不正义来进行的。这里主要是论述灵魂的不正义。灵魂的三部分如果发生内战，互相不协调而失去和谐和秩序，就会使灵魂处于不正义的状态。灵魂的不正义具体表现在理智部分偏离智慧而处于无知状态，激情部分偏离勇敢而处于恐惧、怯懦状态，欲望部分偏离节制而处于贪婪、放纵状态，因而灵魂内部三部分之间发生内战而处于不正义状态。论述的方法是自然的方法，出发点是自然，用社会中的角色的自然本性来说明灵魂中的心理或精神能力，用个别的事物来说明理性的概念。一方面把具体的人概念化来论证问题；另一方面又用具体的事物来说明抽象的道理。这些都说明西方哲学理性主义探索道路初期的自然主义（用自然来说明抽象的道理）特色。

"美德似乎是灵魂的一种健康，一种良好的状态，一种强大，而

① ［古希腊］柏拉图：《柏拉图全集》（6），王晓朝译，人民出版社 2017 年版，第 141 页。

② ［古希腊］柏拉图：《柏拉图全集》（6），王晓朝译，人民出版社 2017 年版，第 146 页。

恶德则是灵魂的一种疾病，一种可耻的状态，一种虚弱。"① 柏拉图在用自然的事物论述抽象的道理。柏拉图的哲学著作同时就是艺术品，但柏拉图在正义城邦中又贬抑艺术。柏拉图是理性主义者，柏拉图论证的方式却是经验的艺术的方法。柏拉图看重的是理念、一般，但柏拉图说出来的内容却是感性的、个别的。

柏拉图把一般和个别、思维和存在绝对分隔开，同时又以艺术的方式进行了结合，并初步探索了概念的辩证法（概念自己走向自己的反面）。"可知区域的另一部分是理性本身凭借辩证法的力量可以把握的事物。理性不会把这些假设当作第一原则，而是真正地当作假设——但作为踏脚石和进身之阶，使理性能够抵达一切事物的非假设的第一原则。掌握了这个原则，它回过头来把握那些追随这些原则的事物，下降到结论，不使用任何可见的事物，而只使用型相本身，从一个型相移动到另一个型相，在型相中结束。"② 在这里，柏拉图论述的是从一个概念可以推出所有概念的辩证法。概念的辩证法在黑格尔那里最终得以精致化。柏拉图是不自觉地承认感性事物辩证法的，比如认为感性事物是既存在又不存在的。美德和善是创世神所赋予的，恶德却是源于我们自己，源于原始物质的恶。

计算的科目"引导灵魂，迫使灵魂向上提升，强迫灵魂讨论数本身，绝不允许任何人提出这样的建议，在讨论数的时候给它附加可见的或可触摸的物体"③。灵魂既可以转向可见的事物、转向恶，又可以转向可知的领域、转向善。这就是说，灵魂是自由的。通过教育特别是计算科目、几何学、天文学、辩证法，可以使灵魂转向善，转向正义。要通过游戏的方法而不是强制的方法让儿童学习这些科目，因为灵魂是自由的，强迫儿童学习这些科目不会在儿童的灵魂中留下任

---

① ［古希腊］柏拉图：《柏拉图全集》（6），王晓朝译，人民出版社 2017 年版，第147 页。

② ［古希腊］柏拉图：《柏拉图全集》（6），王晓朝译，人民出版社 2017 年版，第223 页。

③ ［古希腊］柏拉图：《柏拉图全集》（6），王晓朝译，人民出版社 2017 年版，第237 页。

何东西。柏拉图关于灵魂可以自由转向的观点影响了奥古斯丁对恶的解释，也影响了莱布尼茨对恶的解释。

"要是灵魂不能用一样邪恶来摧毁，无论是它自身的，还是其他什么事物，那么它显然必定是永久存在的，它是不朽的。"① 任何邪恶都不能摧毁灵魂，灵魂比任何邪恶都强大。因为灵魂是善的，完全是至善的神创造的，不含半点的原始物质，所以与至善神一样是永恒的、不朽的。"那么这就是正义者活着的时候从众神和凡人那里得到的奖励、报酬和馈赠，此外还有正义本身赐予的善物。"② 正义者在活着的时候就会得到众神和别人好的回报，同时还会受到正义本身馈赠的善物。邪恶的人在活着的时候得到的回报则是坏的、恶的。这就是善有善报，恶有恶报。"他们生前对任何人做过的错事，死后每一件都要遭受十倍的报应……某人在世时曾做善事，是一个正义、虔诚的人，那么他也会因此而受到十倍的报偿。"③ 由于灵魂是不朽的，生前善的人、正义的人，死后要受到十倍的好的回报，生前恶的人、不正义的人，死后要受到十倍的坏的回报，这就把善有善报，恶有恶报延伸到了永恒。这也说明，正义比不正义强大，正义是永恒的、不朽的。这一思想被后来的基督教演变吸收，也影响了莱布尼茨、康德等人的伦理思想。

作为个人放大的国家也充满秩序和和谐，社会的各个阶级（平民、军人和统治者）形成和谐而有秩序的整体才是理想国。"当商人、辅助者和监护者这三个阶级在国家里面各做各的事而不互相干扰的时候，便是有了正义，从而也就使一个国家成为正义的国家了。"④ 各个社会阶级各安其位，共同组成一个和谐整体，这样的国家才是正

① ［古希腊］柏拉图：《柏拉图全集》（6），王晓朝译，人民出版社 2017 年版，第 335 页。

② ［古希腊］柏拉图：《柏拉图全集》（6），王晓朝译，人民出版社 2017 年版，第 339 页。

③ ［古希腊］柏拉图：《柏拉图全集》（6），王晓朝译，人民出版社 2017 年版，第 340 页。

④ 北京大学哲学系外国哲学史教研室编译：《古希腊罗马哲学》，商务印书馆 1961 年版，第 230 页。

义的国家。

在国家政体方面，"有多少种不同类型的人性必定有多少种不同类型的体制"①。不同人性的人做统治者将会把国家引向不同的体制。历史中各种人性的人都做过统治者，相应地也有过或将会有各种体制。柏拉图认为有三种基本类型的人：爱智者、爱胜者、爱利者。爱智者走的是从本能出发追求自由追求智慧的道路，这是一条上升的路。爱利者走的是从智慧和自由出发追求个人利益的道路，这是一条下降的路。爱胜者走的是即从智慧和自由返回又从个人利益返回追求人与人之间比较优势的道路，这是一条在现实社会向各个方向出击的路。实施暴政的最具僭主气质的人最邪恶、最不幸福、最不正义。最具哲学家气质的人最善良、最幸福、最正义。君主制最能体现和谐、正义。"除非哲学家变成了我们国家中的国王，或者我们叫做国王或统治者的那些人能够用严肃认真的态度去研究哲学，使得哲学和政治这两件事情能够结合起来……否则我们的国家就永远不会得到安宁，全人类也不会免于灾难。"② 在柏拉图那里，哲学家是正义的化身，是理性的化身，是充满智慧的。哲学家自身的灵魂是和谐的，有序的。只有哲学家为王，才能使社会各阶层和谐，才能使国家成为正义的国家。

"那么谁是真正的哲学家呢？那些乐意观看真理的人是哲学家。"③乐意观看真理的人就是爱智慧的人。爱智慧的人必然爱正义，必然追求正义，而且有追求正义的能力。"那些在各种情况下拥抱事物本身的人，我们必须称之为哲学家。"④ 哲学家就是能在所有方面把握永

---

① ［古希腊］柏拉图：《柏拉图全集》（6），王晓朝译，人民出版社 2017 年版，第256 页。

② 北京大学哲学系外国哲学史教研室编译：《古希腊罗马哲学》，商务印书馆 1961 年版，第231 页；［古希腊］柏拉图：《柏拉图全集》（6），王晓朝译，人民出版社 2017 年版，第180 页。

③ ［古希腊］柏拉图：《柏拉图全集》（6），王晓朝译，人民出版社 2017 年版，第183 页。

④ ［古希腊］柏拉图：《柏拉图全集》（6），王晓朝译，人民出版社 2017 年版，第190 页。

恒不变理念、把握事物永恒不变的模型的人。哲学家能够建立有关正义、勇敢、节制、善等的法则，以便防止人们向可变的事物堕落。那么怎样把握事物本身呢？"他用他的灵魂中的那个最适宜的部分把握存在者的每一本性自身，由于这种亲缘关系，灵魂的这个部分与实在的这种本性的接近与交合，产生理智和真理。"① 哲学家对变化的事物中的不变部分的把握只是找出理智之中已有的东西，理智即真理，但要找到真理，还必须通过理智在事物中才能找到。哲学家当国王或者国王变成哲学家是建立正义国家的必要条件之一。即使哲学家当了国王，作为哲学家的国王也不能保证每个人灵魂的正义，更不能完全控制自然秩序和社会秩序，从而保证国家的正义。

"作为一种结果，他们开始制定法律和习俗，把法律规定的东西称作合法的和正义的。他们说，这就是正义的起源与本质。它是最好与最坏之间的折衷。所谓最好就是行不正义而不受惩罚；而所谓最坏就是受到不正义的伤害而不能报复。正义介于这二者之间。"② 从效果上说，所谓最好就是所有人都不受伤害，这种情况是最正义的；所谓最坏就是所有人都受到伤害，这种情况是最不正义的。把法律规定的东西称作合法的和正义的，这只能是人为的正义，与神的正义还是有质的差别。首先，合法和正义是不同的。合法只代表统治阶级的利益，而人的正义却是代表所有人的利益。其次，人的正义与神的正义又是不同的。神的正义不仅仅只是针对人的正义，而是对宇宙万物的正义。合法只是走向正义的一个步骤，还不能保证神的正义和证明神的正义。

"法律关注的不是使城邦里的任何一个阶层特别幸福，而是努力通过说服和强制的手段使公民们彼此协调合作，通过使他们共享每个阶层能为整个共同体提供的利益，把幸福传遍整个城邦。法律在城邦里造就了这样的人，不是为了让他们随心所欲，各行其是，而是用他

---

① ［古希腊］柏拉图：《柏拉图全集》（6），王晓朝译，人民出版社 2017 年版，第 198 页。

② ［古希腊］柏拉图：《柏拉图全集》（6），王晓朝译，人民出版社 2017 年版，第 45—46 页。

们来团结整个城邦。"① 城邦的团结合作就是一种秩序，就是一种正义。米利都学派的哲学家用具体的自然物来解释自然万物的秩序。毕达哥拉斯派用抽象的数来解释自然万物的秩序。赫拉克利特用火和逻各斯来解释自然万物的秩序。而智者派要么认为一切都是真理，要么认为一切都是谬误。智者派实际上说的是一回事，也就是无所谓真理和谬误，一切都是相对的，没有任何绝对正确的东西。他们不懂相对的就是绝对的，虽然确实不存在脱离相对的绝对正确。某些后现代哲学家与智者派一样也认为一切都是相对的，这是向古希腊智者派的回复。在社会领域，一切都是相对的，也就是一切都以自己为标准。一切都以自己为标准，也就进入了某些西方哲学家所假想的自然状态。在这个假想的自然状态中有所谓最大的自由，而"从最大的自由产生最严苛、最残忍的奴役"②，而真正的社会状态事实上是需要共同的标准的，这正是苏格拉底所努力追求的。这个共同的标准可以有多种情况：这个共同的标准来自创世神；这个共同的标准来自自然；这个共同的标准来自所有人的同意；这个共同的标准来自统治阶级的暴力等。这个共同的标准为谁服务也有多种情况：为万物服务；为所有人服务；为部分人服务等。究竟哪一种情况是符合历史的呢？这正是我们要解决的问题。也就是说要弄明白究竟怎样做才是正义的。柏拉图认为这个共同的标准是法律，法律是为所有人服务的，而不是为部分人服务的，因而是正义的，这是一条上升的路。而历史的事实是，在阶级社会里，法律是为统治阶级服务的，在柏拉图看来，这是不自由的、不平等的，是恶的，是不正义的，是一条下降的路。这是为什么呢？这是后面要讨论的问题。

"由于意见会用暴力战胜真理，控制幸福，如那些聪明人所说，所以我必须完全转向不正义。我应当创造一种拥有美德的假象，欺骗那些接近我的人，但要把贤明的阿基洛库斯所说的那只狐狸般的

---

① ［古希腊］柏拉图：《柏拉图全集》（6），王晓朝译，人民出版社 2017 年版，第 229 页。

② ［古希腊］柏拉图：《柏拉图全集》（6），王晓朝译，人民出版社 2017 年版，第 279 页。

狡猾和贪婪隐藏在身后。"① 在阶级社会，法律以暴力做后盾只代表少数人的利益，把不正义冒充为正义。在道德的范围内，通过美德的假象，把不正义冒充为正义。这些情况在神看来都是恶的。这些恶都得由人负责，神通过对恶人死后的惩罚来恢复正义。如果没有神，没有灵魂不朽，这些恶就不能被惩罚，这些不正义就不能被恢复为正义。如果没有神，惩罚、恢复、报复就不能做到准确，正义又何以实现？我们就是要通过对神的正义的讨论来探索无神论对正义问题的看法。

"神只对那些好事物负责，而我们必须为那些坏事物寻找原因，而不是让神来为它们负责。"② 也就是说神只是好事物、善的原因而不是坏事物、恶的原因。那么，柏拉图认为恶的原因是什么呢？恶的原因是原始物质及人违背了神为人规定的由恶向善的法则，还有就是由诗人的教唆引起的。"要是一个人经过训练，能够变成其他人，能够模仿任何事情……在我们的城邦里没有一个人像他那样，法律也不允许。"③ 在柏拉图看来，在正义的城邦里，每个人都只应做一件事情。越界做别的事情，或者做多种事情，就是恶的，就是不正义的。神只规定了人由恶向善的规则，人可以不遵守，但由于人不遵守规则而带来的恶就应该由人负责。诗人的模仿引起人们的模仿，因此诗人导致人们的越界，诗人也就成了引起恶的原因之一。柏拉图认为无知也是引起罪恶的原因之一。"人们明白不正义的时候，不是把不正义当作自己灵魂里的东西，而是当作某种外在的东西和在其他人身上呈现的东西，人们很晚才凭着他的本性认识到不正义是邪恶的，但不是依据他本人的经验，而是通过知识。"④ 灵魂是善的，灵魂是和谐的，

① ［古希腊］柏拉图：《柏拉图全集》（6），王晓朝译，人民出版社 2017 年版，第 52 页。

② ［古希腊］柏拉图：《柏拉图全集》（6），王晓朝译，人民出版社 2017 年版，第 69 页。

③ ［古希腊］柏拉图：《柏拉图全集》（6），王晓朝译，人民出版社 2017 年版，第 91 页。

④ ［古希腊］柏拉图：《柏拉图全集》（6），王晓朝译，人民出版社 2017 年版，第 105 页。

有秩序的。通过撇开外在的东西和他人的影响就可以获得知识，从而避恶向善，就可以避免不正义。所以无知也是恶的来源之一。"决定你们命运的不是神，而是你们自己的选择。……过错由选择者自己负责，与神无涉。"① 神只赋予了这个世界一切好的东西，如善、正义等，一切不好的东西，如恶、不正义等，都是人自己造成的。人们应该自己承担恶的结果的责任。神永远是正义的。理念世界是善的，遵守神规定的趋向善的规则也是善的。原始物质是恶的，灵魂违背神规定的趋向善的规则而趋向原始物质是恶的。

柏拉图在《蒂迈欧篇》中说："他们中的每个人都会相信，他们所有人组成了一个大家庭，每个人都把自己这个年龄段的人当作自己的兄弟姐妹，把比自己年长的人当作自己的父母和祖父母，把那些比自己年轻的人当作自己的子女和孙儿。"② 为了达到这样的目的，柏拉图认为必须采取的措施是"所有女子归全体男子共有，没有一位女子可以与任何男子私下生活，儿童也一样，他们被共同拥有，所以没有哪个父母知道他自己的子女，或者没有哪个孩子知道他自己的父母"③。所以理想国内实行的是共产、共妻、共父母、共子女的制度，通过掩盖自然血缘关系以维护和谐秩序，实现城邦的正义。通过这种方法可以最大限度地实现城邦的团结，因为城邦的分裂是最大的恶，城邦的团结、同甘共苦是最大的善。实现城邦的团结就是实现了城邦最大的正义。柏拉图在这里是从血缘关系出发为实现理想国的正义而制定的一个措施。在自然关系还没有充分展开的情况下只能是一个空想，这也是人类思想史上的一个必然环节。

顺着这一空想，使得理想的亲情关系更加合情合理的是假定人都是上帝创造的，我们都是兄弟姐妹。而后来的基督教正是肯定地说我

---

① ［古希腊］柏拉图：《柏拉图全集》（6），王晓朝译，人民出版社 2017 年版，第 342 页。

② ［古希腊］柏拉图：《柏拉图全集》（8），王晓朝译，人民出版社 2017 年版，第 160—161 页。

③ ［古希腊］柏拉图：《柏拉图全集》（6），王晓朝译，人民出版社 2017 年版，第 160 页。

们人都是上帝创造的。事实是，人类的亲情关系并不是被模糊掉了，而是通过实践的发展被扬弃到了更高的阶段中去了。"一般说来，一个人属于哪一种，他所生下来的子女也就属于哪一种，但是由于你们都是出自同一祖先的……有时可以互相产生。……如果金的或银的父母生出来的具有铜铁杂质的儿子……把他们降到农夫和手艺人的队伍中去。另一方面，如果农夫和手艺人中间产生了一个金的或银的儿子，那么就应当按照他的价值把他提升为监护者或辅助者。"① 柏拉图在这里所说的我们都是来自同一个祖先的观点很容易被基督教思想家利用。柏拉图在这里通过金银铜铁来区分人，充分说明柏拉图的正义观是建立在自然必然不平等基础上的。柏拉图认为建立在自然必然不平等基础之上的平等和谐是最正义的。由此可知，在柏拉图那里，正义即建立在自然必然不平等基础上的和谐和秩序。人的正义、国家的正义最终必须在宇宙的创造者那里获得最后的根据。

唯一的至善的创世工匠德穆革创造了唯一的最好宇宙，面对世间的恶，创世神的至善何在？正义何在？"一个人如果在他的寿限内善良地生活，那么死后会回到他原先生活过的星辰上去居住，幸福、惬意地生活在那里。如果不能做到这一点，那么他在第二次降生时就会变成女人。如果在做女人期间他仍旧怙恶不悛，那么就会在转世时不断地变成与他恶性相近的野兽，他的劳苦和转化不会停止，直到他服从体内相同和相似的旋转运动，摆脱那些由火、水、土、气四种元素合成的混乱而又累赘的东西，乃至于用理性克服非理性，回复原初较好的状态。这些法则都已经详尽地交代给了众神，将来如果有谁犯了罪，那就不是神的过错了。"② 至善神创造的宇宙中虽然有恶，但应该由物质和人的非理性负责。原始物质与创世神同样古老，不是创世神创造的，而后来的基督教思想家却认为原始物质也是由上帝创造的。"恶人之所以恶，乃是因为身体有病或因为受到

① 北京大学哲学系外国哲学史教研室编译：《古希腊罗马哲学》，商务印书馆1961年版，第233页。

② ［古希腊］柏拉图：《柏拉图全集》（8），王晓朝译，人民出版社2017年版，第185页。

不良教育。"① 人所作的恶的来源或者是人的身体的堕落，也就是人的身体向物质性的成分的堕落，或者是灵魂受到不良影响而转向身体。"倘若这种身体之恶加上政治制度之恶，以及公私场合下的言论之恶，再加上人们从儿童时代起就缺乏可以医治这邪恶的教育，那么我们这些恶人之所以变恶的两个原因就完全超越了我们的控制。"② 人的非理性是创世神创造的，但创世神同时又制定了克服非理性以避免恶的法则，关键在于人自己的灵魂和身体是否转向正确的方向，这一点后来被奥古斯丁吸收。恶与创世神无关，所以从恶的来源这个角度看，创世神是正义的。

"如果任何人进攻理想国的公民居住的土地，他们必定要捍卫它，因为这块土地是他们的母亲和保姆，他们也把其他公民视为同一块土地生养的兄弟。"③ 发动战争会破坏人与自然的和谐，也会破坏人与人之间的和谐，因而是恶的，是不正义的。创世神创造的宇宙是自然和谐而又有秩序的宇宙，因而创世神是正义的。让发动战争的人承担战争之恶的后果是正义的，这是理所当然的。让保卫和平、和谐、秩序的人承担战争之恶的后果也是正义的吗？如果不是正义的，那么神就不是正义的。如果神是正义的，那么被迫迎接战争之恶的后果就是正义，这就告诉我们，仅仅自己和谐有序还不够，还应该为整个人类的和谐有序贡献力量。柏拉图有时候通过把自然人化，通过人的自然性来论证神的正义；有时候又通过把人自然化，比如说，在不同的人的灵魂中掺杂不同的金属，直接通过自然性来论证神的正义。在自然、人、社会、国家等各个方面，柏拉图都主要是通过自然性来论证神的正义的。古希腊哲学从自然出发讨论哲学问题所孕育的科学精神一直内含在西方哲学之中。

---

① ［古希腊］柏拉图：《柏拉图全集》（8），王晓朝译，人民出版社 2017 年版，第226 页。

② ［古希腊］柏拉图：《柏拉图全集》（8），王晓朝译，人民出版社 2017 年版，第227 页。

③ ［古希腊］柏拉图：《柏拉图全集》（6），王晓朝译，人民出版社 2017 年版，第112 页。

创世神的至善和正义就体现在他赋予缺乏秩序、混沌一片的原始物质以理智秩序，从而创造了一个多样统一普遍和谐的最好宇宙。创世神虽然是至善的，但他不是全能的，因为存在与创世神同样古老的原始物质作为恶的来源创世神不能绝对消除。与人相关的恶，创世神已经给了避免恶的法则，人的恶的主要来源是人的身体和灵魂自己转向了不正确的方向，所以应由人自己负责。所以世间的恶与创世神无关。所以在柏拉图那里神义问题还没有成为一个紧迫的问题。

二 亚里士多德的神义论思想

在柏拉图那里，理念或形式是按逻辑秩序排列的多样统一的有秩序的理念世界整体。理念世界是纯粹的、完善的和不变的。理念世界一方面是宇宙的目的，另一方面还是宇宙万物的本原之一。宇宙万物的另一本原则是可以成为宇宙中任何事物的空间或纯质料。形式与质料的复合则构成宇宙中的万事万物。这一复合既不能由形式来完成，因为在柏拉图那里，形式不具备这种复合能力，也不能由质料来完成，因此，柏拉图就预设了仅凭意志进行创造活动的至善的、能动的创世工匠德穆革。

与柏拉图不同，亚里士多德的宇宙论并不是通过一个创世神话来先天论证的，而是通过观察和分析经验世界中个别事物的生成原因及运动来后天论证的，但最后还是倒向先天论证。

亚里士多德认为："同一个属性，不能在同一个时候，在同一个方面，既属于又不属于同一个主体。……谁都无法相信，同一件东西会既存在又不存在。"① 亚里士多德在这个形式逻辑原则的指导下，在四因说中把四因严格区别开来，在质形说中把质料和形式严格区别开来，进而把能动性和被动性严格区别开来。在亚里士多德看来，在形式和质料的关系中，质料是消极的、被动的；形式则是积极的、能动的。只是由于积极的、能动的形式去规范质料，个别事物才得以形

---

① 北京大学哲学系外国哲学史教研室编译：《西方哲学原著选读》上卷，商务印书馆2003年版，第121—122页。

成。用形而上学的思维方式来研究宇宙或宇宙中万事万物的产生必然推出一个神来，从而通过神来证明自然的存在。然而亚里士多德又说："要想证明自然这东西的存在是幼稚可笑的。因为明摆着有许多这类的事物实际存在着，反而想用不明白的来证明已明白的，表明这种人不可能辨别自明的东西和不自明的东西。"① 哲学一般说来都是一元论。究竟是神造自然，还是自然自己就有的；究竟自然是人的本质，还是实践的人是自然的本质；究竟自然的来源是一个，还是多个，亚里士多德并没有给出回答。孔子通过把人分等级以便实现天下一统，从而达到天人合一，但终究由于历史现实的原因，天下处于战乱纷争之中。苏格拉底（Sokrates）通过对立面的相互转化指明了通向统一的道路。亚里士多德通过分门别类而创立了各门科学，发展了理性的事业——不仅创立了各门科学，还把分科分类的方法运用到对各个具体问题的研究中去。在哲学研究中，亚里士多德的突出特点是，把任一哲学问题都分成各个层次、各个环节进行研究，使得问题的研究非常深入，但缺点就是无法把各种不同的看法、对立的看法统一起来，从而为后来的研究提供无限的线索。亚里士多德有时候又认为宇宙的来源只有一个。

亚里士多德认为，个别事物是第一实体，而个别事物的属和种是第二实体，形式是本质实体，而纯形式是最高实体。第一实体比第二实体更具有实体性，但亚里士多德又指出，第二实体仍称得上是实体，纯形式是最高实体，这里发生了一个颠倒。基于这一学说，亚里士多德认为毕达哥拉斯（Pythagoras）的错误就在于把数同具体事物分离开来。事实上，数乃是事物的属性，不能离开事物而独立自存。亚里士多德认为："数既非事物的物质，亦非公式或式因，也不是事物的有效原因。当然数也不是终极原因。"② 亚里士多德认为数不是终极原因，有时候认为宇宙或个别事物是终极原因，最终还是认为神

---

① 王太庆主编：《西方自然哲学原著选辑》（一），北京大学出版社1988年版，第133页。
② ［古希腊］亚里士多德：《形而上学》，吴寿彭译，商务印书馆2016年版，第338页。

是终极原因。亚里士多德指出柏拉图理念论的根本错误在于把理念看作是脱离个别事物而独立存在的东西。在亚里士多德看来，宇宙中只存在各个个别事物，而没有什么独立自存的一般事物。但是，由于亚里士多德认为个别事物的属和种是第二实体，纯形式是最高实体、是不动的推动者也就是神，而纯形式是脱离质料而独立存在的，纯形式与毕达哥拉斯的数以及柏拉图的理念一样同样脱离了个别事物。因此，为亚里士多德向柏拉图理念论的回复埋下了伏笔或导致了亚里士多德在经验论与先验论两者之间的摇摆。

亚里士多德在总结前人探索宇宙中万事万物生成和存在原因的基础上提出了四因说。他把米利都学派等提出的万物本原的观点概括为质料因；把毕达哥拉斯学派等提出的世界本原的观点概括为形式因；把恩培多克勒、阿那克萨哥拉等人提出的世界中万物本原的观点概括为动力因；在苏格拉底和柏拉图的基础上提出了关于世界本原的目的因。因此，亚里士多德认为，任何事物的产生和存在都不过出自四个原因：质料因、形式因、动力因和目的因。由于亚里士多德认为形式因可以代表动力因和目的因，从而把四因归结为形式与质料，而由四因说过渡到形式质料说，也就是质形说。

在亚里士多德的宇宙论体系中，万事万物表现为一个严格的等级序列，所有的事物都是形式与质料的复合物。在这些事物中，不同层次的形式规范相应不同层次的质料，而质料则不断上升为越来越纯粹的形式，最高的层次就是不含任何质料的纯形式、不动的推动者、神。"神被认为是万物的原因，而且是本原。"[①] 亚里士多德主张的神只是宇宙中万物最终的动力因，因此是形式因、目的因，而不是质料因。亚里士多德又说："把自然定义为运动和变化的本原。"[②] 这个意义上的自然就不是自然万物，而是自然万物的本质、形式、动力、目的。那么亚里士多德所说的形式意义上的自然与他自己所说的作为纯

———————————

① 北京大学哲学系外国哲学史教研室编译：《西方哲学原著选读》上卷，商务印书馆2003年版，第120页。

② 北京大学哲学系外国哲学史教研室编译：《西方哲学原著选读》上卷，商务印书馆2003年版，第137页。

形式的神又是什么关系呢？万物含有质料形式的运动方向是可上可下的，而作为纯形式的上帝的作用就在于不断地规范形式的运动方向。

在亚里士多德看来，从静态的视角看，是质料与形式之间的关系，不可避免地又从抽象的角度涉及运动；从动态的视角看，是潜能与现实的运动过程；从物理学的角度看，宇宙中万事万物在做机械运动。某事物相对其他事物来说，既可能是被推动者又可能是推动者，但宇宙中任何事物相对自身来说都是被推动者而不是自己运动的，在这里，亚里士多德排除了矛盾而认为事物仅做机械运动。所以，宇宙中任何事物的运动都是由于其他事物的推动，把推动与被动形而上学地区分开来，一个推动者又是被自身之外的其他事物推动的，以此类推。但亚里士多德预设的这个被推动系列不能无限地进行，因此，最终必须有一个不动的推动者，这个不动的推动者就是唯一的神、上帝。正如亚里士多德所说："既然任何运动着的事物都必然有推动者，如果有某一事物在被运动着的事物推动着作位移运动，而这个推动者又是被别的运动着的事物推动着运动的，后一个推动者又是被另一个运动着的事物推动着运动的，如此等等，叫这不能无限地推溯上去，那么必然有第一推动者。"① 这就是亚里士多德关于上帝存在的证明。把运动归结为机械运动，把运动的动力归结为外力，一定会推出一个神来。在这里，亚里士多德虽然把运动与感性事物结合在一起，但又把感性事物与矛盾分割开来。感性事物本身做着机械运动，而不动的推动者却是一个纯粹的矛盾，这就不能从根本上解决宇宙的来源问题，最终还是认为神是感性宇宙的终极动力。

亚里士多德认为，从运动和变化的角度来看，质料和形式以分离、对立为主的转化关系就表现为潜能和现实对立同一的转化关系。这个宇宙的最终根源就从神转化为矛盾。神是在先的不含潜能的纯现实。在宇宙中，现实是实现了的潜能，潜能是尚未实现的现实。质料是静止的潜能，形式是静止的现实，质料和形式保持着分离的统一，

①　王太庆主编：《西方自然哲学原著选辑》（一），北京大学出版社 1988 年版，第198 页。

是潜能和现实的动态矛盾统一的形式方面。从潜能到现实的运动过程，正是质料转化为形式的过程。运动正体现在潜能的质料向现实形式的转化过程之中，是质料和形式、潜能和现实对立统一的过程。

亚里士多德认为，在潜能和现实的转化过程之外，还存在纯粹的潜能和纯粹的现实。纯粹的潜能就是纯质料、一种基质性的质料，它是一种纯粹的可能性，它需要借助完善程度不同的形式而成为现实的东西；而纯粹的现实，即上帝，也就是纯粹的形式。虽然亚里士多德认为："并没有什么在事物之外的运动。"① 但由于亚里士多德辩证思维的不自觉性、不彻底性，他最终还是把潜能与现实辩证过程的形式方面独立出来了，从而推出了唯一的神、上帝。在上帝那里，可能性和现实性是完全抽象同一的，也就是说，可能性就是现实性，没有任何感性的成分，与宇宙脱离开来了。亚里士多德否认数是宇宙的终极原因，但他自己又从绝对分离的形式与质料以静为主的关系中推出神与认为数是宇宙的终极原因都处在把形式逻辑的形式关系独立出来的思维层次上。亚里士多德虽然认为数不能脱离感性的事物，但他自己却把潜能与现实的辩证过程脱离了感性的事物。在潜能与现实的辩证过程中虽然深入了作为最终动力辩证逻辑方面的矛盾，但由于这一过程是脱离感性事物的，所以并没有认识到感性宇宙本身就是宇宙的终极原因。亚里士多德把问题的不同层面都考虑到了，但是将其绝对地分开来了，而没有找到结合这些层面的出发点。这一辩证法思辨的辩证思维方式一直到黑格尔都是占主导地位的，直到马克思创立了实践的辩证思维方式，从实践出发，才认识到矛盾只是实践的一个逻辑方面，最终解决了宇宙的终极来源这一问题。在马克思之前，大多数观点认为，唯一的神、上帝是宇宙的终极原因，亚里士多德也不例外。

柏拉图的上帝是至善的、能动的创世工匠，创世所用的材料是原始物质。而亚里士多德的上帝则是一个永恒的不动的纯粹形式或纯现实，宇宙万物是纯质料被赋形而成。在柏拉图那里，形式、理念是永

---

① 北京大学哲学系外国哲学史教研室编译：《西方哲学原著选读》上卷，商务印书馆2003年版，第138页。

恒的、独立自存的精神客体，因而，上帝与形式、理念是分离的。在亚里士多德那里，上帝与形式是等同的，神、上帝是完善的，因而上帝并没有创造宇宙。亚里士多德的上帝也不同于基督教无中生有的上帝，基督教的上帝是全知、全能、全善的，基督教的上帝的爱是自上而下普遍的爱。而亚里士多德认为，上帝已经是完美无缺的，他自身中没有变化的来源，没有对其他任何事物的爱，相反，宇宙中的万物都爱上帝，这是一种自下而上普遍的爱，也就是说亚里士多德的上帝不是主动去爱而是被爱，宇宙中的万事万物由于爱上帝而形成了一个不断向上帝发展的，具有不同等级形式、完善性的连续序列。

在亚里士多德那里，上帝虽然没有创造宇宙，但是，作为纯形式的上帝与宇宙中万事万物的存在链条被无理由地强行紧密地联结在一起，这使人想起莱布尼茨的单子系列数学式的完全形式的联结。亚里士多德指出，物理宇宙是呈圆周状的有限封闭整体，而不动的地球则是处于运动的宇宙的圆心，其他天体围绕地球做圆周运动。距离地球越近者越低级，越远者越高级。每个天体都以较高于自己的天体为形式因、动力因和目的因。而最外层的上帝，是整个宇宙最终的形式因、最终的动力因和最终的目的因。因此，亚里士多德的这种宇宙论是机械论的神学目的论。亚里士多德指出："神圣的本性亦如此，他通过最近的第一元素的单纯运动，把力量传给连续着的下一个东西，然后到较远的事物，直到渗透于万物之中。"① 神是怎样使得运动从自身过渡到最近的第一元素的，万事万物的运动又是怎样跳跃到神的静止的问题，这些问题到了托马斯·阿奎那的上帝存在的五路证明那里仍然没有解决。

柏拉图的上帝创造了一个最好的宇宙，上帝赋予了宇宙中所有事物以形式、本质及所有事物之间的秩序，从而形成一个多样统一的普遍和谐整体。每一事物都是尽力模仿其对应理念的完善并以对应的理念为追求的目的，而且同种事物内部及不同事物之间的完善程度也各

---

① 〔古希腊〕亚里士多德著，苗力田主编：《亚里士多德全集》Ⅱ，中国人民大学出版社 2017 年版，第 623 页。

不一样，从而使上帝创造的宇宙中的各种事物具有无限的多样性。可以在某种程度上说，亚里士多德主张的作为不动的推动者、纯形式的上帝所推动和规范的宇宙中的事物具有等级性和连续性的特征，是对柏拉图主张的上帝所创造的宇宙中的事物具有无限多样性的精确化和细化。柏拉图的上帝是最高的善，所以应对宇宙中的恶负有一定的责任。亚里士多德的上帝是纯形式，是一个纯动力因，只对宇宙中万事万物的秩序负责。宇宙中的万物虽然不是像上帝一样完善存在，而是处在生灭变化之中的不完善存在，但是宇宙中的万物并不因其自身不完善而显得杂乱无章、混沌无序，而是处于一个井然有序、等级分明的因果联系、目的与手段的联系之中，从而形成一和谐有序的整体。正如亚里士多德所说："由聚在一起的所有这些天体的轻歌曼舞所造成的单一和谐，生成于同一的开端，也要达到同一的目的，所以，整体的真实名称是'井然有序'，而不是'无序'。正如在一支合唱队中，当指挥示意时，整个男人的合唱队（有时也可以是女人的）便一齐高歌，有些音高、有些音低，由这些不同的音调混合成和谐悦耳的一曲。统辖整个宇宙的神也是如此：音调由可以恰当地被称为合唱队指挥的神从高处发出。"① 可以发现，亚里士多德的这一合唱队的比喻与莱布尼茨关于在先和谐中乐队的比喻有思想上的相通之处。从莱布尼茨对上帝的看法出发，很容易把亚里士多德合唱队的比喻改造为乐队的比喻。

　　亚里士多德主张的作为不动的推动者、纯形式的上帝是推动和规范宇宙中的万事万物的最终形式因、动力因和目的因。各种等级的形式是在质料中实现自己的有目的的力量，而质料是潜在的形式，那么，为什么质料中的形式往往达不到它的目的，往往非常不完善呢？也就是说宇宙中为什么存在恶呢？亚里士多德认为，宇宙中的形式、秩序、万物之存在来自上帝，而宇宙中的恶则来自质料。因为亚里士多德的上帝并没有创造宇宙中的恶，只是推动和赋予宇宙中的万事万

---

① ［古希腊］亚里士多德著，苗力田主编：《亚里士多德全集》Ⅱ，中国人民大学出版社2017年版，第624—625页。

物以形式、秩序、存在。在亚里士多德看来，一方面，质料来自于与上帝同样古老的纯质料，是宇宙万物生灭变化基质性的纯潜能。质料虽然在不断地现实化，也就是说，质料虽然能够变得越来越完善，但是质料永远不会完全变为现实，因为没有质料能够完全变为上帝，而只能无限地接近上帝。另一方面，正因为质料不受形式的约束表现出相反的性质，才使得宇宙中同一类型的那些个体中表现出数目繁多和参差不齐，从而为宇宙的多样统一的普遍和谐奠定基础。

在亚里士多德这里，善就是质料获得形式、秩序而变为无限多样、完备的存在事物，恶就是形式不能完全摆脱质料。形式完全摆脱质料就成了纯形式，就成了上帝，上帝作为纯形式是唯一的，因此世间的恶与上帝无关。上帝让这个世界无限丰富、完备就是上帝的正义。"正是在待人接物的行为中，我们有的人成为公正的，有的人成为不公正的。"① 人的公正和正义不是自然产生的，是在行为过程中形成的。人在行为的过程中，既可以成为公正的、正义的，又可以成为不公正的、不正义的，所以人是自由地成为公正的、正义的，或不公正的、不正义的。"公正和节制都是由于行为多次重复才保持下来。"② 在亚里士多德看来，公正是通过习惯而成自然的，是在经验中产生的，而不是通过先验得来的。做一次公正的事、正义的事，不一定是公正、正义的人；做多次公正的事、正义的事，也不一定是公正、正义的人；做一辈子公正的事、正义的事，仍然不一定是公正、正义的人；只有自由地去做公正的事、正义的事，才是公正、正义的人。上帝的正义就在于让万物由己，让人自由，让宇宙万物丰富和完备。"在各种德性之中，唯有公正关心他人的善。"③ 作为纯形式的上帝不关心他人的善，也不为恶他人。上帝的自满自足、静态的推动、

① ［古希腊］亚里士多德：《尼各马科伦理学》，苗力田译，中国社会科学出版社1999 年版，第 28 页。
② ［古希腊］亚里士多德：《尼各马科伦理学》，苗力田译，中国社会科学出版社1999 年版，第 33 页。
③ ［古希腊］亚里士多德：《尼各马科伦理学》，苗力田译，中国社会科学出版社1999 年版，第 97 页。

无形的思辨吸引着万物和他人的活动就是上帝的正义。而人的公正和正义就在于自由地把他人和万物当作自己在质料化的过程中不断地形式化、不断地提高形式的层次，并在这一过程中使万物丰富、完善、完备。"公正不是德性的一个部分，而是整个德性；同样，不公正也不是邪恶的一部分，而是整个的邪恶。"① 上帝是唯一总是公正、正义的。人自然地是可善可恶的。公正是整个的善，不公正是整个的恶。不公正会导致万物背离上帝，公正会导致万物趋向上帝。如果整体背离上帝，万物就会归于质料、归于纯质料。如果整体趋向上帝而又始终不可能，才能产生无限丰富的万事万物。

三　斯多葛学派的神义论思想

在斯多葛学派之前的柏拉图、亚里士多德等的神义论思想千差万别，很多学派之间甚至是互相对立的。斯多葛学派则致力于把那些各种不同的思想统一在一个理论体系之中。斯多葛学派一方面自相矛盾；另一方面又认为自己的理论是逻辑一致的。"他们认为自己的哲学体系所具有的内在一致性来自于整个宇宙的理性一体性，个人与宇宙的一体性或内在的关联性，宇宙内在因果关系与理性的逻辑关系的一致性等。"② 这是哲学发展的一般道路，即寻找各种哲学思想的最终根源，让哲学自我发展。虽然每个哲学大家都自觉不自觉地体现了这一方法，却只有斯多葛学派自觉地运用了这一方法。

斯多葛学派发展的历史长达 500 年。一般认为斯多葛学派的发展过程可分为早期、中期和晚期三个阶段，各自分别对应希腊化时期、罗马共和国时期和罗马帝国时期。这个学派代表人物的哲学思想之间并不完全一致，但由于同属于一个学派，他们的哲学思想在本质上是一致的。虽然只有唯一的哲学，但唯一的哲学是通过差别对立的具体哲学在运动中表现出来的，某个哲学学派的哲学也一样，某个哲学家的哲学也一样。斯多葛学派把哲学比喻为动物、鸡蛋、田地和城市等，其对哲学的这个看法也确实代表了各个时期斯多葛学派哲学思想的一般特征，那就是自然哲学与伦理学的一致，也就是说，自然与人是一致的。用事实来为价值作论证，自然是价值的原因，自然是人的原因，自然是自然自身的原因。自然的原因是什么？无非两个大的方向：从自然出发或者从人出发，各种回答最终都可归结为这两个方向之一。比如说，神创造了自然就是从人创造了自然这个方向发展出来的。哲学之父泰勒斯认为水是万物的本原，可以说是从自然出发这一方向来说明自然的原因是什么；柏拉图是从客观唯心主义的方向来说明自然的原因是什么；亚里士多德主要是从自然自身来说明自然的原因，前面有过详细的论述并引用了亚里士多德的原话，但亚里士多德最终还是认为作为纯形式的神是存在的；斯多葛学派则认为自然即神，自然与神既是不同的，又是相同的，从而对各种思想进行了一个综合。斯多葛学派这一理论思想在大方向上是正确的，但对这一问题作出最终解答的还是马克思的实践唯物论。下面就论述斯多葛学派在自然哲学基础上的神义论。

斯多葛学派认为宇宙大火、纯粹的火、宇宙理性、纯粹的理性是神，同时也认为自然即神。斯多葛学派所认为的神都是由于自身而存在的，再加上自然即神，也就不需要对上帝的存在加以证明了。把自明的自然说成是上帝，这是对上帝最好的证明。宇宙大火实际上是从自然中的火无限放大并分离而来的。宇宙理性实际上是从人的理性无限放大并分离而来的。纯粹的火实际上是从自然之火抽象并分离而来的。纯粹的理性实际上是从人的理性抽象并分离而来的。神和上帝的存在建立在自然和人的基础之上，但反过来，神和上帝又成了自然和人的基础。但是问题在于自然为什么是上帝呢？自然为什么不是人呢？自然是人不是更自明吗？

那么斯多葛学派认为神的属性有哪些呢？柏拉图的神是至善的全知的但不是全能的神。亚里士多德的神是全知的神，是不动的推动者。斯多葛派的神则是自全知、自全善、自全能的神。斯多葛派认为："一体的东西比零散的东西更好，因为它更作为它自己而存在；

一体的东西中，高级一体化的东西又比低级一体化的东西更好，因为它的存在更为持久和有价值。"① 在斯多葛派看来，神是一体化的，而且是最高级一体化的。因此神是唯一的，神与自然是一体化的。"共同的法律与普及万物的正确理性是同一的，而这正确理性也就是宙斯，万物的主宰与主管。"② 神是正确的理性，因此神是全知的。神自己也是万物，神通过共同的法律自己管理自己。"神即是理智、命运和宙斯。它们是同一个东西，是互相等同的。他还有其他许多名字。在开始的时候他依靠自身存在。"③ 神是理智，这说明神是精神性的；神是命运，这说明神是自然性的；神是宙斯，这说明神是个体性的。神有各种特性。但是由于神最初只是由于自身而存在的，所以神的各种特性是统一的、一体的。"神是活生生的，不朽的、有理性的、完美的或者在幸福方面有智慧的，他没有丝毫邪恶成分，关注着世界及世界中的一切事物，但他不具备人的形状。他是宇宙的创造者，好像是万物的父亲一样，无论是全体还是它那渗透一切的特殊部分（它按照不同的能力有许多名称）都是如此。"④ 这里说明神是永恒的、自全知的、自全善的、自全能的活的自存在。"关于上帝的一切，都是神圣的、公正的。"⑤ 这里说明神是自公正的。

因为神是一体化的活生生的唯一存在，那么神就必须分化自己，使自己多样化，甚至不断造成与自己对立的事物，最终自相矛盾，才能显示自己是一体化的唯一存在。"芝诺认为，神的本质是整个世界和天空。"⑥ 神只有在造出天空和世界的时候才能显示出自己的存在。如果自然的本质是人，神的本质也就是人了。在斯多葛派那里，神创

---

① 汪子嵩、陈村富、包利民、张雪富：《希腊哲学史》上，④，人民出版社 2010 年版，第 578 页。

② 北京大学哲学系外国哲学史教研室编译：《西方哲学原著选读》上卷，商务印书馆 2003 年版，第 182 页。

③ 苗力田主编：《古希腊哲学》，中国人民大学出版社 1989 年版，第 624 页；王太庆主编：《西方自然哲学原著选辑》（一），北京大学出版社 1988 年版，第 256 页。

④ 苗力田主编：《古希腊哲学》，中国人民大学出版社 1989 年版，第 626 页。

⑤ 周辅成编：《西方伦理学名著选辑》上卷，商务印书馆 1987 年版，第 226 页。

⑥ 苗力田主编：《古希腊哲学》，中国人民大学出版社 1989 年版，第 626 页。

造了另一个自己：自然。"神作为宇宙的种子似的理性，就这样留在潮湿中，成为一个承办者，他按自己的意图改变质料以有利于创造的下一个阶段。"① 神的另一个本质是理性。神只有使自己的理性与另一个自己——自然一体化，才能认出自己。神只有在不断地区分自己又一体化自己的创世过程中才能成为唯一的活生生的存在。

斯多葛学派认为宇宙是怎样产生的呢？斯多葛学派在综合前人思想的基础上提出了自己的观点。斯多葛学派是以赫拉克利特的思想为核心来综合前人思想的。斯多葛学派的神创世实际上是神创造另一个自己。神的另一个自己即自然、世界或宇宙。斯多葛学派认为："宇宙这个词有三种用法：（1）神自身，及其性质派生自整个本质的单个存在……（2）他们也把天地自身的秩序称作宇宙；（3）上述两种意义的结合。"② 宇宙即是神自身。宇宙即是唯一之自然。宇宙也是自然之秩序，宇宙秩序也就是与自然一体化的理性。那么神是怎样自己创造自己，又是怎样创造这个宇宙的呢？

赫拉克利特认为火是万物的本原，火产生出气、水和土，然后产生出万事万物。万事万物遵循着逻各斯和对立统一的法则运动变化，从火产生又复归于火。斯多葛派却认为："宇宙里有两个本原：主动的本原和被动的本原。被动的本原是一种没有性质的实体，即质料（物质），反之那主动的本原乃是在这个实体中固有的理性，这就是神。因为神是持存的，并且是遍及于全部质料的范围里每个事物的创制者。"③ 有两种火，原初的、纯粹的和唯一的火，以及被产生的火。纯粹的唯一的火是终极的本原，既是质料性的也是理性的，是质料与理性的一体化。宇宙的两个本原是终极本原分化的结果。宇宙中被动的本原就是没有性质的质料，能动的本原就是形式、理性、普纽玛。能动的本原同时是利用自造的质料创制万物的创制者。

原初的、纯粹的、唯一的火产生出主动创制的形式、理性、普纽

---

① 苗力田主编：《古希腊哲学》，中国人民大学出版社1989年版，第624页。
② 苗力田主编：《古希腊哲学》，中国人民大学出版社1989年版，第624页。
③ 王太庆主编：《西方自然哲学原著选辑》（一），北京大学出版社1988年版，第255页。

玛和被动的、可接纳形式的质料。"本原是非形体的并缺乏形式，而元素则是已赋有了形式的东西。"① 从终极的本原分化出宇宙的两个本原。宇宙的两个本原是没有形式的，但普纽玛、理性是可以赋予质料以形式的。水、气、土和火就是普纽玛、理性赋予质料以形式而形成的元素。"元素（火、水、气、土），被定义为特殊事物最初由以产生并最后消解为它们的东西。四元素总和构成无定质的实体或物质。"② 终极的本原只有一个，宇宙的本原有两个，从宇宙的本原产生出的元素有四个（火、水、气、土）。在一个循环里，世界既产生于四元素又回归于四元素。四元素的总和构成无定质的实体或物质。

世界的产生从四元素构成的实体开始。火水气土以火为源头循环产生，在普纽玛的推动下混合而产生宇宙万物。"世界的产生是这样的：其实体首先从火通过气转变成湿气，然后湿气的粗糙部分压缩成土，而分子十分细微的部分则变成了气，这个稀释过程不断进行直到它产生火。从这些元素的混合中形成了动物、植物及其他自然种类。"③ 纯粹的火既是理性的又是质料性的而且是唯一的。普纽玛既是纯粹的火的碎片又是唯一的纯粹的火的各种表现。普纽玛既是物质的也是精神的火气，它使万物既是精神的也是物质的、既是分离的也是统一的整体。斯多葛学派根据亚里士多德形式与质料的学说，认为普纽玛是能动的、积极的、形式的本原，而普纽玛之外的质料是消极的、被动的本原，但最终普纽玛和质料都来自纯粹的火。宇宙万物都在普纽玛的推动下由普纽玛和质料相互混合而成，是两者的同一体。斯多葛派的这种混合不同于柏拉图和伊壁鸠鲁的混合。柏拉图的万物是理念与原始物质的机械混合，理念和原始物质始终是分离的。伊壁鸠鲁的万物是原子与原子的机械混合，同时原子与原子是分离的。亚里士多德的万物是形式与质料的混合，虽然在最高层次上达到

---

① 王太庆主编：《西方自然哲学原著选辑》（一），北京大学出版社1988年版，第256页。

② 王太庆主编：《西方自然哲学原著选辑》（一），北京大学出版社1988年版，第256页。

③ 苗力田主编：《古希腊哲学》，中国人民大学出版社1989年版，第625页。

了形式与质料的同一，但在亚里士多德的理论体系中存在一个分离的不动的纯形式。斯多葛派的普纽玛和质料的混合既是不同的又是同一的，因为普纽玛和质料都是由纯粹的火产生的。在这个具有对立的同一体中，质料是完全被动的，它能够接受普纽玛给予的任何改变，而它本身不会产生任何运动，接受也是一种主动，也就是说被动即主动，任何形而上学的区分都会走向对立面。物体的运动是由普纽玛推动的，物体的性质、状态、形式是由普纽玛赋予的。普纽玛是火与气的同一体。由于普纽玛来自唯一的最终的纯粹的火，因而它能够把宇宙万物统一起来。而由于普纽玛具有各种不同的火与气的结合方式和状态，可以把宇宙中的万事万物彼此区分开，所以它既能把宇宙中的万事万物区别对立起来，又能把宇宙中万事万物统一起来。在斯多葛派那里，普纽玛、火、逻各斯、理性、纯粹的火、世界灵魂、上帝等几乎是一回事。但它们之间也存在一些差别，在某种意义上可以说，上帝、纯粹的火是世界的创造者，而世界灵魂和普纽玛内在于世界之中。在所有的真实存在当中，原初的力量、原初的火是本来意义上的神、上帝，而从上帝、神、纯粹的火产生出来的宇宙万物只具有派生意义上的神性，但也同时是神。而与世界整体同义的上帝，从某种意义上也可以说是世界的一部分，是世界的灵魂，是弥漫整个世界的普纽玛，是自然形式的神。但是上帝与世界的这种区分既是相对又是绝对的。从上帝产生出来的宇宙万物，是自然不是神，这是绝对的。但是在终极的意义上就是神本身。这是因为：第一，世界灵魂虽然不等于物体，却渗透于物体的每一个部分，这也就说明世界灵魂与物体是同一的，而且它们都来自唯一的纯粹的火；第二，到了宇宙的每一个周期的末尾，自然万物都复归于上帝，那时，上帝与宇宙的区别也就不存在了；第三，世界产生的过程最终是神的自区分自同一的过程。在一个循环周期里，在普纽玛、理性的推动下四种元素被赋予形式而相互混合就构成了自然万物。

在赫拉克利特那里，自然万物从本原的火中产生出来，又将复归于本原的火。在一个创世周期中，万事万物由火推动按照逻各斯运动变化。赫拉克利特并没有说每个周期产生的宇宙是否完全一样。斯多葛派认为："自然是一种有技巧的火，不断地进行创造。它等于普纽玛、其形似火并具有匠心。灵魂是一种能感知的本性。她是适于我们的普纽玛，因而她是一种物体，并且在死后继续存在。但它是可以毁灭的，虽然以动物的单个灵魂为其部分的宇宙灵魂是不会毁灭的。"①纯粹的火产生出自然、有技巧的火，以及普纽玛、灵魂、理性等，这是纯粹的火一体化同时的分化。自然、有技巧的火与普纽玛结合而形成具有匠心的火，或形成无形但可以赋形的、创制的普纽玛、灵魂，这是宇宙内部既一体化又分化的创制过程。斯多葛派认为，在宇宙万物形成和发展过程的最后，纯粹的火将使宇宙万物都恢复其本来面貌，也就是自然万物将不复存在，而只有作为自然万物本来面貌的上帝或纯粹的火以其本来的纯粹形式永远存在。这一周期结束之后，纯粹的火将重复创造同样的宇宙。

斯多葛派认为重新产生的宇宙与旧宇宙是完全·样的、同一的，以至于先前宇宙里出现过的每一样物品、每一件事、每一个人，都会原样再现于新宇宙里。也就是说，世界是一个周而复始、循环不已的创生、毁灭、再创生、再毁灭的永无休止的完全原样重复出现的过程。由此斯多葛派将柏拉图、亚里士多德的神学目的论贯彻得更加彻底，从而走向了严格的一元论的决定论或者宿命论的宇宙论。"在事物的系列中，跟在后面的永远与在前面的那些恰恰配合，因为这系列并不像一些不相联结的事物的单纯列举，仅只有必然的次序，而是一种合理的联系：正如一切存在的事物都被和谐地安排在一起一样，开始出现的事物表现出不只是继续，而且是某种奇异的关联。"② 由于上帝或普纽玛的推动和决定作用，宇宙成为一种动力学的因果关系和目的与手段关系相一致的必然链条。这种因果联系和目的与手段联系的必然链条是上帝预先安排的和不可更改的，是一种绝对的必然性。这种绝对的必然性决定了世界上一切事物的产生、存在和变化。斯多

---

① 苗力田主编：《古希腊哲学》，中国人民大学出版社 1989 年版，第 627 页。

② 北京大学哲学系外国哲学史教研室编译：《古希腊罗马哲学》，商务印书馆 1961 年版，第 452 页。

葛学派把这种绝对的必然性叫作命运，因此，在斯多葛学派那里，根本就不存在偶然性，但他们却认为存在着自由，即听命于绝对必然性就是自由；服从命运就是自由。

以上论述的是斯多葛派认为世界是怎样形成的。下面讨论作为斯多葛派神义论理论基础的斯多葛派的自然哲学。在内容上，斯多葛派自然哲学要在自然即神的基础上论证事实与价值的一致、自然哲学与伦理学的一致。在方法上，斯多葛学派的自然哲学同样综合了各种不同甚至对立的自然哲学来形成自己的自然哲学。在思想渊源上，斯多葛学派以赫拉克利特的自然哲学为基础来综合其他自然哲学从而建立自己的自然哲学。

赫拉克利特认为火和逻各斯是宇宙的本原，逻各斯是火的尺度，还没有明确地与火同一起来。而斯多葛学派则通过对火和逻各斯的改造提出宇宙大火或纯粹的火和宇宙理性或纯粹的理性是宇宙的本原，而且认为二者是一体化基础上的分化。一般地说，由于各种理论都有抽象性，我们承认这些抽象的理论是有机统一的，但我们却做不到这些抽象理论的有机统一。斯多葛学派却在理论上坚持了真正的一元论。"一切都统一在一元论当中，即使是质料也不是外在于本质的，而是宇宙大火自己变化出来的，是宇宙大火——逻各斯的自我显现，自己取自己为质料，又在自己当中作为形式发挥作用。所以，质料与形式，可以看作是同一宇宙本体的两个方面，而不是独立存在的两种本体。"① 唯一的神与唯一的宇宙是一体化的神的自我分化，也就是说神与宇宙既是两个也是一个。这就是斯多葛派的一元论。而斯多葛派的一元论表现在斯多葛派所讨论的一切领域：既表现在神内部，表现在神与自然之间，又表现在自然内部。自然万物的本原是质料与形式。质料与形式不仅是同一宇宙本体的两个方面，而且是独立存在的两种本体。斯多葛派的唯一的神是在一体化基础上自我分化的，也就是说斯多葛派是彻底的一元论。自然万物的本原也应该是一个，即质

———————

① 汪子嵩、陈村富、包利民、张雪富：《希腊哲学史》上，④，人民出版社 2010 年版，第 468 页。

料和形式是同一的。宇宙大火自己取自己为质料，宇宙大火同时自己作为形式对质料发挥作用而形成万物。也可说形式是质料的，质料也是形式的，质料或形式自己变化自己而形成万物。

斯多葛派认为宇宙的本体是一个，同时也是两个——从本体论上说是一个，从认识论上说是两个。在斯多葛派那里，在自然内部各个层次上都表现出一元论。在最低的层次上，斯多葛派认为宇宙是一个活的有机生物。"斯多葛哲学家当真相信宇宙是一个活生生的、真正意义上的内在有机生物。"[1] 宇宙是一个活的有机体，是一个自我分化的一体化整体。也就是说宇宙中的任何一个部分都不是多余的，也不是互相隔离的，而是互相联系、互相转化、互相一致、自我组织的整体。

在最高层次上，斯多葛派认为宇宙就是一个神。在宇宙中，每一个个体都与神是一致的，每一个个体又都与自身是一致的。"作为个体的主体能够'经历变化而自己不变'，持续一段时间。"[2] 宇宙中每个个体与自身一致表现在自己通过变化而保持自己不变。宇宙中每个个体是绝对分离的，与神也是绝对分离的，同时，宇宙中每个个体又是绝对一致的，与神也是绝对一致的。"如果说亚里士多德所讲的'个体性'之本体是'属加种差'的定义式本质，其特点是只包括本质特性而不包括'非本质特性'，而且种差即使再低也不会下降到个体（个体无定义）。那么，斯多葛学派的个体性规定中就包含了从内到外的各种规定性，这是对个体性的真正重视。这使得'个体'也被纳入到规定性之内，使得每个个体都有其独特性（斯多葛学派的信念之一就是世界上没有两个个体是完全一样的），使得他们之间的每一点不同都在神（宇宙气息）的一体化主宰之下。"[3] 在亚里士多德

---

① 汪子嵩、陈村富、包利民、张雪富：《希腊哲学史》上，④，人民出版社 2010 年版，第 493 页。

② 汪子嵩、陈村富、包利民、张雪富：《希腊哲学史》上，④，人民出版社 2010 年版，第 471 页。

③ 汪子嵩、陈村富、包利民、张雪富：《希腊哲学史》上，④，人民出版社 2010 年版，第 460 页。

那里，对个体的定义只是对个体之间关系的定义。亚里士多德的定义表达的是一条既上升又下降的路，上升的路可以达到无限，下降的路永远不能真正达到个体。亚里士多德的定义之所以不能达到真正的个体，就是因为亚里士多德的定义不能达到个体的外在规定性。斯多葛派认为世界上没有两个个体是完全一样的，这一思想也影响到了莱布尼茨（莱布尼茨认为世上没有相同的两片树叶）。斯多葛派认为，每个个体都是不一样的，每个个体都具有独立性，每个个体都是分离的。斯多葛派对个体的定义包括了个体从内到外所有的规定性，是对个体性的完全的定义。这样一来，斯多葛派所认为的个体之间就不一致了，个体与神之间就不一致了。而斯多葛派同时认为，个体内部是一致的，个体之间也是一致的，个体与神之间也是一致的。

下面讨论人内部和人之间各个层面的一致。斯多葛派对自然的观点表明斯多葛派认为宇宙中的万物内部及各个层面之间都是一致的。"'自然'这个词在他们那里有时指的是维系世界的东西，有时指的是促使大地上的事物萌发生长的力量：自然是一种自身运动的张力，它根据种子生育原则在确定时期生育万物，并保持其存在，并使万物从事与其来源相同的行动。进一步，他们认为自然既以功用也以快乐为目标，这从与人的技艺的类比可以清楚地看出来。"[1] 自然维持万物的存在，自然生育万物。自然也使万物一致。自然使万物与神一致，自然使万物之间一致，自然使万物内部一致。自然使万物的质料和形式一致，自然使人的身体与人的灵魂一致。自然使人的功利性与人的价值性一致。

更进一步，"无论是自然哲学、认识论还是伦理学，都是在研究同一个对象——自然——的各个方面而已，都是统一的真理的各个部分，它们之间当然是和谐一致的"[2]。只有一个与神一致的唯一的自然。而自然哲学、认识论和伦理学等虽然从理论上是互相区别的，但

---

[1]　汪子嵩、陈村富、包利民、张雪富：《希腊哲学史》上，④，人民出版社 2010 年版，第 476 页。
[2]　汪子嵩、陈村富、包利民、张雪富：《希腊哲学史》上，④，人民出版社 2010 年版，第 412 页。

从根本上说它们是一致的。我们对自然哲学、认识论和伦理学的研究，就是不断地区分它们、丰富它们，永无止境，而这正是因为它们是一致的。

在伦理学方面，"斯多葛学派不仅强调自然现象的决定论方面，而且相信既然这一切是神所安排的，就应当是善的，这也就是目的论"①。自然现象的决定论与人的自由是一致的，事实与价值是一致的，决定论与目的论是一致的，这一切又都是与神一体化的。

自然的重复产生和消灭也是与伦理学一致的。对于斯多葛派来说，纯粹的火是使宇宙重复产生和消灭的终极的和唯一原因。宇宙重复产生，没有任何变化，因为这个宇宙是最好的，最好的就是应该不变的，这就把自然哲学与伦理学统一起来了。这个宇宙总是按最好的这种情况变，就把变与不变统一起来了，也把命运与规律统一起来了。"每一次的历史都会一模一样的重复，没有丝毫的改变，因为神所创造的世界是最美好的世界，而'最好'只有一种。宇宙的发展就是神——火的生活节奏：生、死与复活的生物学隐喻被彻底用到宇宙的身上。创造性的本原之火并不能永远创造下去，当它用完了质料之后世界就必须毁灭了。"② 世界为什么会毁灭呢？只有最好的世界才能重复产生和消灭。世界到了最好的边界之外就消灭防止了不好的世界的产生。而只让最好的世界产生和消灭的原因内在于神自身。"两种火的功能正好相反！本原之火是创造性的，世中之火是毁灭性的。"③ 创造性的火与毁灭性的火是一致的。创造性的火是毁灭性的，因为创造性的火只创造最好的世界，因此必须毁灭坏的世界。毁灭性的火是创造性的，毁灭性的火只有不断地毁灭坏的世界，才能保证对最好世界的创造。

---

① 汪子嵩、陈村富、包利民、张雪富：《希腊哲学史》上，④，人民出版社 2010 年版，第 512 页。

② 汪子嵩、陈村富、包利民、张雪富：《希腊哲学史》上，④，人民出版社 2010 年版，第 499 页。

③ 汪子嵩、陈村富、包利民、张雪富：《希腊哲学史》上，④，人民出版社 2010 年版，第 492 页。

　　对立的伦理价值之间一致的原因是什么呢？"同样的'自然'为什么可以支持那么多对立的伦理价值？"① 对立的伦理价值与自然和神是一致的。对立的伦理价值之间也是一致的。在这种条件下，对立的伦理价值越多这个世界越好。在对立的伦理价值之间一致的条件下，各对立伦理价值可无限发展，表明这是一个最好的世界。纯粹的火总是产生和消灭这个最好的宇宙则是自相矛盾的。纯粹的火既产生最好的宇宙又消灭最好的宇宙道理何在呢？这一问题的解决还要靠后来的哲学家。除了这一问题外，对于其他方面我们还是赞同的。

　　斯多葛派对人的道德的看法。斯多葛派认为人的道德与自然是一致的，其从自然出发来论述人的道德。"斯多葛派认为，动物的最初动机是自我保存，因为自然从一开始就使它喜欢自身。"② 自然使动物一开始就喜欢自身，表明这个自然是最好的。动物总会喜欢一些跟自己不同的东西，这些跟自己不同的东西归根到底就是自己。还有一些是动物无所谓喜不喜欢的东西，它们也是动物喜欢东西的前提，这些东西归根到底也是动物自己。这样也就很好地论证了自然的一元性和道德伦理与自然的一致。自然一开始就使动物喜欢自身，就是动物的情感与自然的一致，当然情感与道德也是一致的。那么在意志和理智方面呢？"每一动物首要的和最关切的事情是它自己的生存，及其生存的自觉。"③ 自然使动物最关切自己的生存，这就是动物的意志与自然的一致。自然使动物最关切自己的生存自觉，这就是动物的理智与自然的一致。在认识方面，"感官的对象并非不经过考虑就是真实的，而只是当它们把一个人带回到它们所伴随着的理性的对象时，才是真实的。凡是属于以及符合于某样东西的就是真实的，不如此的就是错误的"④。这说明感性与理性是一体化的。认识与自然是一致

---

　　① 汪子嵩、陈村富、包利民、张雪富：《希腊哲学史》上，④，人民出版社 2010 年版，第 481 页。

　　② 苗力田主编：《古希腊哲学》，中国人民大学出版社 1989 年版，第 610 页。

　　③ 周辅成编：《西方伦理学名著选辑》上卷，商务印书馆 1987 年版，第 214—215 页。

　　④ 北京大学哲学系外国哲学史教研室编译：《古希腊罗马哲学》，商务印书馆 1961 年版，第 371 页。

的，理智与道德也是一致的。以上从情感、意志与理智三个方面论述了道德与自然的一致。

所有的美德是与自然一致的。所有美德之间的关系是怎样的呢？"斯多葛学派还说各种美德彼此互相跟随着，一个人有了一种美德，就有了全部；因为所有的美德的教训都是共同的。"① 斯多葛派认为所有美德是一体化的。还认为，所有的美德不是独立的、分离的，美德不是有多个，而是只有一个。斯多葛派认为美德是在一体化基础上独立化、分离化的。因此在斯多葛派这里，拥有一种美德就意味着拥有全部美德，拥有全部美德就意味着拥有一种美德。那么全部的德性包括哪些呢？"有三种美德附属于总的德性：物理的、伦理的与逻辑的。"② 物理的德性是自然的德性，伦理的德性是人的德性（狭义的德性），逻辑的德性是思维的德性，这三种德性合起来就是全部的德性。而且这三种德性是一体化的，是与自然一致的。

以上从一与多的关系方面论述了道德和自然的关系。下面从变与不变的方面论述道德与自然的关系。"斯多葛派说，对于它们，自然的规则就是追随着爱好的指导。但是当理性按照一种更完满的原则被赋予理性动物时，所谓按照自然生活恰好便是正确地按照理性而生活。因此可以说，自然正是制造这种爱好的艺术家。……按照自然而生活，就是按照德性而生活。因为自然领导我们走向道德。"③ 低于人的动物按照本能爱好的指导进行生存，既不会过多，也不会不足，这对动物来说是一种本能意义上的最好。人不同于动物，因为人具有了理性。人遵循理性的指导，就既可能做得更好，又可能做得更坏。但当人按照正确的理性而生活，在时刻排除更坏的情况下就可以做到最好。因而对于人来说，按照自然生活，就是正确地按照理性生活，

---

① 北京大学哲学系外国哲学史教研室编译：《西方哲学原著选读》上卷，商务印书馆2003年版，第183页。

② 北京大学哲学系外国哲学史教研室编译：《古希腊罗马哲学》，商务印书馆1961年版，第371页。

③ 北京大学哲学系外国哲学史教研室编译：《西方哲学原著选读》上卷，商务印书馆2003年版，第181页。

就是按照德性而生活，就是在过善的生活，而不是作恶。按照自然生活就是按照德性生活的根本原因在于"我们个人的本性就是宇宙的自然的一部分，合乎自然的方式的生活就是至善，就是说至善是合乎个人的本性以及宇宙的自然，不应作任何为人类普遍法则习惯上所禁止的事"①。我们个人的本性与普遍本性是一致的，与自然是一致的。我们个人的本性是普遍本性的分化。通过各个不同的个人本性表现唯一的普遍本性。通过各个个人本性的变化保持普遍本性的不变。所以我们每个人按照自然生活，就是按照我们的个人本性生活，同时也是按照普遍本性生活，也就是按照至善生活。因此，"我们所应当依照以生活的本性既是共同的本性，也就是个人特殊的本性"②。我们现实生活的本性既是普遍的共同的本性、特殊的本性，又是个别的本性。我们按照自然的生活，既是唯一一种生活，又是多种生活当中的一种，既是作为唯一不变生活的变种，又是唯一不变的生活。

追求道德的原因不是道德之外的任何东西（比如：利益），而是道德自身、自然自身。"人必需为道德而求道德，并不需要恐惧、希望或任何外在的影响。……自然本身只有给我们以善的欲向。"③ 追求道德不能是由于恐惧、贪婪、希望，或任何外在的原因。恐惧、贪婪、希望或任何外在的原因都不是自然的，所以不能作为道德的原因。不自然的是在自然的基础之上与自然一致的，也就是说，不自然的是强迫我们按照自然追求道德的原因。从这里可以看出，斯多葛派在动物层次和人的层次上自然哲学和伦理学的一致，也论证了宇宙在这两个层次上是最好的。斯多葛派对国家的理想从某些方面来说高于柏拉图对国家的理想。"既然斯多葛学派对于激情的治疗和险恶环境的对抗依靠的是一种唯智主义，而不是仅仅依靠意志论和德性的魅力，那么在客观确定的知识上的追求就不是可有可无，而是至关重要的了。"④ 唯智

---

① 周辅成编：《西方伦理学名著选辑》上卷，商务印书馆1987年版，第215页。
② 周辅成编：《西方伦理学名著选辑》上卷，商务印书馆1987年版，第216页。
③ 周辅成编：《西方伦理学名著选辑》上卷，商务印书馆1987年版，第216页。
④ 汪子嵩、陈村富、包利民、张雪富：《希腊哲学史》上，④，人民出版社2010年版，第374—375页。

主义就是在一切方面追求确定不变的知识，就是在意志论和德行论方面都要追求确定的知识，也就是追求关于自由的确定的知识，这似乎走向了自由的反面。事实却是，对自由的确定及知识的追求，就是追求最高状态的自由。最高自由内在包含各个层次的自由。最高自由就是人人自由，每个人都一直自由，万物都按照自然而活动。

斯多葛派对恶的看法。那么，斯多葛派认为邪恶是从哪里来的呢？"自然的出发点永不可能是邪恶的。"① 自然的出发点不是邪恶，自然的终点也不是邪恶，自然的活动过程也不是邪恶。看来恶只能来自于虚无。斯多葛派究竟怎么看呢？"斯多葛学派的绝对决定论并不意味着承认邪恶之事也来自神。邪恶来自恶人自己。"② 人是自然产生的，人是善的。邪恶来自人自己的虚无。邪恶是自然的善产生出来的，邪恶是以对立的形式出现的善，邪恶使善得以在自然中存在。因此这个自然是最好的且是正义的。卢梭认为："自然的原初运动总是正确的……一切加诸人心的邪恶都不出于人的本性。"③ 卢梭在这里以不同的方式表达了与斯多葛派相同的思想。也就是说，自然的原初运动总是正确而善良的，人心通过邪恶表现不变的善良本性，或者说人心的邪恶来自与自然无关的人的内在虚无。

那么善恶与自由是什么关系呢？"斯多葛派认为，只有善人是自由的，恶人都是奴隶。自由就是具有独立行动的力量；相反，奴役却是独立行动力量的短缺。"④ 有种观点认为，自由是善恶的前提，没有自由就无所谓善恶。而斯多葛派认为善是自由的前提和原因。恶是奴隶的前提和原因。善会使人具有独立行动的力量而具有自由。恶会使人缺乏独立行动的力量而缺乏自由。恶人受奴役只是因为善的虚无化导致的自由虚无化。

---

① 苗力田主编：《古希腊哲学》，中国人民大学出版社 1989 年版，第 611 页。

② 汪子嵩、陈村富、包利民、张雪富：《希腊哲学史》上，④，人民出版社 2010 年版，第 570 页。

③ 《西方哲学史》编写组：《西方哲学史》，高等教育出版社、人民出版社 2015 年版，第 317 页。

④ 苗力田主编：《古希腊哲学》，中国人民大学出版社 1989 年版，第 620 页。

在斯多葛派那里，自由与自由意志是什么关系呢？"爱比克泰德所强调的是理性的作用，而不管结果如何。因为结果总是可能不在我们的把握之中，比如是否出行；但是即使专制君主绑住我的手脚，也绑不住我的自由意志（说不的自由或认可的自由——引者注）。"① "你锁得住我的腿，可是宙斯自己也强不过我的自由意志。"② 理性是一种超越感性事物到无限的能力。理性能够摆脱感性事物的束缚，因此也就不能随意支配感性事物。爱比克泰德在这里说的自由意志也即是这种理性能力。这种自由意志不能无中生有（感性事物），但能在精神中变有（感性事物）为无。在下列情况中：静态的无中生出感性宇宙，感性宇宙被变为静态的无；上帝让宇宙产生和消灭；在宇宙本来就存在的前提下循环自生自灭；宇宙无化的同时有化，宇宙有化的同时无化。斯多葛学派的理性和自由意志的观点究竟属于哪一种或哪几种情况呢？斯多葛派在这里所说的自由意志只是自由的一种情况。

斯多葛派的自由意志与其他自由的关系。"让自然随其所愿处理属于它的质料，但是真正属于我们自己的东西（即自由意志）是绝不会毁灭的。"③ 自然与万物是一体化的，其中万物当然包括我们。也就是说，我们与自然是一致的，我们是善的。恶只属于我们自己，不属于自然。那么恶属于我们自己的什么呢？当然是只属于我们与自然无关的无。这个无就是只属于我们的自由意志。"罪恶即是对于道德所应知的许多事情的无知，道德即是知识。"④ 自由意志可以不顾效果地任意选择；自由意志也可以有目的地选择，但不一定能够达到目的。如果自由意志根据的目的是道德，也即是正确的知识，目的就能够达到。如果自由意志根据的是无知，就可能导致罪恶。所以，罪

---

① 汪子嵩、陈村富、包利民、张雪富：《希腊哲学史》上，④，人民出版社 2010 年版，第 543 页。

② 周辅成编：《西方伦理学名著选辑》上卷，商务印书馆 1987 年版，第 234 页。

③ 汪子嵩、陈村富、包利民、张雪富：《希腊哲学史》上，④，人民出版社 2010 年版，第 548 页。

④ 周辅成编：《西方伦理学名著选辑》上卷，商务印书馆 1987 年版，第 218 页。

恶不是因为自由意志，而是因为道德知识的欠缺。道德知识最终取决于思辨能力。"思辨的才能；因为我们发现只有它能评价其自身……并且能评价其他一切。"① 思辨是一种自由。通过思辨我们能够得到正确的道德知识。自由意志是一种选择的自由。思辨的自由是一种为善的自由。思辨自由的欠缺导致罪恶。思辨的自由与意志的自由都是精神的自由。"这种精神自由、这种不动心、这种漠不关心、宁静不摇、平静不扰、精神上的等视一切，不受外物干扰，不受外物牵连，乃是所有这几派哲学的共同目的。"② 伊壁鸠鲁学派、斯多葛学派、怀疑学派等的精神自由都追求不动心，但对精神自由的看法还是各不相同的。人人都不动心也就没有罪恶产生了，但实际上还是有罪恶产生。"斯多葛学派主张一切罪恶都是同等的。"③ 罪恶是善的缺乏，罪恶是道德的无知。由于万事万物是一体化基础上的独立化，罪恶也相应有各种各样的缺乏，最终也就是善的缺乏，但似乎不能说一切罪恶都是同等的。但如果承认一切罪恶都是等同的，就要同时承认一切罪都是不同的。"斯多葛学派认为当世界处于大火之中的时候，就不存在任何邪恶了，整个存在都是明智的和智慧的。"④ 当世界处于大火之中的时候，就不存在任何邪恶了。综合起来，实际上是既存在邪恶同时又不存在邪恶。在善的基础上邪恶与善是一体化的。这也说明了神与自然是对立的。承认神与自然是对立的，又要承认神即自然。这在方向上是对的，实际的道理却需要进一步讨论。

斯多葛派对预言、预知的看法。预言、预知与神的正义有什么关系？能否预知呢？"所有事物都是按照命运发生的。……命运被定义为万物由以产生的无穷无尽的因果链条，万物或世界由以进展的程式。更为重要的是，他们认为，如果天意确实存在的话，那么各种各

① 周辅成编：《西方伦理学名著选辑》上卷，商务印书馆 1987 年版，第 232 页。
② ［德］黑格尔：《哲学史讲演录》第三卷，贺麟、王太庆译，商务印书馆 1997 年版，第 7 页。
③ 北京大学哲学系外国哲学史教研室编译：《西方哲学原著选读》上卷，商务印书馆 2003 年版，第 182 页。
④ 汪子嵩、陈村富、包利民、张雪富：《希腊哲学史》上，④，人民出版社 2010 年版，第 500 页。

样的占卜都是可以成立的。"① 斯多葛派认为万物都是按命运产生的，命运就是事物间必然的因果联系。如果神存在的话，神就能够根据因果关系知道以后的事物，或者预知所有的事物。人如果发现了后面的事物与前面的事物的因果关系，也能够预知一些事物。因此斯多葛派认为存在着各种预知。斯多葛学派的命运理论影响了后来的加尔文的预定说，一定意义上也影响了斯宾诺莎的理性决定论和霍布斯的机械决定论。如果宇宙是决定论的，那么还有善恶吗？还有正义吗？还有自由吗？"斯多葛学派这样类型的自然哲学会导向对预言技艺的肯定甚至特别强调。既然宇宙是密切联系在一起的，就会出现某种'全息'现象。从任何一组事物，都能了解到另外的事物。所以，预言是可能的。"② 如果宇宙是决定论的，就会出现全息现象，也就可以根据部分了解全部，这使得预言对于人也是可能的。这种预言只是对已经出现了的世界中的事物的预言或推理，而不是对将来事物的预言。在斯多葛派这里，"世界一次次重复，所以神对历史的每个细节都'看到'了"③。世界一次次重复，神都看到了。这能叫预言吗？这样的预言有什么意义？

斯多葛派的预言为什么可以证明斯多葛派的神的存在？"斯多葛学派非常重视的是以预言的存在为根据的证明，其大意是：如果不可能确切地了解某一事件，也就不可能预言它；既然可以预言未来的事件，就证明我们可以确切地了解它；而确切的认识必须以必然性为前提；因此，预言的存在就证明了必然性或天意的存在。"④ 斯多葛学派所认为的预言就是对因果必然联系的后续事物的认识，就是对必然重复出现事物的认识，这样也就能够证明作为必然性的神的存在。这里把必然性与偶然性绝对分隔开来了，只承认必然性，而不承认偶然

---

① 苗力田主编：《古希腊哲学》，中国人民大学出版社 1989 年版，第 626—627 页。

② 汪子嵩、陈村富、包利民、张雪富：《希腊哲学史》上，④，人民出版社 2010 年版，第 529—530 页。

③ 汪子嵩、陈村富、包利民、张雪富：《希腊哲学史》上，④，人民出版社 2010 年版，第 547 页。

④ 汪子嵩、陈村富、包利民、张雪富：《希腊哲学史》上，④，人民出版社 2010 年版，第 528 页。

性，在这种情况下，预言只是对必然性的认识。预言可能有以下情况：神造的宇宙是绝对必然性的、确定的、封闭的，就像柏拉图所说的理念世界，在这样的世界里，神是可以绝对预言的，在这样的世界里是没有自由的人的。神造的宇宙是绝对偶然的、不确定的、开放的，就像柏拉图所说的原始物质，在这样的世界里，神也不可能有任何预言，在这样的世界里也是不会有自由的人的。神造的世界如果是绝对必然的，同时是开放的呢？神造的世界是绝对偶然的，同时是封闭的呢？如果神造的世界，既是绝对必然的又是绝对偶然的，同时既是开放的又是封闭的呢？这样的世界里就应该有人的自由。如果世界不是神造的，这更符合现实，也就是说，从我们眼前的现实世界出发更有道理。我们的现实世界是怎样的呢？这也会有很多种看法。不管哪种看法都会同意这个世界中有人的自由。对预言的看法最终归结为对自由的看法。因为神的自由与人的自由在根本上是一样的。自由无非是无原因的或者以自己为原因。合起来即自由就是无原因地产生了自己遵守的原因。自由就是自无化同时的自有化。在这一原理的基础上，才可以展开对预言的讨论。

上面是从人的预言的存在证明神的存在。斯多葛学派还认为，只有神存在，人的预言才可能。"在斯多葛学派看来，如果人能够像神那样通过因果关系认识到将来，那他就会看到万事万物的发生就像一根绳子那样依次展开每个阶段，不会冒出任何新事物；没有任何东西会没有原因而自发跳出来。这些体现了对于自然的充足理由律的信念。"① 神是通过因果必然联系预言未来的。人对未来的预言就是对某些重复出现的因果必然联系的认识，这是预言的一个基本方面。预言就是事先知道将来发生的种种事物。预言是否与本体论、逻辑学、伦理学等联系在一起，对讨论神的正义问题是根本性的。将来发生的事物是因为必然联系而发生的呢？还是因为偶然原因而发生的呢？还是因为必然化同时偶然化而发生的呢？还是因为自由而发生的呢？这

---

① 汪子嵩、陈村富、包利民、张雪富：《希腊哲学史》上，④，人民出版社 2010 年版，第 527—528 页。

对讨论神的正义问题也是很重要的。斯多葛派西塞罗（Cictro）认为："灵魂在自由而无桎梏的时候便能察知未来的事物。"① 即自由是对未来事物的认识。这说明在西塞罗这里，自由是一种理智的推向无限的活动，不是意志和情感活动，更不是实践活动。

在二元论的情况下，神的正义一般不成问题。在一元论的情况下，面对世间的恶，神是否正义是一个尖锐的问题。"无论柏拉图如何肯定自然，柏拉图哲学中的二元论不可能完全消除，从而必然与芝诺开创和坚持的强一元论产生直接的对立。"② 斯多葛派认为唯一的神就是唯一的自然。斯多葛派的神的正义问题就是面对自身自然中的恶自己是否正义的问题。在柏拉图和亚里士多德那里，罪恶被归于与上帝同样古老的原始质料，因而上帝的正义与世间的恶可以并存。在斯多葛派那里，神的自身正义问题成为一个绕不过的问题。斯多葛学派提出了神的自身正义的辩护方法："宇宙至善至美的这个目的论学说之所以能得到卫护不受这些攻击的伤害，原因是由于它采取的方法或者是否认违反目的性的事实，或者是证明这些事实在合目的性的相互关联的整体中是不可缺少的手段或附带产生的后果。"③ 对于宇宙中的人来说，恶来源于善的缺乏、道德知识的缺乏和自由的缺乏，在这种情况下，实际上不存在恶。对于神自身，也就是宇宙自身来说，这个唯一的宇宙重复产生和消灭，这个宇宙是唯一的最好的宇宙，即使这个宇宙中有恶，神自身也是自正义的。恶由人的自由负责；重复的世界是最好的，最好的世界中有恶也是正义的。

伊壁鸠鲁认为："无中不能生出有来，因为如果有物产生，那就是一切中产生出一切，并不需要什么种子。另一方面，如果消失的东西化为乌有，那就会一切都消灭了，因为它们分解成的东西只能

---

① 北京大学哲学系外国哲学史教研室编译：《西方哲学原著选读》上卷，商务印书馆2003年版，第188页。

② 汪子嵩、陈村富、包利民、张雪富：《希腊哲学史》上，④，人民出版社2010年版，第551页。

③ ［德］文德尔班：《哲学史教程》上卷，罗达仁译，商务印书馆1997年版，第263页。

是乌有。"① 即无不能产生出有，有不能消灭为无。原子构成万物，原子自身的偶然偏斜加上存在虚空构成了原子本身的运动。虽然存在神，但神是原子构成的。伊壁鸠鲁的这一思想确立了从物质出发这一研究宇宙论的正确的出发点，但没有解决有与无的正确关系。有与无的静态关系只是有与无动态关系的一个方面。"伊壁鸠鲁的神学认为，神住在'世界之间'，幸福无比，而不住在世界之中，也决不会管世界中的事情。"② 也就是说，有很多个宇宙，神就居住在宇宙之间，与各个宇宙内的事物没有任何关系，这样的神等于不存在。斯多葛学派的宇宙论是彻底的决定论，伊壁鸠鲁的宇宙论则是一种反决定论。"斯多葛学派在自然中处处看到的是有序运动，德谟克利特—伊壁鸠鲁看到的却是无序运动。或者，即使存在着有序运动，也可以用原子的无序运动解释。"③ 伊壁鸠鲁认为，万物的本原是原子和虚空。原子是不可分的物质，虚空是原子的运动场所。这是伊壁鸠鲁与德谟克利特相同的。世界万物是原子偏斜运动的偶然结果，而不受制于某种必然性的统治，从而为自由留下地盘。这是伊壁鸠鲁与德谟克利特不相同的重要一点。伊壁鸠鲁派的西塞罗认为："世界的产生是一个自然过程，不需要任何造物主，而你们却说只有神的智慧才能影响这个过程。"④ 即世界不是由造物主产生的，而是自己产生自己的。西塞罗的这一观点虽然也不能得到证实，但是在论证方向上应该是正确的。有没有神我们没有直观的证据，宇宙却是直观存在的。这种情况下不存在神义问题，但存在正义问题。"如果说柏拉图的'分离'路线是把一切'好'、'实在'都赋予世界之外的事物——相，那么，斯多葛学派的宗旨就是反对'分离'，把好和实在都赋予世界本身的

---

① 王太庆主编：《西方自然哲学原著选辑》（一），北京大学出版社 1988 年版，第226—227 页。

② 汪子嵩、陈村富、包利民、张雪富：《希腊哲学史》上，④，人民出版社 2010 年版，第 244 页。

③ 汪子嵩、陈村富、包利民、张雪富：《希腊哲学史》上，④，人民出版社 2010 年版，第 556 页。

④ 汪子嵩、陈村富、包利民、张雪富：《希腊哲学史》上，④，人民出版社 2010 年版，第 559 页。

一切：自然的一切都是好的。伊壁鸠鲁则认为自然本身没有任何价值。"① 从某种意义上说，柏拉图认为存在着三个世界：一个全善的理念世界，一个可善可恶的感性世界，一个作为恶的来源的没有万物的原始物质。因此更准确地说，柏拉图那里存在着两个世界，原始物质是恶的来源，神的正义得到维护。斯多葛派则认为自然一切都是好的。在斯多葛派那里，唯一的神与唯一的宇宙是一体化的，因此，恶要么不存在，要么恶也是好的，神的正义才能够得到证明。"没有自在的正义，有的只是在人们的相互交往中在某个地方、某个时候或不断地就防止不伤害和不受伤害订立的协议。"② 在伊壁鸠鲁这里，自然没有任何价值，价值只是在原子的聚散离合过程中形成的偶然而独特的区域里的情况。因此，神的正义问题是不存在的，也不存在自在的一般的正义，人的正义问题是可存在可不存在的，人的正义不过是相互约定的产物。"坚持目的论的斯多葛学派哲学却同时坚持因果决定论，这给斯多葛学派哲学带来了很多麻烦。相反，坚持机械论宇宙观的伊壁鸠鲁派，却坚决反对因果决定论，而主张偶然性，这也给伊壁鸠鲁哲学带来了很多不理解和谴责。"③ 实际上，在斯多葛派那里，目的论与因果决定论是一体化基础上的对立，在这方面并没有什么问题，问题存在于其他方面。机械论与偶然性之间的对立也不是不可以解决，关键看整个理论的出发点在哪里。"一切恶中最可怕的——死亡——对于我们是无足轻重的，因为当我们存在时，死亡对于我们还没有来，而当死亡时，我们已经不存在了。因此死对于生者和死者都不相干；因为对于生者说，死是不存在的，而死者本身根本就不存在了。"④ 伊壁鸠鲁把生与死绝对对立起来，死不可怕，生又有何意义

① 汪子嵩、陈村富、包利民、张雪富：《希腊哲学史》上，④，人民出版社 2010 年版，第 560 页。

② 汪子嵩、陈村富、包利民、张雪富：《希腊哲学史》上，④，人民出版社 2010 年版，第 309 页。

③ 汪子嵩、陈村富、包利民、张雪富：《希腊哲学史》上，④，人民出版社 2010 年版，第 561 页。

④ 北京大学哲学系外国哲学史教研室编译：《古希腊罗马哲学》，商务印书馆 1961 年版，第 366 页。

呢？死和生是同时产生的，死和生又是同时消亡的。死亡是最可怕的恶，这是从伦理学的角度看待死亡。从神的角度看，死亡是正义的吗？从自然的角度看，死亡是正义的吗？这个死亡观与他自己的神的观念是怎样的关系？正因为如此，伊壁鸠鲁对古希腊神学目的论的上帝尤其是斯多葛学派的一元论的决定论的上帝提出了尖锐的挑战：上帝既然是至善的、全能的，那么世间为什么存在恶呢？

怀疑派对神义问题提出了质疑，但并没有明确提出自己的观点。"如果他们声称神预先谋划了世上的万物，那么，这无异于是在说神是邪恶的原因；如果他们申言神只是谋划了部分事物，或申言神未对世上万物作出谋划，那么，他们又不得不或者说神是弱小的、或者说神是邪恶的。"① 如果神是全知的，那么神是邪恶的原因，这一观点至少要加上以下观点才成立：神是唯一的，神是全善全能的，神创造了这个唯一的宇宙，关于恶的某种观点。

普罗提诺（Plotinus）认为宇宙是由不可定义的，由作为原初之善的神、太一逐步流溢而成。普罗提诺认为："'一'没有形式，甚至没有可理解的形式。因为'一'的性质就是能产生一切事物，所以它不是一切事物的任何一个。所以它既非某一物，也非一种性质，也非一种量，也非精神，也非灵魂，也非动者，也非静止者。它不在空间中，也不在时间中，但是它是绝对'单一形式'，或者毋宁说是没有形式的，因为它先于一切形式，先于运动和先于不变。"② 太一就是"一"。"一"是数学上的一，是最抽象单纯的一。数学上的一直接转换成了哲学上的概念太一。哲学上的太一没有任何形式，因此不可定义。没有任何形式或性质的太一却可以产生一切事物要么是矛盾，要么是预设。如果太一不属于任何事物的任何一个，那么所有的概念或语词也就不属于一切事物的任何一个。太一最先流溢出来的是心智（理智或努斯），然后又从心智流溢出灵魂，最后流溢出物质。

---

① ［古罗马］塞克斯都·恩披里克：《悬搁判断与心灵宁静》，包利民、龚奎洪、唐翰译，中国社会科学出版社2017年版，第114页。
② 周辅成编：《西方伦理学名著选辑》上卷，商务印书馆1987年版，第272页。

太一相当于柏拉图的至善神，心智相当于柏拉图的理念世界，灵魂与形体的结合相当于柏拉图的感性世界，最后流溢出的物质相当于柏拉图的原始物质。不同于柏拉图的是，普罗提诺的太一、心智和灵魂既是分离的又不是分离的，是三位一体的。普罗提诺的太一、心智和灵魂的三位一体与斯多葛派的神与自然的一体化是相通的。斯多葛派的神与自然的一体化也可以看成是神与万物的多位一体。心智以下阶段的宇宙万物来自程度不同地分有太一的善。特别值得一提的是，普罗提诺的物质与柏拉图的原始物质的不同之处在于，柏拉图的物质与至善神是分离的，是恶的来源，普罗提诺的物质却是至善神流溢出来的，因而是善的。文德尔班（Windelbard）说："在这完全的消极性中存在一种可能性的根源，有可能用价值属性确定这种没有性质的物质；它就是邪恶。作为绝对的贫困，作为一和存在的否定，物质也是善的否定（善的缺乏）。但是，用这种方法引荐邪恶概念，物质便获得一种特殊的结构：邪恶并不是正面存在的东西；它是贫困或缺乏；它是善的缺乏，是非存在。这样形成的概念给普罗提诺提供了辩神论的受人欢迎的论点：如果邪恶不存在，它就不需要我们为之辩护。所以从这样决定的纯然虚构的思想便得出这样的结论：凡存在的东西都是善。"① 在普罗提诺那里，神与物质是一体的，物质与善也是一体的，最低级的物质也是善的。进一步，在普罗提诺那里，一切都是善的。也就是说，存在即善，恶并不是独立存在的实体，而是善的缺乏。普罗提诺把人的罪恶归于人的灵魂因下降而倾向于人的身体或倾向于物质，而人的灵魂、人的身体、物质都是善的。人的善是人的灵魂摆脱人的身体、物质的束缚而上升重新与太一合一。"在恶的问题上，奥古斯丁是有变化的。一开始他接受普罗提诺的看法，认为罪恶来自灵魂抵抗不了真正的恶——质料的诱惑，下降人身。但后来他不认为身体本身是恶，于是在灵魂之中寻找恶的来源。他逐渐对灵魂的'内在神圣性'保持怀疑。而不像普罗提诺那么'轻信'人的灵魂的

① ［德］文德尔班：《哲学史教程》上卷，罗达仁译，商务印书馆1997年版，第333页。

自我拯救能力。"① 普罗提诺认为一切都是善的，人的灵魂和身体本身是善的，人的灵魂追求高级的善是更大的善，人的罪恶只是因为追求了低级的善。奥古斯丁关于人的罪恶的思想正是在普罗提诺这一思想上基础的深化。奥古斯丁认为人的罪恶是因为人的灵魂的自由意志。奥古斯丁认为人的灵魂的自由意志本来是可以自由地选择善恶的，这一思想直接来源于普罗提诺的人的善恶来源于人的灵魂的自由地选择上升（大善）或下降（小善）的观点。"基督教认为人的罪性是其自由意志的产物，而不能归罪于身体。"② 可以说，在普罗提诺那里，一切都是善的，人的灵魂的自由意志只可以选择小善或大善，选择小善即为恶。在奥古斯丁那里，由于人滥用自由意志，人只能用自由意志作恶。基督教认为，上帝造的一切都是善的，其中包括人的身体也是善的。基督教认为人的恶来源于人的自由意志。而基督教认为上帝给人的自由意志是只选择善的，比如只可以选择大善或小善，人滥用自由意志后，人的自由意志就只能选择恶了，恶就有了与小善不同的某些独立的含义。"当灵魂与肉体相混时，它是在一种恶的情况中，它就变成被动的，而在一切事物中都与肉体一致，所以如果它不与肉体一致，而单独行动（这就是去作精神的知觉和成为有智慧的），又不同肉体一样的被动（这就是去节制），也不怕自肉体分开（这就是刚毅），而以理性和精神为领袖（这就是公正），如果是这样的话，则灵魂就要成为善良的而具有德性了。"③ 当灵魂与肉体相混合时，灵魂与肉体一致就是恶，灵魂接近肉体就是恶。肉体本身不是恶。灵魂与肉体分离就是善。灵魂与肉体分离有各种情况，相应地就有各种善。灵魂脱离肉体单独行动就是智慧。灵魂脱离肉体不被动就是节制。灵魂不害怕与肉体分离就是刚毅。灵魂与肉体分离以理性为指导就是公正。

---

① 汪子嵩、陈村富、包利民、张雪富：《希腊哲学史》下，④，人民出版社 2010 年版，第 1352 页。

② 汪子嵩、陈村富、包利民、张雪富：《希腊哲学史》下，④，人民出版社 2010 年版，第 1346 页。

③ 周辅成编：《西方伦理学名著选辑》上卷，商务印书馆 1987 年版，第 268 页。

普罗提诺还认为："神的生活，神圣的和幸福的人的生活，是一个世间苦累的解放，是一个不为人类的快乐所伴的生活，并且是从万有之灵魂到神的隔离飞翔。"① 在他看来，神的生活与幸福的人的生活是一致的。人的幸福生活既不是世间的苦累（一种下降的生活，虽然也是善的），也不是世间的快乐（一种上升的生活，虽然是更大的善）。幸福的人的生活是与世间快乐生活的分离而与神生活在一起。普罗提诺这里的世间生活就是后来基督教中天堂地狱的分水岭。从世间生活向上与神生活在一起就是进入天堂，从世间生活下降就会进入地狱。世俗生活只是炼狱，人们追求的是天堂的生活，逃避的是地狱。"如果说柏拉图—普罗提诺代表的希腊哲学相信的是个人、内心的自由修为，那么基督教更相信集体的、外在物质性的仪式（'圣事'）的强化，或者神的仁慈挑选的外来恩典。"② 整个西方哲学都是柏拉图哲学的注脚。柏拉图的哲学本身表现为理念世界、感性世界、原始物质的三分。在基督教里则表现为天堂、人间、地狱的三分。一般则表现为纯粹的精神世界、现实世界、纯粹的物质世界的三分。柏拉图—普罗提诺时期强调对幸福生活的追求和追求堕落生活的双向运动。人人都可靠自己自由追求幸福生活，人人也因为自己自由追求堕落生活。柏拉图—普罗提诺时期追求幸福生活的自由双向运动变成了中世纪基督教时期被分离的、被决定的双向运动。基督教认为，人们由于滥用自由意志，自由意志只能用来作恶，而不能用来求善了，求善的自由只能靠上帝的恩典或预定，这样一来，在基督教世界里，自由意志就一分为二了。

斯多葛派的"爱比克泰德突出了自由意志的观念，强调要充分发挥我们的理性选择，而不要关心我们的身体和外在之物"③。爱比克

---

① 汪子嵩、陈村富、包利民、张雪富：《希腊哲学史》下，④，人民出版社 2010 年版，第 280 页。

② 汪子嵩、陈村富、包利民、张雪富：《希腊哲学史》下，④，人民出版社 2010 年版，第 1353 页。

③ 汪子嵩、陈村富、包利民、张雪富：《希腊哲学史》上，④，人民出版社 2010 年版，第 407 页。

泰德（Epictetus）认为要服从神的所有安排并感恩，人的自由意志自觉地为神的安排服务，人要自由地选择上升之路，追求与神在一起的最高幸福。对于自己的身体和外在之物顺其自然，人要自由地脱离下降之路，远离堕落。始终确保自己的内心自由，即便在尘世，也时刻与神在一起。这些思想对后来的基督教思想有重要的影响。"塞涅卡的道德文章大多文学色彩浓厚，生动、雄辩、细腻、栩栩如生，格言警句穿插其间，影响了后来的基督教思想家、近代文学家和哲学家。"① 斯多葛派的塞涅卡（Seneca）比苏格拉底的犬儒精神更进一步，几乎全部集中在对于激情类疾病的实践性治疗哲学的关注之上。塞涅卡道德文章的文学特点和哲学特点的结合特征直接影响了基督教《新约》的写作风格。

恩格斯（Engels）说："他（指布鲁诺·鲍威尔——引者注）指出公元40年还以高龄活着的亚历山大里亚的犹太人斐洛是基督教的真正父亲，而罗马的斯多亚派的塞涅卡可以说是基督教的叔父。"② 在理论上，基督教是犹太教与希腊哲学结合的产物。犹太教与希腊哲学的结合不是机械的结合，而是在犹太教里生长出希腊哲学，在希腊哲学里生长出犹太教。犹太教里生长出希腊哲学是通过犹太教传说的理性主义化来达到的。希腊哲学里生长出犹太教是通过希腊哲学自身的犹太教化特别是斯多葛派的塞涅卡的道德文章来达到的。而这两个方面及其结合都是由新柏拉图主义的先驱斐洛（Philo）完成的。因此，新柏拉图学派的斐洛被称为基督教之父，而斯多葛派的塞涅卡被称为基督教之叔父。在实践上，基督教理论加上作为逻各斯的特定个人就使基督教变成了现实，而这一步是由特定的社会历史条件促成的。

第二节　基督教神学家神义论思想

泰勒斯认为有生命的唯一世界中的万物的本原是感性的水，唯一

---

① 汪子嵩、陈村富、包利民、张雪富：《希腊哲学史》上，④，人民出版社2010年版，第400页。

② 《马克思恩格斯文集》第3卷，人民出版社2009年版，第593页。

的世界中充满了不死或不变的神灵。恩培多克勒认为，唯一世界的本原是四根，万物因恨而灭亡，万物和世界因爱而产生。

毕达哥拉斯派认为一元（数一）产生出二元（数二、质料），进而产生出世界中的万物。克塞诺芬尼（Xenophanes）认为，神是这个唯一的宇宙全体，神是全视、全知、全听的，神不是一切感性事物而又创造世间万物，神既被人认识又不被人认识。巴门尼德认为，存在是有限的不变的一个球体。麦里梭（Melissus）认为存在是无限的、不变的一个全体。

阿那克西曼德认为有无穷个世界连续地产生又复归于全体常住不变、不生不灭的"无限"（本原）。赫拉克利特认为，只有一个有限的世界，它不是任何神创造的，也不是任何人创造的，它是神火与逻各斯（必然性、尺度、共相等）循着相反的途程创造的，这个世界永远是一团永恒的活火，遵循逻各斯产生，遵循逻各斯消灭，不断循环。斯多亚派认为，神是纯粹的火，神是纯粹的理性，神与自然是一体化基础上的分化，同样的世界在宇宙大火中完全同样重复产生和消灭。

德谟克利特认为，无数的世界因为旋涡运动产生并复归于原子和虚空，万物不是根据偶然性而是根据必然性生成的。伊壁鸠鲁认为，原子和虚空是万物（神也是由原子构成的）的本原，无数的世界由原子在虚空中的自由落体运动和偶然偏斜运动而形成，神居住在各个世界之间的虚空之中。

阿那克西美尼认为空气包围着整个世界，空气使整个世界结合成一体，空气推动世界中万物的发展，空气是万物的本原，空气是灵魂。阿那克萨哥认为，与宇宙分离的心灵从外部推动和赋予宇宙秩序，宇宙万物不能分离，一切都被混合在一切中，根据混合物无数成分中量上占优势的成分来区分宇宙万物。苏格拉底认为，无形分离的神把世界创造成一个以人为目的的整体，人则以认识神为终极目的。柏拉图认为，理念世界、感性世界、原始物质三者是分离的、独立的，理念世界中的善同时是唯一的神。亚里士多德认为，纯质料、感性世界与纯形式三者是独立的、分离的，纯形式、不动的推动者是唯一的神。普罗提诺认为，太一顺次流溢出理智（努斯、心智、理念）、灵魂与物质，太一流溢下降的过程是各个世界分离的过程，从灵魂向太一上升的过程是各个世界合一的过程。

神不可能是虚无。神或者是感性万物中的一种、一个，或者是感性宇宙整体本身，或者是抽象的存在。神可能是一个，神也可能是多个。

世界可能是抽象的存在。世界也可能是感性的存在。世界或者是一个，世界或者是多个。

无或者是虚无化，无或者是虚无。

抽象的存在或无导致科学、宗教、认识论、伦理学、美学的分离。感性的事物或唯一感性的宇宙导致科学、宗教、认识论、伦理学、美学的同一。在同一的前提下无限分离，任何一种分离都是一种同一。

无论是哪一种世界模式都蕴含着柏拉图的世界结构形式。基督教思想中的世界模式一般包括分离的唯一的全知、全善、全能的人格神，被造的唯一的感性世界和虚无。上帝从虚无中创造的唯一全善的世界中为什么有恶呢？

一　奥古斯丁的神义论思想

古希腊罗马哲学家对神的看法各不相同。有的哲学家认为神是一个或多个感性事物，神虽然创造了唯一一个或者多个感性世界，但并没有说神是全知、全善、全能的，面对世间的恶，不存在神是否正义的问题。柏拉图认为，神是唯一至善的神，神用理念和原始物质创造了唯一的宇宙，由于世间的恶被归于原始物质，因而不存在神是否正义的问题。亚里士多德认为，唯一的纯形式是神，神是不动的推动者，神是万物的终极目的，世间的善归于神，世间的恶归于纯质料，因而不存在神是否正义的问题。斯多葛派认为，神就是唯一的宇宙，而且这个宇宙中的万物都是善的，面对世间的恶，斯多葛派的主张中存在一个神自身是否正义的问题。普罗提诺认为，唯一的宇宙万物包括物质都是太一流溢的产物，因而都是善的，面对世间的恶，普罗提诺的主张中也同样存在一个神是否正义的问题。虽然斯多葛派与普罗提诺对神的正义的辩护方式有区别，但在本质上却是一样的。面对世间的恶，斯多葛派和普罗提诺对神的正义的辩护理由有以下几点。第一，存在即善。第二，恶是善的缺失。第三，恶相对于神不存在，恶相对于人才存在，恶是善在人之间的分配造成的。第四，恶的根源在人不在神。第五，不明确地提出了恶归于人的自由意志的观点。这些观点对长期关注恶的问题的奥古斯丁都有影响。

在奥古斯丁那里，上帝是全知、全善、全能的人格神，上帝从无中创造了唯一的世界，因此神义问题成为必须回答的问题。面对世间的恶，在对上帝的正义辩护时，奥古斯丁综合和发展了前人提出的种种观点，并针对摩尼教同时利用斯多葛派和普罗提诺的观点首次提出了自由意志辩护方式，开启了基督教神义论的先河。

奥古斯丁早年沉溺于感性享乐，因而对恶有充分的体验，因此奥古斯丁终身对恶保持着关切。奥古斯丁为了对恶作出理论解释，研究了很多理论，早年最终选出摩尼教作为理论根据。由于奥古斯丁的兴趣从感性转向了理性，因此他对恶的理论研究同时蕴含着放弃摩尼教的可能。摩尼教认为唯一宇宙中存在着善和恶两种从根本上对立的本原。由善的本原形成代表光明的善的王国，由恶的本原形成代表黑暗的恶的王国。宇宙中的两个王国永远处于从根本上对立的斗争状态。摩尼教的宇宙论思想与柏拉图和亚里士多德的宇宙论思想基本相似，也就是说，他们都认为，唯一的感性世界是善与恶根本对立的场所。不同的是，柏拉图和亚里士多德认为，善的本原是与感性世界分离的、主动的善的理念或纯形式，恶的本原是与感性世界分离的、被动的原始物质或纯质料。摩尼教则认为，善本原与恶本原不是抽象的物质或精神更不是纯粹的虚无，而是具有精神性的能动个体。恶本原与善本原都是神化的个体，因而对宇宙的本原进行了一种彻底对立的二元论区分。后来，由于生活经历的丰富和理论思考的深入，奥古斯丁放弃摩尼教皈依了基督教。基督教认为，唯一世界的创造者只有一个，那就是全知、全善、全能的人格神上帝。基督教的上帝在某些方面类似于柏拉图和普罗提诺主张的善的理念或太一，至善是上帝的属性之一，而恶既不是作为恶本原的神，也不是原始物质或纯质料，而是虚无，导致基督教与摩尼教之间不可调和的对立。摩尼教认为，宇宙中存在彻底对立的善与恶二神，所以，作为善神的上帝就不可能是全能的。而基督教的上帝却是全能的，是无中生有的创世人格神。基督教的上帝不仅是全能的，而且还是全知的和全善的，上帝从无中创造的唯一宇宙是最好的，宇宙中的所有事物都是善的，因此，基督教是一种彻底的一元论。全知、全善、全能的唯一上帝创造的唯一宇宙中存在恶，上帝的正义何在呢？

　　这里论述奥古斯丁关于上帝存在的各种证明。奥古斯丁说："如果理性不利用身体的任何器官，既不利用触觉、味觉和嗅觉，也不借助于耳朵、眼睛或低于理智自身的某种感官，而只依靠其自身去认识那永恒不变之物，并同时承认自己低于这永恒不变之物，那么这永恒不变之物理应是上帝了。"[1] 这是把人的理性能力推向形而上学的极端后对上帝存在的证明。人的理性具有上升和下降两个方向的自由超越能力。当人的理性利用身体的任何器官的时候，人的理性就会深陷感性世界；当人的理性与人的身体最大限度分离的时候，人的理性就会最大限度地超越感性世界；当人的理性与人的身体完全分离的时候，人的理性就能认识那永恒不变之物。永恒不变之物就是高于人的理性的不变的最高的纯粹的理性。永恒不变之物显然是一个抽象的存在。善的理念或纯形式是抽象的存在。原始物质或纯质料也是抽象的存在。但奥古斯丁所说的永恒不变之物显然不是原始物质或纯质料，而是善的理念或纯形式。在奥古斯丁这里，原始物质或纯质料被全部掏空成为虚无，静态的善的理念或纯形式获得全部内容而成为全知全善全能的永恒不变的上帝。奥古斯丁认为："如果和真理相比还有什么更高级的东西，那么它就是上帝。如果没有，则真理本身就是上帝。"[2] 这是把人认识的真理推向形而上学的极端后对上帝存在的证明。在人这里，真理总是包含着谬误，谬误也总是包含着真理。那

---

[1] 赵敦华、傅乐安主编：《中世纪哲学》上卷，商务印书馆 2013 年版，第 344 页。
[2] 赵敦华、傅乐安主编：《中世纪哲学》上卷，商务印书馆 2013 年版，第 367 页。

么，有没有纯粹的真理、与相对真理分离的绝对的真理呢？奥古斯丁认为存在绝对的真理。绝对真理高于人所认识的真理。绝对真理是不包含谬误的形而上学的终极真理。绝对真理潜在的也就是思维和存在的静态同一，即本质和存在的静态同一。奥古斯丁认为这个绝对真理就是上帝。奥古斯丁还通过宇宙的秩序和万物的等级来证明上帝的存在。阿那克西美尼和阿那克萨哥拉赋予宇宙秩序的思想和赫拉克利特的逻各斯思想似乎影响了奥古斯丁根据宇宙秩序来证明上帝的存在。神赋予宇宙秩序就是使宇宙万物既区别开来又联为一体从而创造宇宙，赫拉克利特的逻各斯也是通过逆着火运动的方向既把万物区别开来又把万物联为一体从而创造宇宙。奥古斯丁认为，宇宙内万物有两个等级，即人的灵魂和物质，宇宙之外赋予宇宙秩序和宇宙之内万物等级秩序的独立存在就是上帝。奥古斯丁通过宇宙的秩序和万物的等级以及宇宙的产生来证明上帝是存在的，因而是上帝存在的本体论证明。奥古斯丁把人的理性能力推向形而上学的极端后对上帝存在的证明是从纯思维的方面来证明上帝存在的，因而是上帝存在的逻辑学证明。奥古斯丁通过把人认识的真理推向形而上学的极端后对上帝存在的证明是从认识论方面对上帝存在的证明，因而是上帝存在的认识论证明。这三个证明最终是一个证明，奥古斯丁本人还没有意识到这一点。原因是奥古斯丁总是不自觉地运用历史辩证的现实方法去自觉地追求形而上学思维方式的终极结论。

奥古斯丁认为上帝有哪些属性呢？在德谟克利特和伊壁鸠鲁那里，所有的原子都是绝对分离的、独立的，而不是统一整体，因而所有的原子是多位而不是一体。斯多葛派认为，神即自然。神与自然是一体化基础上的区分，宇宙中万物也是一体化基础上的区分，在斯多葛派这里万物是多位一体的，但没有明确说明万物是否是完全独立分离的。普罗提诺认为，太一、心智和灵魂是完全分离的，同时通过流溢和上升又是一体的。所以在普罗提诺那里，太一、心智和灵魂是三位一体的。也有一些新柏拉图主义者认为万物也是三位一体的。德尔图良（Tertullianus）认为，父、子、圣灵在实质上是一体的，在形式上和现象上却是一分为三的，因而上帝也是三位一体的。在德尔图良那里，圣父、圣子、圣灵是本质上的一体而不是完全的一体，圣父、圣子、圣灵是现象上的分离而不是完全的分离。"上帝是三个位格，子的父、父的子、父与子的灵。"① 在奥古斯丁那里，圣父是独立的，圣父同时是圣子和圣灵。圣子是独立的，圣子同时是圣父和圣灵，圣灵是独立的，圣灵同时是圣父和圣子，因此，圣父、圣子、圣灵是三位一体的。圣父独立于他自己所创造的宇宙，造成肉身的圣子既与圣父分离又与圣父创造的宇宙分离，与人的灵魂合一的圣灵与圣父及圣子都是分离的，同时，圣父、圣子、圣灵是一体的，因此，圣父、圣子、圣灵是三位一体的。圣父、圣子、圣灵的三位一体是上帝存在方面的属性。与圣灵合一的灵魂就是得救的灵魂，就是与上帝合一的灵魂，也就是在天堂中的灵魂。与身体和物质合一的灵魂就会下地狱。在宇宙中，变化的某物与不变的某物是同一物，变化的我与不变的我是同一个我。在宇宙中，不变是变化（有与无的转化）的形式方面。奥古斯丁说："唯一的上帝是这宇宙的创造者；他不仅是无形的，超越一切物体，而且是不朽的，超越一切灵魂；他是我们的本源、我们的光、我们的善。"② 上帝是唯一的。上帝是唯一宇宙的创造者。上帝是无形的精神存在而不是无形的原初物质，也不是无形的纯质料，更不是无形的虚无。灵魂在肉体之中，上帝是在时间空间之外逻辑在先的永恒存在。逻辑关系、时间关系都是宇宙自身各种关系中的一种，通过形而上学的思维方式把逻辑关系独立出来作为宇宙的本原就形成了逻辑在先的观点和方法。上帝是全知全善全能的。奥古斯丁说："你的本体（essentia）永恒不变地认识着和愿意着。你的知识永恒不变地存在着和愿意着。你的意愿（voluntas）永恒不变地存在着和认识着。"③ 上帝的永恒不变的存在就是上帝的全能，上帝的全能永恒不变地认识着和意愿着。上帝的永恒不变的认识就是上帝的全知，上帝的全知是全能并永恒不变地意愿着。上帝永恒不变的意愿就

① 赵敦华、傅乐安主编：《中世纪哲学》上卷，商务印书馆 2013 年版，第 430—431 页。
② 赵敦华、傅乐安主编：《中世纪哲学》上卷，商务印书馆 2013 年版，第 450 页。
③ 赵敦华、傅乐安主编：《中世纪哲学》上卷，商务印书馆 2013 年版，第 273 页。

是上帝的全善，上帝的全善既是全能的又是全知的。在奥古斯丁看来，上帝的永恒不变的全知全善全能是三位一体的，这是上帝精神方面的属性。在人这里，有限的知意情是三位一体的。人的有限的知意情的三位一体推向极端就是上帝的永恒不变的全知全善全能是三位一体。从变化的感性宇宙通过辩证法得到的结论再通过形而上学的思维方式分离出不变的纯形式方面就得到上帝的属性。

　　奥古斯丁认为上帝是怎样创造这个唯一的世界的呢？米利都学派、赫拉克利特、毕达哥拉斯派、爱利亚派及原子论的先驱者都认为宇宙是从有到有生成的。柏拉图认为世界是善的理念通过理念加原始物质构成的，世界是有与有通过外力机械组合的产物。亚里士多德认为世界是在不动的纯形式的推动下形式与质料相互转化的产物，世界是在外力的推动下有与有相互转化的产物。亚里士多德已经接近有的自我变化形成世界的观点。德谟克利特和伊壁鸠鲁认为，世界是分离的物质原子在虚空中通过机械运动形成的。虽然德谟克利特和伊壁鸠鲁不承认外力对形成世界的作用，但是机械运动的逻辑前提就是外力的作用。德谟克利特和伊壁鸠鲁认为，世界是有在虚空（无）中通过机械运动形成的。虽然世界的形成不能没有无，但世界终究是有在无中变来的，而不是直接由无变来的，也就是说世界不是无中生有的。斯多葛派认为，自然就是神自身。自然与神是一体化的。自然中的万物是多位一体的。斯多葛派认识到了真正靠自身变化的宇宙的静态方面。与德谟克利特和伊壁鸠鲁相反，斯多葛派的世界是由自我生成的，它是唯一的，既是精神又是物质的神通过自身的精神力量而产生出的唯一宇宙。普罗提诺认为，在世界之外的太一流溢出世界。世界包括理念、灵魂、物质及由理念、灵魂、物质形成的万物。因为太一、理念和灵魂是三位一体的，所以，太一既可理解为外力，又可理解为内力。在普罗提诺那里，世界是从有到有生成的。到此为止，都只涉及从有到有的变化。如果把柏拉图的原始物质、亚里士多德的纯质料、普罗提诺的物质在形式和质料等所有方面彻底无化就会得到虚无，也就是德谟克利特和伊壁鸠鲁所说的虚无。柏拉图与德谟克利特共同构成了静态的有无框架。静态的有无与动态的有无分隔开来了。有什么变化呢？最终是有与无之间的变化，于是就产生了无中生有，有灭为无的问题。奥古斯丁认为："除了你、三位一体和一体三位的上帝之外，既然一无所有，还能有什么可供你创造天地。所以，你从无中创造天地、一大一小的天地。"① 圣父、圣子、圣灵三位一体的上帝是一无所有的，无也是一无所有的。作为无的上帝与作为无的无是不同的。上帝不是从自身的无创造出世界的。上帝是从与自身不同的无中创造出世界的。奥古斯丁说："你从无中创造了近乎虚无而无形的原始质料，并且这质料创造了宇宙，创造了我们人类子孙感叹不已的许多事物。"② 圣父、圣子、圣灵三位一体的上帝从德谟克利特静态的虚无中创造出柏拉图的原始物质或亚里士多德的纯质料。然后由质料创造出宇宙及宇宙中万物。先是上帝无中生有地创造出原始物质，然后是原始物质有中生有地创造出宇宙及宇宙万物。在无中生有的过程中，无和有是静态的，生是纯动态的，静态的有、无，纯动态的生都是同样抽象的。在有中生有的过程中，静态的有与纯动态的生也是同样抽象的。上帝创造世界的模式还有哪几种呢？先是上帝无中生有地创造出宇宙，然后是宇宙根据规则有中生有地自己发展自己。先是上帝无中生有地创造出宇宙，然后是上帝继续无中生有地创造宇宙。先是上帝无中生有地创造出宇宙，然后是宇宙自己无中生有地发展。奥古斯丁说："主，是你创造了天地。你就是美，因为它们是美丽的；你就是善，因为它们是好的；你在（esse），因为它们存在。然而，它们的美、善、存在，同你创造者不一样；与你相比，它们并不美，并不善，并不存在。"③ 全知、全善、全能三位一体的上帝是全部的真、全部的善、全部的美，所以留给宇宙万物的真善美就是无，所以宇宙万物与上帝相比，是不美、不善、不存在的。全知、全善、全能三位一体的上帝是无中生有的上帝，所以

① 赵敦华、傅乐安主编：《中世纪哲学》上卷，商务印书馆 2013 年版，第 268 页。
② 赵敦华、傅乐安主编：《中世纪哲学》上卷，商务印书馆 2013 年版，第 269 页。
③ 赵敦华、傅乐安主编：《中世纪哲学》上卷，商务印书馆 2013 年版，第 239 页。

上帝创造的宇宙万物就都分有上帝的真善美，因此宇宙万物都是真善美的。奥古斯丁说："宇宙不是在时间中造成的，而是同时间一起造成的。"① 上帝创造了时间。时间分两个层次：心灵中的时间和事物中的时间，心灵中的时间只有现在，事物中的时间才有过去现在未来。上帝在创造时间之前是没有时间的，因此也不存在上帝在创世之前上帝在干什么的问题。上帝是永恒的、不变的。时间是上帝按照不变从无中产生的，因而带上了变化的特征，时间既是变的又是不变的。上帝是逻辑在先的，因为上帝是永恒不变的全，上帝是永恒不变的单纯的一。虚无是纯粹的变，虚无是抽象的多。时间与宇宙是一起被创造的，时间与宇宙是逻辑在后的。实际上，感性宇宙的存在是在先的，人是自然的产物，人的思维是属于人的，逻辑上的先后只是感性宇宙的不变方面，时间上的先后只是感性宇宙的变化方面。完全脱离宇宙的逻辑上的先后和时间上的先后都不能得到正确的理解。作为永恒不变的全和永恒不变的单纯一的上帝正是把唯一感性宇宙不变的逻辑方面（与宇宙同时）分离出来并固定为在先的存在而形成的。人是在自然之后的自然，如果把人的思维的不变的逻辑方面分离出来颠倒为在先的也就成了逻辑在先的上帝，把从感性宇宙中抽象出的不变的逻辑方面分离出来颠倒为在先的也就成了逻辑在先的上帝。

奥古斯丁主张的存在都是从哪里得到的呢？古希腊有些哲学家认为宇宙是从宇宙中某一或某些感性存在变来的，有些哲学家认为宇宙是从某一或某些抽象的存在变来的。柏拉图认为宇宙是从善的理念、理念世界和原始物质得来的。德谟克利特和伊壁鸠鲁认为，宇宙是从原子和虚空得来的。亚里士多德认为，宇宙是从纯形式、纯质料、形式、质料得来的。斯多葛派认为，宇宙是从既是纯粹的火又是纯粹的理性的宇宙大火自己本身变来的。普罗提诺认为，宇宙是太一流溢出来的。奥古斯丁说："宇宙间除了上帝以外，没有任何存在者不是由上帝那里得到存在；上帝是三位一体的，即'父'，由父而生的

---

① 赵敦华、傅乐安主编：《中世纪哲学》上卷，商务印书馆 2013 年版，第 465 页。

'子'，和从父出来的'圣灵'，这圣灵就是父与子之灵。"① 奥古斯丁认为，上帝是逻辑在先的，上帝是自有的。宇宙及万物的存在是逻辑在后的，宇宙及万物的存在与上帝是绝对分离的。与上帝绝对分离的宇宙及万物的存在怎样从上帝那里得到存在呢？由于上帝从本体论上说是圣父、圣子、圣灵三位一体的，也就是说，圣父、圣子、圣灵既是绝对分离的，又是绝对同一的。圣子是道成肉身，通过圣子就打通了上帝与感性宇宙的通道。圣灵是圣父和圣子与人的灵魂的合一，通过圣灵可以打通上帝与人的灵魂的通道。从本体论上，圣父、圣子、圣灵的三位一体就打通了分离的上帝与宇宙及万物存在之间的双向通道。奥古斯丁认为："我们决不能因为被造物（creature）的过恶而归咎于上帝——那创造一切有限事物的无上存在（The Supreme Being）。我们只有因他创造了自然物而赞仰他（因为凡由无而生的事物，不能和他并列，实在说来，凡不由他所创造的事物，根本不能存在）。"② 奥古斯丁认为，凡不由上帝所创造的事物根本不能存在，也就是说，存在都是从上帝那里得到的。奥古斯丁又认为，由无而生的事物不能与上帝并列，由无生的事物是恶而不是存在。无中生有在奥古斯丁这里是否意味着两种情况，一是上帝从无中创造出宇宙及万物的存在，二是无自己由自己产生出恶。奥古斯丁还认为，上帝是自有的，是自在的，宇宙是上帝从虚无中创造出来的。那么，宇宙及万物的存在究竟是从上帝自身得到的，还是上帝从虚无中得到的呢？奥都斯丁认为，宇宙及万物的存在是从上帝得来的，那就不是从虚无中得到的。那奥古斯丁为什么要说上帝从虚无中创造宇宙呢？奥古斯丁认为宇宙及万物的存在的善真美是从上帝来，恶则从虚无来，恶即不存在，或者虚无就是恶从而不是真正的虚无。奥古斯丁把宇宙掏空形成一个静态的假恶丑化的虚无，同时把宇宙的真善美化全部交给作为永恒不变单纯的一的上帝，然后上帝从虚无中创造出宇宙来。只要问宇宙是从

---

① 北京大学哲学系外国哲学史教研室编译：《西方哲学原著选读》上卷，商务印书馆2003 年版，第 219 页。

② 周辅成编：《西方伦理学名著选辑》上卷，商务印书馆 1987 年版，第 351 页。

哪里来的，就一定会推出一个外在于宇宙的存在。宇宙为什么不可以是自己从自己来的呢？宇宙为什么不是自有的呢？宇宙为什么不是自由的呢？

奥古斯丁认为，善先于存在，存在只是从善而来，所以存在即善。奥古斯丁说："一切自然物（natures），必定都是善的，因为只要它们有了存在，便有了它们自己的一个品级和种别，更有了一种内在的谐和。当它们按照天然的顺序之规定，各在其位时，它们便保持了（从上帝）所承受来的那种存在。"① 即一切自然物只因为它们的存在就是善的。作为一的上帝会产生无限多的存在，并使无限多的存在保持和谐一致。作为全的上帝会产生出全部的自然存在，并使每一自然存在内部和谐一致。自然存在无限丰富，各自不同，所以自然存在的善各自不同。所有的自然物的存在都来自上帝，上帝是至善的，所以一切自然物只因为它们存在就是善的。奥古斯丁说："一切事物都是由那具有至上、同等、永不改变之善的三位一体的神所造成的，这一切事物虽没有至上、同等、永不改变之善，但它们也是善的，甚至分别地说，也是如此。就全体而论，一切事物都很好，因为它们形成一个奇妙美丽的宇宙。"② 也就是说，上帝造成了一切事物的存在——圣父、圣子、圣灵三位一体的上帝造成了一切事物的存在，全知、全善、全能三位一体的上帝永不改变的至善造成了一切事物的善。上帝只有一个，所以上帝造成的一切事物的存在都是善的。只不过一切事物的善都低于至善。奥古斯丁认为，作为整体的宇宙是善的、是最好的。不仅如此，奥古斯丁还认为宇宙中的所有个体事物各自看来都是善的。所以宇宙全体和宇宙中万物都是善的，即只要是存在的都是善的（存在即善）。所以奥古斯丁说，"凡是存在的，都是善的"③。存在只是因为善的原因，真和能力都来自于善的原因，除善以外的其他任何原因都不会产生存在。

---

① 周辅成编：《西方伦理学名著选辑》上卷，商务印书馆1987年版，第350页。

② 北京大学哲学系外国哲学史教研室编译：《西方哲学原著选读》上卷，商务印书馆2003年版，第219—220页。

③ 赵敦华、傅乐安主编：《中世纪哲学》上卷，商务印书馆2013年版，第223页。

宇宙及宇宙万物的存在都来自上帝，而且宇宙及宇宙万物不仅从全体上而且从个体上都是善的，然而，世间各个领域都有恶，全知全善全能唯一的上帝何以是正义的？

恶可以分为哪几种呢？在早期著作《论自由意志》中，奥古斯丁就说恶有两种意思："当我们说某人作恶时是一个意思：当我们说某人遭受恶时是另一个意思"①。他把恶分为两种：人主动作的恶和人被动遭受的恶，这两种恶局限于人与人之间的相互作用。奥古斯丁后来在《教义手册》中又把恶分为三类：物理的恶、认识的恶和伦理的恶。物理的恶是指宇宙万物都在不同程度上存在着善的缺失、存在的缺失、实体性的缺失、本体的缺失和全能的缺失，自然的力量而非人的力量导致的身体苦事或恶事（人在物理方面遭受的恶）；认识的恶是指所有人都在不同程度上存在着全知的缺失，也就是说没有一个人是全知的，没有一个人的理智总能辨明真假，这是理智的缺失；伦理的恶（人作的恶，人在伦理方面遭受的恶）则是全善的缺失，人的自由意志背离了善的原则选择了恶的指向而趋向卑下世俗的利益，没有一个人是全善的，也可以说是"灵魂的罪"，这里表达了奥古斯丁关于人性恶的观点，人自由意志的自由向善的能力必须靠上帝的恩典。总之，在奥古斯丁那里，人主动作的恶和人被动遭受的恶可以归结到物理的恶、认识的恶和伦理的恶之中。因此恶最终归结为三种：全知的善的缺失、全善的善的缺失和全能的善的缺失。所有恶都是善的缺失。在奥古斯丁那里，最终恶是不存在的。

恶的根源是什么呢？柏拉图认为恶的根源是原始物质，恶实际上存在。亚里士多德认为恶的根源是纯质料，恶实际上存在。斯多葛派和普罗提诺认为恶的根源在于人的灵魂选择取向的失误，实际上不存在恶。摩尼教认为恶的根源是恶神，恶实际上存在。奥古斯丁则认为，恶的根源是无，恶实际上不存在。在奥古斯丁那里，物理的恶和认识的恶都来源于创造物本身的有限性，这是上帝为了自然整体的多

---

① ［古罗马］奥古斯丁：《论自由意志》，成官泯译，上海世纪出版集团 2010 年版，第 71 页。

样性和秩序、理智整体的多样性和秩序而安排的，同时也是上帝实行奖惩的手段，是一种形而上学意义的必然性的善的缺失。

关于物理的恶的根源。恶不来自上帝，而是善的东西的变坏。正如奥古斯丁所说："我已清楚地看出，一切可以朽坏的东西，都是'善'的；惟有'至善'，不能朽坏，也惟有'善'的东西，才能朽坏，因为如果是至善，则是不能朽坏，但如果没有丝毫'善'的成分，便也没有可能朽坏之处。因为朽坏是一种损害，假使不与善为敌，则亦不成其为害了。因此，或以为朽坏并非有害的，这违反事实；或以为一切事物的朽坏，是在砍削善的成分：这是确无可疑的事实。如果一物丧失了所有的'善'，便不再存在。……事物如果存在，自有其善的成分。因此，凡存在的事物，都是善的；至于'恶'，我所追究其来源的恶，并不是实体；因为如是实体，即是善；如是不能朽坏的实体，则是至善；如是能朽坏的实体，则必是善的，否则便不能朽坏。"① 奥古斯丁明确指出，存在即善，即所有的事物不论是作为整体的宇宙还是宇宙中的个体事物都是善的。而恶则不是实体，也不是存在，仅仅是善的缺失，因而恶是不存在的。除上帝，宇宙及宇宙万物之外就是无。无不是存在，无没有善可以朽坏，所以无不是善。上帝是不能朽坏的存在，所以上帝是至善。宇宙万物是能朽坏的存在，因而宇宙万物是善的。所以存在都是善的，物理的恶的来源是存在的缺失，或者说物理的恶的来源是善的东西变坏。正如奥古斯丁所说："可朽的存在都是善的；唯有至善，才是不能变坏的；而也唯有善的东西可能变坏。"② 上帝只产生了善，善的东西变坏的原因在于善的东西自身。奥古斯丁说："人们远离神圣而真正永存的东西，而转向变化不定的东西。虽然这些东西在自己的位置上是美好的，但是追求它们，就显得神魂颠倒，堕落无序。"③ 即宇宙中万物处于最高等级的是天使，其次是人的灵魂，再次是人的身体，最后是

① ［古罗马］奥古斯丁：《忏悔录》，周士良译，商务印书馆2014年版，第135—136页。

② 赵敦华、傅乐安主编：《中世纪哲学》上卷，商务印书馆2013年版，第223页。

③ 赵敦华、傅乐安主编：《中世纪哲学》上卷，商务印书馆2013年版，第325—326页。

低于人的身体的所有事物。万物虽然都有善的缺失，但万物都是善的。但如果人的灵魂追求身体及身体以下的事物而不追求永恒不变的上帝就是恶。物理的东西是善，追求物理的东西就是恶。身体是善，追求身体就是恶。身体是善，身体缺失的多少来自灵魂作恶的多少。所以物理的恶最终归结为伦理的恶。

关于认识的恶的根源。奥古斯丁说："如果没有骄傲（superbia），坏的意愿能出现吗？'骄傲是一切罪恶的根源。'"① 人的理智虽然不是全知的，但都只是善的缺失，因而所有人的理智无论缺多少知识都不是恶的而是善的。但如果自以为全知，那就是骄傲，骄傲才是恶。而且骄傲是一切罪恶的根源，因为骄傲会导致坏的意愿的出现，坏的意愿就会导致恶。由于自由意志的选向的失误是一切罪恶的根源，骄傲最终是自由意志的选向失误导致的，所以认识的恶也可归结为伦理的恶。在奥古斯丁这里，物理的恶和认识的恶就都归结为了伦理的恶。

奥古斯丁认为伦理的恶不是来源于上帝而是来源于人的自由意志。上帝创造的亚当夏娃虽然具有自由意志，但自由意志既可以自由地选择善，又可以自由地选择恶，由于亚当夏娃自由地选择了恶，人的自由意志就被败坏了，从此人类就具有了原罪，人性也就从此恶化了，人类就必然具有了伦理的恶，伦理的恶也是一种形而上学意义的必然性的善的缺失。奥古斯丁说："众恶的根源则是具有可变之善的受造者离弃了创造者的不变之善——先是一天使，后是人类。"② 奥古斯丁认为，一切恶的根源都是伦理的恶。伦理的恶的主体不是人以下的其他事物，而是天使和人类。伦理的恶的实质就是具有可变之善的受造者离弃了创造者的不变之善（上帝），也就是自由意志选向的失误。奥古斯丁说："恶行是不是无视永恒之事而去追求现世暂时之事？"③ 斯多葛派和普罗提诺提出了恶的产生是由于人们选择了下降

---

① 赵敦华、傅乐安主编：《中世纪哲学》上卷，商务印书馆 2013 年版，第 487 页。

② ［古罗马］奥古斯丁：《论信望爱》，许一新译，生活·读书·新知三联书店 2014 年版，第 45 页。

③ 赵敦华、傅乐安主编：《中世纪哲学》上卷，商务印书馆 2013 年版，第 325 页。

的路而没有选择上升的路观点，虽然没有提出自由意志的观点，但为自由意志观点的提出铺平了理论基础。奥古斯丁认为，自由意志既可以选择追求永恒不变的上帝，也可以选择追求可变之善。如果自由意志选择追求可变之善就是自由意志选向的失误，从而导致伦理的恶。奥古斯丁说："唯有贪欲（libido）才是一切罪恶行为的总根源。"[1]奥古斯丁认为，一切罪恶都可归结为伦理的恶，因此自由意志选向的失误是一切罪恶的总根源，贪欲就是无止境地选择自由意志选向的失误，因此，贪欲是一切罪恶的总根源。奥古斯丁说："意愿的缺陷，就是违反人自己的本性，否则绝不会犯罪。然而，如果不是从虚无中造成的，本性不可能由于缺陷而变坏。由此可见，本性就其自身来说，是上帝创造的，至于本性的缺陷，是由于它是从虚无中造成的。"[2]既然自由意志选向的失误是一切罪恶的根源，上帝为什么要创造具有自由意志的人呢？奥古斯丁认为，存在即善，具有自由意志的人超越了具有必然性的万物而丰富了存在或善的种类。摩尼教认为一切恶的来源是恶神，奥古斯丁认为一切恶的根源是自由意志选向的失误，那么，自由意志选向失误的根源又是什么呢？

奥古斯丁认为，不仅伦理的恶不是来源于上帝而是来源于人，物理的恶和认识的恶也来源于人不来源于上帝。也就是说，物理的恶和认识的恶最终来源于伦理的恶。伦理的恶最终来源于自由意志选向的失误。奥古斯丁说："而背叛（defectus），原本由于虚无，你想考察它的起源，可不能怀疑到上帝身上。"[3]奥古斯丁认为，一切善都是上帝无中生有产生的，一切恶的来源都是无本身造成的或者就是无本身。也就是说，自由意志选向失误的根源是无。奥古斯丁说："凡是虚无的，就无法知道。"[4]奥古斯丁认为，一切恶最终来源于无，但无是无法知道的。

既然上帝是全能的，那么上帝为什么不创造一个没有恶的世界

---

[1]　赵敦华、傅乐安主编：《中世纪哲学》上卷，商务印书馆2013年版，第295页。
[2]　赵敦华、傅乐安主编：《中世纪哲学》上卷，商务印书馆2013年版，第487—488页。
[3]　赵敦华、傅乐安主编：《中世纪哲学》上卷，商务印书馆2013年版，第381页。
[4]　赵敦华、傅乐安主编：《中世纪哲学》上卷，商务印书馆2013年版，第381页。

呢？奥古斯丁认为，这个世界确实不存在恶。因为上帝创造的一切都是善的，恶只是善的缺失。奥古斯丁说："我们所谓的'恶'究竟是什么？它无非是善的缺失。正如在动物身上，所谓伤病无非是健康之缺失……我们所谓'灵魂的罪'也只是人原本之善的缺失。"① 摩尼教认为，善来自善神，善存在，恶来自恶神，恶实际上是存在的。柏拉图认为，善来自善的理念，恶来自原始物质，善恶都实际存在。斯多葛派和普罗提诺认为，一切存在都来自神自己，恶不存在，存在的都是善的。以上哲学家所认为的神都不能无中生有，因而都不是从静止的无中生有的全能的。奥古斯丁认为，上帝是无中生有地创造世界的，因而上帝是全能的。存在都来自上帝的无中生有，因而存在都是善的。恶都来自无本身，因而恶都是善的缺失。如，物的存在来自上帝是善的，物的缺陷和不足是恶则是存在的缺失。身体的健康来自上帝是善的，身体的疾病是恶则是健康的缺失。灵魂来自上帝原本都是善的，灵魂的罪是恶则是灵魂的原本之善的缺失。奥古斯丁又说："疾病和伤害并非什么实体，而是实体在肉身中的缺失。肉身既是实体，所以是善的。那些恶，即失去健康，对善乃是偶然发生的事。同样，心灵中的罪恶，也无非是缺乏天然之善。"② 奥古斯丁认为，上帝创造的物的存在都是善的，但物的存在的多少会发生改变，但无论物的存在改变多少，剩下的物的存在仍然都是善的。上帝创造的肉身是健康、实体、存在，因而肉身是善的，疾病和伤害则是健康、实体、存在变少了。上帝创造的心灵是善、实体、存在，心灵的罪恶则是善、实体、存在变少了。奥古斯丁说："这个意志自身不是某一事物的效果，只是一个缺陷（defect）。从那无上的存在，到那比较低下的存在，有此缺憾（defection），然后有一个恶的意志。"③ 奥古斯丁认为，上帝创造的灵魂都是善的，灵魂低于上帝，因而灵魂都有缺

---

① ［古罗马］奥古斯丁：《论信望爱》，许一新译，生活·读书·新知三联书店 2014 年版，第 33—34 页。

② 北京大学哲学系外国哲学史教研室编译：《西方哲学原著选读》上卷，商务印书馆 2003 年版，第 220 页。

③ 周辅成编：《西方伦理学名著选辑》上卷，商务印书馆 1987 年版，第 353 页。

陷。灵魂的缺陷就是意志，灵魂都是有意志的。灵魂如果有追求与上帝在一起的意志，灵魂是善的，但这时意志仍是灵魂的缺陷，因为灵魂没有达到全善。灵魂如果有追求与低于灵魂的事物在一起的意志，灵魂是有恶（缺陷）的，但只要灵魂没有变为虚无，灵魂仍然是善的。上帝能够无中生有，说明上帝是全能的。存在的缺失导致万物无限多样，也说明了上帝是全能的。存在的变动是导致万物无限多样的另一种方式，同样说明了上帝是全能的。

奥古斯丁认为，存在即善，恶是善的缺失，恶不存在。因此在奥古斯丁那里，不能说宇宙中有恶，而只能说宇宙万物的存在都不是至善的。从善的角度论证上帝全能的根据就是存在即善，从恶的角度论证上帝全能的根据就是存在都不是至善。奥古斯丁说："那位全能的上帝既是至善者，那么，若是他不能从恶事中结出善果来，他就绝不会让任何恶存在于他的事业中。事实上我们所谓恶，岂不就是缺乏善吗？"① 既然上帝是全能的，上帝为什么不避免所有的恶呢？如果上帝避免了所有的恶，则宇宙就是全知全善全能的了，实际上就是上帝自身。也就是说，如果上帝避免了所有的恶，上帝也就没有创造宇宙。如果上帝把所有的恶都没有避免，则上帝创造了全部物种的完满的宇宙，这才是上帝全能的表现。上帝的全能实际上是利用所有的恶创造所有的善。善的缺乏不仅导致此处善的存在，同时导致别处善的存在。宇宙万物的存在都不是至善的，才有宇宙万物的全部丰富性的存在，创造这样宇宙的上帝当然是全能的。

上帝是全能的，上帝必然创造具有任何缺陷的存在。因此上帝必然创造会犯罪的人。所以上帝不会阻止人犯任何罪。在奥古斯丁看来，只有上帝没有罪恶，有罪恶才会有人这个物种。有各种各样的罪恶才会有各种各样的人。上帝创造各种各样犯罪的人体现了上帝在创造人的总数上的全能。上帝创造会犯罪的人，体现了上帝在创造宇宙内物种总数上的全能，并把宇宙连成一个全体。因为各种不同的恶而

---

① 北京大学哲学系外国哲学史教研室编译：《西方哲学原著选读》上卷，商务印书馆2003年版，第220页。

有各种不同的存在：物的存在，植物的存在，动物的存在，身体的存在，灵魂的存在，人的存在。因为犯罪而有人的存在。因为人的存在所有的存在才连成一体。因为人的存在所有的存在才是善的。因为人的犯罪所有的存在才是恶的。也就是说，所有的罪恶不仅丝毫无损于上帝的正义，反而充分体现了上帝全知、全善及全能。奥古斯丁说："人犯罪时产生的志愿性特性是可耻的，所以有惩罚性特性来把灵魂置入这样一秩序，让它在那里不是可耻的，迫使它符合于宇宙作为一全体的美，于是罪之丑恶便由罪之惩罚纠正了。因此优越的造物犯罪，便会由低下的造物来惩罚，后者这样卑下，以至能从羞耻中的灵魂得到溢美，以合于宇宙作为一全体的美。"① 因此，人的罪恶使宇宙产生了新的和谐秩序。然而由于上帝的正义使人的罪恶受到应有的惩罚，而上帝的惩罚体现的正是上帝变恶为善的全能。当人犯罪时，宇宙中所有存在物的善的分配都得到调整形成新的和谐的善的宇宙秩序。上帝的全能不仅体现在根据各种各样的所有的恶创造了宇宙全体，而且体现在根据各种各样人的所有罪恶创造变化了的新的宇宙全体。

上帝是全知的，因此就必然预知到了各种各样的恶。既然上帝预知到了各种各样的恶，那么上帝为什么不阻止各种各样的恶呢？因为恶是善的缺乏，如果上帝阻止了恶，就只有上帝，而不会有宇宙中各种各样善的存在，有恶才有相应的善的存在。恶是善的东西的变坏，如果上帝阻止善的东西变坏，宇宙就是有限的善，如果上帝不阻止善的东西变坏，宇宙就有向无限的善转变的可能。

既然上帝预知到所有的人都是罪人，那么上帝为什么造人呢？如果人人都不是罪人，那么人人都成了上帝，或者只是万物之一种，那么世间就会少很多善的存在。正因为所有人都是罪人，宇宙中才增加了所有罪人所对应的善的存在。正因为所有人都是罪人，而不是作为善的存在的物，所有人才是更高贵的善的存在。一般作为善的存在的

---

① ［古罗马］奥古斯丁：《论自由意志》，成官泯译，上海世纪出版集团 2010 年版，第 157 页。

恶只是善的被动缺少，作为善的存在的人的罪恶却是善的主动缺少，正因为这一点人才高贵。正因为人的罪恶是善的主动缺少，才使得宇宙中的善不断增多成为可能。而人的罪恶的根源是自由意志。

既然上帝预知到人会利用自由意志作恶，那么上帝为什么给人自由意志呢？奥古斯丁说："只当意志抛弃了比自己优越的事物而转向到低下的事物时，才变成恶——不是因为它所转向的事物本身为恶，只是因为这转向本身就是恶的缘故。"① 宇宙中存在的事物都是善的，自由意志转向低下的事物也就是转向小善，结果可能是增加了宇宙中的善，结果也可能是变成虚无而减少宇宙中的善。自由意志转向高于自己的事物或者上帝，就会增加宇宙中的善或者与上帝合一。所以只有当自由意志转向低于自己的事物时才可能减少宇宙中的善而增加恶的。自由意志向上的转向类似与上帝的无中生有地创造宇宙中善的存在。自由意志向下的转向就是有灭于无，就是善灭于无，这才是根本的恶。

由此既然上帝预知到了原罪及其后果，那么上帝为什么不阻止原罪呢？奥古斯丁说："人滥用自由意志，才能自己和自由意志一起毁坏了。"② 奥古斯丁又说："一个人既已用自由意志犯了罪，为罪所胜，他就丧失了意志的自由。"③ 奥古斯丁认为，自由意志追求向上的事物或追求向下的事物相对于至善来说都是恶，但相对于宇宙的善来说都是增加善的方式。如果自由意志一直追求向下的事物直到无就是相对于宇宙善的根本恶，这会减少宇宙的总善。这一切上帝都是可以预知的，上帝为什么不阻止人滥用自由意志犯罪呢？因为一个人滥用自由意志犯罪，这个人就丧失了自由意志。亚当滥用自由意志犯罪，就使整个人类丧失了自由意志，就使人类只能自由地作恶，不能自由地为善，人类就都具有了原罪，原罪是比每个人都是罪人的作为

---

① 周辅成编：《西方伦理学名著选辑》上卷，商务印书馆1987年版，第352—353页。

② 北京大学哲学系外国哲学史教研室编译：《西方哲学原著选读》上卷，商务印书馆2003年版，第220页。

③ 北京大学哲学系外国哲学史教研室编译：《西方哲学原著选读》上卷，商务印书馆2003年版，第221页。

善的缺乏的罪更深的罪。作为善的缺乏的罪在上帝全能全善的支持下可以不断增加宇宙中的善，而原罪将不断减少宇宙中的善。由此，上帝的全能在创世之初就预定一部分人通过上帝的恩典而得到永生的救赎，预定使一部分人在地狱受永罚，预定使剩下的人恢复作为善的缺乏的罪人。这三部分人的比例由上帝的全善决定，从而使宇宙中的善永远保持最大。

上帝预知到了所有人都是作为善的缺乏的罪人，因此每个人都是善的，上帝的全能造出了这些人，上帝的全善使宇宙中具有这些人后宇宙中善最大。上帝预知到了所有的人都会成为具有原罪的人，上帝的全能预定了三种人，一种是被恩典救赎而获得在天堂永生的人，一种是在地狱受永罚的人，一种是恢复了作为善的缺乏的具有自由意志的人。上帝的全善使具有这三种人的宇宙不断保持最大的善。因此上帝预知到了人的罪和原罪，而没有阻止人的罪和原罪。奥古斯丁说："上帝预知他引起的一切事但并不引起他预知的一切事。他不是恶的原因，而是公义的报应者。因此，你必须理解上帝公义地惩罚他预知但不引起的罪恶。若上帝预知人的罪意味着他不应惩罚罪人，那么他也不应当奖赏有正当行为的人，因他也预见他们正当的行为。让我们承认吧：未来之事，没有躲过他的预知的；而一切罪恶，没有不被他的正义惩罚的，因为罪是由意志所行，不是为上帝的预知所迫。"[1]奥古斯丁认为，上帝预知到所有人作为善的缺乏的自由意志都会用来被动犯罪或主动作恶，但上帝并没有预定自由意志被动犯罪或主动作恶，这些罪恶是自由意志自身的选择，上帝的全能只是使所有这些人变为存在，上帝的全善使具有所有这些人的宇宙变得最善，所以上帝是正义的。上帝预知到所有人都会因主动滥用自由意志而具有原罪。但上帝的全知把所有人预定为三种人，上帝的全能使这三种人变为存在，上帝的全善使具有这三种人的宇宙具有最大的善。上帝白白赐予恩典对一部分人的救赎体现了上帝的全善，上帝对一部分人的在地狱

---

① ［古罗马］奥古斯丁：《论自由意志》，成官泯译，上海世纪出版集团 2010 年版，第 147 页。

里的永久惩罚体现了上帝的正义，上帝对一部分人的自由意志的恢复同样体现了上帝的全知全善全能和正义。所以上帝预知到了罪和原罪，上帝并没有阻止罪和原罪。

既然上帝是全善的，那么上帝为什么不把宇宙中的所有事物造成全善的呢？如果宇宙中的所有事物都是全善的，则宇宙中的所有事物都是上帝，上帝是唯一的，所以这是不可能的。上帝创造的宇宙中的事物都是善的，但都不是全善的，都是有缺失的善。缺失并不是存在，只有善是存在的，所以万物都不是全善，但存在即善。在奥古斯丁看来，只有唯一的上帝是自有永有的，那么只有上帝是唯一的存在本身，也就是说只有上帝是全善的。上帝创造的宇宙中的万物必然低于上帝而不是全善的。既然上帝是全善的，上帝就会把低于自己善性的逻辑上的所有可能性的存在变为现实的存在。也就是说，上帝必然创造一个无限丰富和无限多样化的包括全部有限善的存在的宇宙。因此，上帝的全知全能全善不会创造一些全善的存在（上帝），而必然创造无限丰富和无限多样化的，包括全部有限善的存在的宇宙。奥古斯丁说："也有人会说，全能的上帝若想让一切造物处于这样一种秩序，使无物会是不幸的，本应不是十分困难或麻烦的。若他是全能的，便不可能没有这样做的权能；而若他是善的，便不会吝啬给其造物幸福。我要回答说，造物的秩序是以公义的等级从最高级到最低级。说造物中某物应是别样或完全不应存在，纯粹是恶意。想要一物优于它的别物，这是错误的。因优越之物已这样存在，它既是完全的，有所加增便是错误。因此，说'这物应像那物'的人或是想给完满优越之物有所加增，这样他便是不节制、不义；或是想消灭较低的造物，于是他就是邪恶、嫉恨。"[1] 也就是说，宇宙万物乃是处于一种因果关系的联系和目的手段关系的联系之中，所有事物联成和谐有序的包括所有善的存在的宇宙。上帝是全知的，不会遗漏任何可能性的善的存在。上帝是全能的，上帝会使所有的可能的善的存在变成

---

① ［古罗马］奥古斯丁：《论自由意志》，成官泯译，上海世纪出版集团 2010 年版，第 155 页。

现实的善的存在。上帝是全善的，上帝必然使所有的现实的存在都是善的。上帝是正义的，上帝使每一存在在善的多少上都有等级的差别，上帝使每一存在在善性上都是不完全的，更重要的是，上帝使每一在善的多少上具有等级差别的存在在宇宙整体中都是同样不可缺少的。宇宙中所有善的存在是各不相同又缺一不可的，是既不平等同时又平等的，所有善的存在就构成了和谐有序的宇宙全体，这就是上帝的正义。

既然上帝是全善的，那么上帝为什么不赐予人全善的意志，从而使人只是用意志为善而永不被动作恶或主动犯罪呢？在奥古斯丁看来，宇宙中的所有事物既然为上帝所创造，它们在善性上就必然低于上帝，全善只属于唯一的上帝。

相对于上帝的全善来说，人怎么做都是作恶，因为上帝的全善是永恒不变的，而人在宇宙中的善都是暂时而变化的。相对于宇宙中的善来说，人只有不断地趋向上帝，人才能不作恶，人趋向人以下的事物就是作恶，人趋向无就是作根本的恶。上帝是全善的，上帝为什么不阻止人被动作恶呢？上帝的全善允许所有的人被动作恶，怎么达到宇宙中的全善呢？因为每个人具有缺失的自由意志，所以，每个人都不是宇宙之外的具有全善的上帝，而是每个人都是宇宙中不可缺少的一个善的存在。由于上帝的全善创造了所有各不相同的存在物和所有各不相同的人才导致了上帝创造了全善的宇宙。既然上帝创造具有自由意志的人是善的，那么，人为什么利用自由意志被动作恶呢？奥古斯丁说："所谓恶，是意志背弃不变之善而转向可变之善。"① 上帝的全善是唯一的不变永恒之善。上帝创造的宇宙的全善是由逻辑上所有的多而可变的暂时之善的动态总和构成。在宇宙之中存在即善，可变之善也是善。意志背弃不变之善而转向可变之善之所以是恶，是因为上帝的取向是无中生有地产生善，意志转向可变之善是与上帝取向相反的最终有灭于无的恶。只要意志没有使善变为无就还是善。所以只

---

① ［古罗马］奥古斯丁：《论自由意志》，成官泯译，上海世纪出版集团 2010 年版，第 136 页。

要上帝创的宇宙在，宇宙中的万物就全是善的。自由意志作为善来源于上帝，自由意志的转向可变的善却不是来源于上帝，而是来源于善的缺失，来源于无，从而不具有实体性。既然被动作恶是人的自由意志的选择，上帝的创造并没有改变人的自由意志的选择，那么对人作恶的惩罚就是正义的。奥古斯丁说："试想一身体若无双手是失去了多么大的善，但人却错用双手行残暴可耻的事。你若看到有人无双脚，会想他的肉身存在因缺少如此大之善而是残缺的，而你也不会否认人若用双脚来伤害别人或辱没自己便错用它们了……正如你认可身体中的善，赞美赐它们的上帝而不顾人的错用，你也应承认自由意志——没有它无人能正当生活——是一神圣的善的赠与。你当谴责那些误用这善的人，而不当说上帝本不该将它赐予我们。"[①] 上帝是全善的，就应该不仅使宇宙中的万物全是善的，而且还要使善的万物是全的，更重要的是上帝创造的宇宙是动态的全善。处于因果联系中的万物都是善的，使得宇宙万物全是善的，在这个层面人因自由意志的缺失必然被动地作恶。处于手段目的联系中的万物都是善的，每一次处于手段目的联系中的万物同时是处于因果联系中的万物。处于手段目的联系中的万物不仅万物全是善的，而且善的万物是全的，而且善的万物是动态的全的，因而上帝创造的宇宙是动态的全善，在这个层面人因自由意志的缺失必然主动地作恶。正因为人被动地作恶和主动地作恶才使上帝创造的这个宇宙是动态的全善。奥古斯丁说："我寻找你上帝时，就是寻找幸福的生活。我寻找你，为了我的灵魂生活，因为我的身体是靠我的灵魂生活，而我的灵魂是靠你生活。"[②] 上帝是宇宙之外的全善。在宇宙之中，灵魂的善大于身体的善，身体的善大于其他存在物的善。灵魂带领身体及其他存在物一起追求宇宙之外的上帝，就是意志的正确选择，就是选择了正确的目的，就是远离无，就是整个宇宙一起在寻找幸福的生活，就是宇宙动态的全善。奥

---

① ［古罗马］奥古斯丁：《论自由意志》，成官泯译，上海世纪出版集团 2010 年版，第 133—134 页。

② 赵敦华、傅乐安主编：《中世纪哲学》上卷，商务印书馆 2013 年版，第 235 页。

古斯丁说："无形的精神存在优于成形的物体，而无形的（informe）物体优于绝对的虚无。"① 宇宙之外的无形的精神存在就是全善的上帝。宇宙中的灵魂低于上帝的善，宇宙中成形的物体低于灵魂的善，宇宙中无形的物体低于成形物体的善，宇宙中无形的物体是最低的善。绝对的虚无就是不存在，就是绝对的恶。如果灵魂带领身体及其他存在物一起追求绝对的虚无，只要还在宇宙之中就还是宇宙之中的善，但在背离上帝这个方向上是恶，如果变成了虚无就是绝对的恶。这个宇宙仍是动态的全善。

既然上帝是全善的，那么上帝为什么允许人与人之间相互造成的罪恶呢？因为上帝允许人们主动作恶，上帝允许人们的原罪，是为了给人们自由，是为了宇宙动态的全善。奥古斯丁说："除了意愿自身，还有什么会完全取决于我们的意愿呢？"② 上帝能干涉我们的意愿自身，但是上帝没有干涉我们的意愿自身，因此上帝的全善给了我们自由。奥古斯丁说："不能由于自由意愿犯了罪，就认为上帝给人自由意愿是让他犯罪的。人没有自由意愿，就不能正直地生活，这就是上帝为何给人自由意愿的充分理由。"③ 上帝预知到人会利用自由犯罪，但上帝的全能并没有干涉人的自由，上帝的全善反而在人自由犯罪的情况下使宇宙达到了动态的全善。奥古斯丁说："无论恶行或善行，不能没有意愿。由此可见，人如果没有自由意愿，赏善罚恶是不公正的。"④ 恶行将减少一些善，将把一些善变成无，但并不能产生恶的存在，宇宙仍然是善的，但要靠上帝的赏善罚恶才能恢复宇宙的全善。善行能增加宇宙的善，也要靠上帝的赏善罚恶才能恢复宇宙的全善。恶行或者善行都是人自由作出的，所以上帝赏善罚恶是正义的。奥古斯丁说："我们服从这真理的时候，这就是我们的自由（libertas）。"⑤ 服从真理就是服从上帝，服从上帝就是真正的自由。真正的

① 赵敦华、傅乐安主编：《中世纪哲学》上卷，商务印书馆2013年版，第270页。
② 赵敦华、傅乐安主编：《中世纪哲学》上卷，商务印书馆2013年版，第315页。
③ 赵敦华、傅乐安主编：《中世纪哲学》上卷，商务印书馆2013年版，第328页。
④ 赵敦华、傅乐安主编：《中世纪哲学》上卷，商务印书馆2013年版，第328页。
⑤ 赵敦华、傅乐安主编：《中世纪哲学》上卷，商务印书馆2013年版，第365页。

自由就是主动的善行。主动的善行就能得到上帝的奖赏，从而既增加自己的善又保证宇宙的全善。奥古斯丁说："上帝把人造成理性的东西，让人支配不合理性的东西，即不支配人而是支配禽兽。"[①] 上帝的自由是绝对的自由，只创造全善的宇宙。每个人的自由都是有缺失的自由，每个人的自由并不产生恶的存在，这一点与上帝一样。每个人有缺失的自由只能产生减少善或者增加善的意愿，最终靠上帝的全善实现人的愿望。上帝把每个人造成自由的善的存在。上帝的全善开始不让每个人之间互相增减善，只让每个人从低于人的万物那里增减善。也就是说，只允许人自由地产生背离可变的善或者趋向可变的善的意愿，上帝的全善就帮助人实现。奥古斯丁说："罪是奴役制度之母，是人服从人的最初原因。"[②] 人利用自由趋向上帝就是要趋向宇宙之外永恒不变的善。人自由利用他物来增减自己的善是被动的作恶。人自由利用他人来增减自己的善就是主动的犯罪。无论人被动作恶还是人主动犯罪，上帝的全善都会创造出宇宙的全善。上帝的全善决不会导致奴役制度。奴役制度是人的自由主动犯罪导致的，上帝的全善却能够在奴役制度存在的条件下创造出宇宙的全善。奥古斯丁说："惩罚的奴役制度却不是这样，它作为制度是根据于保存原则和禁止扰乱自然秩序的命令所订的法律，如果这法律在最初不曾被人违反，那末，惩罚的奴役制度也决不会出现。"[③] 奴役制度是对人主动犯罪的惩罚。奴役制度既保护了人的自由，又保持了宇宙的全善，还展现了上帝的正义。奥古斯丁说："这些主人也不是自由人，因为凡嗜好奴役的人同样也是奴役的奴仆。"[④] 主人可以自由地支配他人，这是主人的自由。主人的自由同时又是自由的丧失，因为主人受自己

① 北京大学哲学系外国哲学史教研室编译：《西方哲学原著选读》上卷，商务印书馆2003年版，第221页。

② 北京大学哲学系外国哲学史教研室编译：《西方哲学原著选读》上卷，商务印书馆2003年版，第222页。

③ 北京大学哲学系外国哲学史教研室编译：《西方哲学原著选读》上卷，商务印书馆2003年版，第222页。

④ 北京大学哲学系外国哲学史教研室编译：《西方哲学原著选读》上卷，商务印书馆2003年版，第222页。

奴役他人意愿的支配。主人丧失了追求上帝的真正自由，却获得了对他人犯罪的自由。主人在从他人那里获得善的同时又丧失了自身的一些善。上帝的全善利用主人的自由来保持宇宙的全善。奥古斯丁说："使徒警告奴仆要顺从他们的主人，并且要愉快地、善意地服侍主人：以此为目的，如果他们不能从他们的主人那里得到自由，那他们就把他们的奴役作为自己的一种自由，不用虚惊而用忠诚的爱来服侍主人，直至不公道消失，这样，一切人的暴力和国家被废除，就只有上帝是一切了。"① 奴仆可以自由地被他人支配，这是奴仆的自由。奴仆自由的同时又是自由的丧失，因为奴仆受他人意愿的支配。奴仆丧失了追求上帝的真正自由，却获得了对自己犯罪的自由。奴仆丧失了自身的善而没有从他人那里获得善，但奴仆也可从自身获得善。奥古斯丁认为，人们利用暴力建立有奴役制度的国家来主动犯罪，上帝的全善却利用奴役制度来创造宇宙的全善。

利己是一种什么样的恶呢？上帝的全善又怎样利用利己之恶创造宇宙的全善呢？奥古斯丁说："所谓自己的和近乎私有的（proprium et quasi privatum），就是指属于我们个人的。这就是说，只为一个人所知觉，这是属于他自己本性的。至于共同的和近乎公共的，我是说，可以为所有的感觉者所知觉，而它自身不会由于被知觉而有丝毫的变化和损坏。"② 奥古斯丁认为，我们内部的理智，我们内部的知觉，我们内部的感觉就是属于我们个人的。我们感觉之外的存在就是公共的。利己就是一切认识意愿都以属于我们个人的认识方面为标准，而不以感觉之外的公共存在为标准。认识方面的利己之恶并不能产生恶的存在，只能导致善在不同人之间的不公平增减，而且还不能改变感觉之外的公共存在之善。如果一个人的认识以正确的理智为标准也不会改变公共存在之善。所以上帝的全善可以利用认识方面的利己之恶创造宇宙的全善。奥古斯丁认为，美德"不是公有的，而是为

---

① 北京大学哲学系外国哲学史教研室编译：《西方哲学原著选读》上卷，商务印书馆2003年版，第222—223页。
② 赵敦华、傅乐安主编：《中世纪哲学》上卷，商务印书馆2013年版，第348页。

每一个人所私有的。真理和智慧为人们所公有"①。恶德和美德都是我们个人私有的，真理和智慧为人们所公有。利己就是一切行动的意愿都以我们自己的恶德和美德为标准，而不是总以公共的美德为标准。道德方面的利己之恶也不能产生恶的存在，而只能导致善在不同人之间的不公平增减。如果一个人的行动以美德为标准也不会导致善在人与人之间不公平的增减，那么上帝的全善就可以利用道德方面的利己之恶创造宇宙的全善。奥古斯丁说："恶在于意愿背离不变的善，倒向变化无常的私利。"② 即利己就是追求变化无常的私利。根据奥古斯丁的相关观点，一切过程里的私利是从属于一切方面的私利的，我们认为奥古斯丁的利己主义就是在一切方面而不是一切过程里追求变化无常的私利。奥古斯丁的时间最终以永恒不变的上帝为标准。事物之中可变的时间以灵魂之内的可变时间为标准，灵魂之内的可变时间以永恒不变的上帝为标准。所以，要从一切方面的利己来考察利己主义。本来每个人都应该追求永恒不变的上帝，利己主义者则追求反方向的自己的善。本来每个人都应该追求背离低于自己可变的善，利己主义者则追求反方向自己的善。本来每个人都应该追求高于我们的善，利己主义者则从各个方向的他人那里追求指向自己的善。利己主义者在从各个方面追求自己的善的时候，有些时候利己主义者按照自己的正确标准追求自己的私利是善，有些时候利己主义者按照自己的不正确标准追求自己的私利是恶。利己主义者的己如果自由地从心理上认定从各个方向上背离自己这也是可能的，利己主义者可善可恶，但不产生恶的存在，只是增减或不改变宇宙中善的存在。利己主义者的己如果自由地从心理上认定从各个方向上都按照真理和全善行事，就是脱离宇宙与上帝合一。上帝的全善总能按照利己主义者的恶创造出宇宙的全善。

奥古斯丁认为，人因信称义，上帝的正义是奥秘。奥古斯丁说："倘若上帝是按人的功德才给人增进信仰，那么，这工价给予人就不

---

① 赵敦华、傅乐安主编：《中世纪哲学》上卷，商务印书馆 2013 年版，第 379 页。
② 赵敦华、傅乐安主编：《中世纪哲学》上卷，商务印书馆 2013 年版，第 380 页。

是白白给的了，而是还债了。"① 人不能因功称义，而只能因信称义。信仰是上帝白白地赐给人的，然后人才有与信仰相配的功德，这样的人才可称为正义的人。如果上帝没有赐给人信仰，人做再多的功德也不配称为正义的人。奥古斯丁说："人怎样才值得拯救，就会有人说这凭的是人的意愿。但我们说，这乃是出于神圣恩典或预定。还有，在恩典与预定之间只有这个差别：预定是恩典的准备，而恩典是赐予本身。"② 信仰、恩典、预知和预定出自上帝，罪出自自己、出自审判。对上帝的信仰是上帝白白给的，上帝对人的审判是人们必然要还的债。奥古斯丁说："有一些人得了救乃是出于恩典，另外的人未得救则是由于他们自己。"③ 有一些人得了救赎是出于上帝预定的恩典，上帝预定的恩典体现了上帝的慈善和正义。另外一些人未得救则是由于他们自己的恶，这体现了上帝惩罚的正义。在这部分受到惩罚的人之中又分成两部分人，其中一部分人被永罚入地狱，另一部分人在宇宙中不断积累着功德，但由于没有上帝赐给的信仰便永远不能成为正义的人。但这都使上帝成为正义的上帝。奥古斯丁说："公正（justice）之德，其职责在乎使每一个人尽其天职（To render every man to his due），因此在人自身中有某一种自然的正当理法，要使肉体归顺乎灵魂，灵魂归顺乎上帝……因为灵魂，如果愈少归顺上帝，愈少想上帝，那么肉体便会愈反抗灵魂，以少受灵魂支配。"④ 真正正义的人就是上帝赐给了信仰的人。拥有公正之德的人就是使物体归顺肉体、使肉体归顺灵魂、使灵魂归顺上帝的人，就是在宇宙中正义的人。真正正义的人和在宇宙中正义的人体现了上帝创造的正义。对宇宙中不义之人的惩罚和对地狱中不义之人的惩罚体现了上帝惩罚的正义。这一切体现了上帝是正义的上帝。

上帝预知人滥用自由意志显示出上帝的全知，上帝容许人滥用自由意志显示出上帝的全善，上帝能从人的罪恶中引出全善显示出上帝

---

① 赵敦华、傅乐安主编：《中世纪哲学》上卷，商务印书馆 2013 年版，第 539 页。
② 赵敦华、傅乐安主编：《中世纪哲学》上卷，商务印书馆 2013 年版，第 559—560 页。
③ 赵敦华、傅乐安主编：《中世纪哲学》上卷，商务印书馆 2013 年版，第 556 页。
④ 周辅成编：《西方伦理学名著选辑》上卷，商务印书馆 1987 年版，第 357 页。

的全能，上帝能给所有的罪恶应得的惩罚显示出上帝的正义。

根本善对所有人都是善的，根本恶对所有人都是恶的。我们不会选择根本恶，我们如果始终选择根本善，我们就成了上帝，这也是不可能的。如果我们始终在大善小善之间选择，也就成了选择善的机器。真正具有自由意志必须要在善恶之间选择，而且要在实际选择了一次恶之后，进一步说，在实际做了一次明知是善的选项而没选却偏偏选择了恶的之后，自由才从可能变成了现实，这种观点是否与奥古斯丁的自由意志观相矛盾呢？

二　托马斯·阿奎那的神义论思想

"圣徒"托马斯·阿奎那（下文简称托马斯）是经院哲学的集大成者。托马斯主要运用亚里士多德的学说在与异教作斗争的同时论证基督教教义和信仰。托马斯宗教哲学中所利用的亚里士多德学说主要来自于古希腊亚里士多德的著作和伊斯兰教阿拉伯宗教哲学家中的亚里士多德主义。托马斯在与保守的柏拉图—奥古斯丁主义者及左倾的亚里士多德主义者论战的过程中也吸收了对方的一些观点。托马斯在以亚里士多德哲学为基础综合各派宗教哲学的过程中形成了一个相当系统的经院哲学体系。

托马斯的宗教哲学主要是利用了亚里士多德的四因说及神学目的论思想。按照亚里士多德的这个学说，宇宙中所有事物都是由形式和质料结合而成的，其中质料是被动的和消极的，形式则是能动的和具有目的性的。任何事物的产生都是能动的形式把不是无的、与上帝同样永恒的纯质料变成现实的过程。而任何事物的消灭，就是形式与质料的分离。除宇宙中的所有事物之外还有纯形式，而纯形式就是万物的根源即作为不动的推动者的上帝。托马斯则在其他思想家对亚里士多德主义改造的基础上作了进一步的改造。主要表现在以下一些方面。亚里士多德和阿威罗伊（Averroe）都认为，纯质料是与上帝同样永恒的，纯质料只是没有任何形式，纯质料并不是德谟克利特和伊壁鸠鲁的绝对虚无。而托马斯在纯质料的观点上与奥古斯丁一致。托马斯认为，纯质料是上帝从无中创造出来的。亚里士多德和阿威罗伊

都认为，形式不能从外部进入纯质料，不动的推动者使质料中的潜在
形式变成现实的形式。而托马斯与阿维森纳（Avicenna）都认为，形
式作为理念存在于上帝之中，形式作为本质存在于个别事物之中，形
式作为概念存在于个别事物之后。托马斯进一步认为，形式作为隐秘
的质是从外面潜入质料之中的，形式也是上帝从自身之中产生出来
的。托马斯还认为，上帝无中生有地创造了形式和质料，并把形式和
质料结合在一起，从而无中生有地创造了宇宙。因此，托马斯认为，
上帝是无中生有的上帝。上帝创造的宇宙中的万物形成一个以上帝为
目的的等级系列。

托马斯关于上帝存在的证明观点。在托马斯看来，关于上帝存在
的证明主要有两类，一类是利用理由的先天的证明，一类是利用结果
的后天的证明。托马斯认为，安瑟伦（Anselmus）所开创的本体论证
明并不是真正意义上的论证，而是一种从假定的理由出发的先天证
明，上帝的存在实际上已经被蕴含在上帝的定义之中，也就是上帝的
存在蕴含在三段论证明的大前提之中。但对于那些不相信上帝的人们
来说，上帝的存在并非自明的，而恰恰是有待证明的，因此，托马斯
提出了五种自认为是后天证明的证明方法。

第一，从事物运动方面论证上帝存在不动推动者的证明：托马斯
说："一件事物不可能在同一方面、同一方向上说是推动的，又是被
推动的。"① 一般认为，事物可能是推动者，事物也可能是被推动者，
事物也可能既是被推动者又是推动者，事物也可能是自动者，托马斯
则认为宇宙中的万物不可能是自动者。托马斯说："凡事物运动，总
是受其他事物的推动。"② 托马斯认为，某事物相对其他事物来说，
既可能是推动者也可能是被推动者，但宇宙中任何事物相对自身来说
都是被推动者。所以，宇宙中任何事物的运动都是由于其他事物的推
动，一个推动者又可以被自身之外的其他事物推动，以此类推。托马

---

① 北京大学哲学系外国哲学史教研室编译：《西方哲学原著选读》上卷，商务印书馆
2003 年版，第 262 页。
② 北京大学哲学系外国哲学史教研室编译：《西方哲学原著选读》上卷，商务印书馆
2003 年版，第 261 页。

斯说："我们在此绝不能一个一个地推到无限。因为，这样就会既没有第一推动者，因此也会没有第二、第三推动者。"① 但这个被推动的系列不能无限地进行，否则就没有第一推动者。因此，最终必须有一个不动的推动者，这个不动的推动者就是上帝。

第二，从动力因的性质来论证上帝存在的第一动力因（第一原因、最终原因）的证明：托马斯说："我们绝找不到一件自身就是动力因的事物。如果有，那就应该先于动力因自身而存在，但这是不可能的。"② 一般认为，宇宙中万物的动力因既可能是他物，也可能是自己，还可能既是他物又是自己，而托马斯认为，宇宙中万物的动力因绝不可能是自己。也就是说，宇宙中的某事物相对于其他事物来说，既可能是原因也可能是结果，但任何事物相对自身来说都只是结果，所以，宇宙中任何事物都是以其他事物为原因的，其他事物又以自身之外的其他事物为原因，以此类推。托马斯说："在动力因中，如果没有第一个动力因（如果将动力因作无限制的推溯，就会成为这样的情况），那就会没有中间的原因，也不会有最后的结果。"③ 但这个原因的系列不可能推溯到无限，因为推溯到无限就没有中间原因，也就没有最后结果，也就没有这个宇宙。因此，必然存在着一个第一原因，这个第一原因就是上帝。

第三，从可能和必然性来论证上帝存在的绝对必然的存在者（自身必然性的存在者、纯形式因）的证明：托马斯说："我们看到自然界事物，都是在产生和消灭的过程中，所以它们又存在，又不存在。它们要长久存在下去，是不可能的。"④ 一般认为，宇宙中的事物既可能是偶然的存在，也可能是必然的存在，又可能既是偶然的存在又

---

① 北京大学哲学系外国哲学史教研室编译：《西方哲学原著选读》上卷，商务印书馆2003年版，第262页。

② 北京大学哲学系外国哲学史教研室编译：《西方哲学原著选读》上卷，商务印书馆2003年版，第262页。

③ 北京大学哲学系外国哲学史教研室编译：《西方哲学原著选读》上卷，商务印书馆2003年版，第262页。

④ 北京大学哲学系外国哲学史教研室编译：《西方哲学原著选读》上卷，商务印书馆2003年版，第262页。

是必然的存在，还可能是自必然的存在。托马斯认为，宇宙中任何事物的存在都只是偶然的或可能的，或者是与宇宙中其他事物是因果必然的，不可能是自身必然的，因此宇宙中的万物都不可能长久存在下去。托马斯说："一切存在事物不仅是可能的，而且有些事物还必须作为必然的事物而存在。不过，每一必然的事物，其必然性有的是由于其他事物所引起，有的则不是。"① 托马斯认为，有些事物是可能的，有些事物既是可能的又是因果必然的，有些事物则是自必然性的存在。由于自必然性存在的存在，宇宙中的万物才可能长久存在下去。托马斯说："因为事物若不凭借某种存在的东西，就不会产生。"② 托马斯认为，宇宙中任何事物都必须有其他事物作为自己存在的理由或根据，否则就不会产生。也就说，宇宙中任何事物自身都不包含自身存在的理由或根据，这样，如果不存在一个自必然性的存在，宇宙的万物就可能从来没有存在过或者宇宙的万物可能全部消失。所以，必然存在一个自身包含自身存在的理由或根据的绝对必然的存在者。这个绝对必然的自必然性的存在者就是上帝。

第四，从事物中发现的真实性的等级来论证上帝存在的最完全的存在者的证明：托马斯说："这些在真理中最伟大的东西，在存在中也必定是伟大的。"③ 我们从宇宙中能够认识的相对真理推到绝对真理，从绝对真理推导到绝对存在。也就是说，宇宙中的任何事物都有不同程度的完善性，如或多或少的真、善、美等，所有事物根据完善性的不同程度形成一个连续系列，这个完善性的系列必然存在顶点，这个顶点就是最完善的存在者。这个最完善的存在者是所有具有不同程度完善性事物的规定者，是宇宙中所有事物所具有的完善性的原因。这个最完善的存在者就是上帝。

---

① 北京大学哲学系外国哲学史教研室编译：《西方哲学原著选读》上卷，商务印书馆2003 年版，第 263 页。

② 北京大学哲学系外国哲学史教研室编译：《西方哲学原著选读》上卷，商务印书馆2003 年版，第 263 页。

③ 北京大学哲学系外国哲学史教研室编译：《西方哲学原著选读》上卷，商务印书馆2003 年版，第 263 页。

第五，从世界的秩序来论证上帝存在的目的因的证明：托马斯说："必定有一个有智慧的存在者，一切自然的事物都靠它指向着他们的目的。"① 一般认为，宇宙中除人以外的存在物没有目的，人有自己的目的，但人的目的不一定是上帝。托马斯认为，宇宙中低于人的事物以人为目的，人以上帝为目的，这是宇宙之外的上帝规定的。也就是说，宇宙中所有的事物都在完成一个目的，即使自然物体也在趋向一个目的，这说明在宇宙之外有一个最高的智慧存在，是这个最高的智慧赋予了宇宙中万物以目的，宇宙中万物都是靠这个最高智慧的指导才趋向他们自己的目的。这个为宇宙中万物提供指导的最高智慧就是上帝。

综上所述，托马斯关于上帝存在的五种证明的共同思路是把宇宙中感性事物当作一条因果链条，然后从最低级的可感事物出发，通过把因果关系转换成手段目的关系的跳跃，追溯可感事物之外的第一原因或最终原因（最终目的），即宇宙之外的上帝。冈察雷斯（Gonzalez）说："这五种方法是相似的。每种方法都从通过感官而得知的事物出发；每种方法都在这些事物里发现某种完善。然而，这种完善就其不是自给自足的意思来说是不完全的——运动，存在，完美等级，秩序；而且每种方法都在上帝那里找到那种完善的最终原因。"② 托马斯关于上帝存在的五种证明，既然是五种，那就是有差别的，当然也有共同之处。冈察雷斯认为，托马斯关于上帝存在的五种证明都是从宇宙中感性事物出发，然后从感性事物的因果关系里面发现手段目的关系，然后跳跃到宇宙之外的最终原因，宇宙之外的最终原因就是上帝。亚里士多德四因说中的因果关系与手段目的关系是并列的，而亚里士多德神学目的论中的因果关系是从属于手段目的关系的。在亚里士多德那里，由于存在纯形式与宇宙绝对分割开来，导致因果关系与手段目的关系最终没有统一起来。亚里士多德这个有问题的理论正

---

① 北京大学哲学系外国哲学史教研室编译：《西方哲学原著选读》上卷，商务印书馆2003年版，第264页。

② ［美］胡斯都·L. 冈察雷斯：《基督教思想史》第2卷，陈泽民、孙汉书等译，译林出版社2010年版，第265页。

好适合托马斯用来论证上帝的存在。托马斯就是利用亚里士多德的理论，通过形式逻辑和信仰来论证上帝存在的。如果宇宙之外有存在，那宇宙之外的存在也不一定是上帝，那宇宙之外的存在也可能与宇宙是一体的。如果宇宙之外没有存在，宇宙当然也可能自己就是自己的原因。如果一定要追溯宇宙之外的原因，那就一定会追溯出一个上帝来，这正是基督教的信仰。

托马斯认为上帝的主要属性有哪些呢？托马斯说："上帝与原初物质是有区别的，一个是纯粹的活动，一是纯粹的潜能，它们之间毫无共同之处。"[①] 托马斯认为，上帝与原初物质毫无共同之处，这必然导致纯形式与纯质料的区分。托马斯又认为原初物质是纯粹的潜能但不是纯粹的虚无，原初物质是上帝从虚无中创造出来的。上帝作为纯粹的活动不仅不是纯粹的虚无而且能够从纯粹的虚无中创造出不纯粹的感性宇宙来。托马斯说："万物中最形式化的就是'有'（esse）本身。既然上帝的存在不是从外面接受来的，而是自己'有'的，所以显而易见，上帝是无限的完美的。"[②] 托马斯认为，上帝就是有本身，上帝就是存在本身。上帝是纯形式化的有本身，上帝是纯形式化的存在本身。上帝是唯一的自己存在的有本身。在托马斯那里，上帝是圣父圣子圣灵三位一体的上帝，上帝是全知全善全能的上帝，上帝是无中生有的上帝，上帝是纯形式，上帝是纯活动。

托马斯认为，上帝创造的世界是一个有严格等级秩序的以上帝为目的的世界。

上帝是自有的有本身、无形的、永恒的不变的纯现实、纯形式、本质等于存在。上帝是绝对单纯的，是没有质料的纯形式，因此上帝的本质就是它的存在。

灵魂是无形的纯运动，无形的运动的纯形式，包括潜能和现实，本质小于存在。托马斯赞同奥古斯丁"用一切受造物在上帝的思想中

---

① 北京大学哲学系外国哲学史教研室编译：《西方哲学原著选读》上卷，商务印书馆2003年版，第266页。

② 赵敦华、傅乐安主编：《中世纪哲学》下卷，商务印书馆2013年版，第1344页。

存在着永恒的原理来代替柏拉图主张的那些理念，正是由于这永恒的原理，万物才形成，人的灵魂因此也就认识万物"①。柏拉图认为，创世神与理念世界里的其他理念是分离的。奥古斯丁和托马斯则认为，所有的理念都永恒地存在于上帝的理性之中。万物和人们的灵魂都是由上帝理性中对应的理念所形成的，因此人的灵魂能够认识万物。托马斯说："在我们身上存在的理智之光无非是非受造的光的一种分有和相似，在那里包含着永恒的原理。"② 因为我们的灵魂是与身体结合在一起的，我们身上灵魂里的理智之光是对上帝理性中永恒原理或理念世界的分有或模仿。托马斯所说的分有和模仿与柏拉图所说的分有和模仿相同吗？托马斯说："柏拉图只注意了人的理智的非物质性，而忽视了它和肉体相结合这一点，于是提出独立的理念作为理智的对象，说什么我们的认识肯定不是由于抽象的作用，而主要是由于对抽象的东西的分有。"③ 柏拉图认为，理念世界中的理念是独立的，人的灵魂与肉体是机械的组合。因此，人的认识不是从感性事物中通过抽象作用得到的，而是对抽象理念的直接的分有和模仿。托马斯则认为，所有的理念都存在于上帝的理性之中而构成一个有机整体，人的灵魂与肉体也是有机的组合。因此，人的认识是从感性事物中通过抽象作用得到的，是对抽象理念的间接分有和模仿。

事物是有形的运动、有形的运动的形式，既包括潜能与现实，还包括质料与形式，本质小于存在。事物是复合物，事物的存在比事物的本质还多一些东西。"对组合体来说，本质意味着组合体的部分，如'人性'（humanitas）意味着人的部分。……上帝那里是不存在什么组合的。所以上帝本身即本质。"④ 对于组合体事物来说，存在与本质的关系问题是一个重要的问题。可以从动态上考虑，要么存在大与本质，要么存在等于本质，要么存在小于本质。从静态上考虑，也有三种情况。托马斯从动态上考虑存在，从静态上考虑本质。由于上

---

① 赵敦华、傅乐安主编：《中世纪哲学》下卷，商务印书馆 2013 年版，第 1419 页。
② 赵敦华、傅乐安主编：《中世纪哲学》下卷，商务印书馆 2013 年版，第 1419 页。
③ 赵敦华、傅乐安主编：《中世纪哲学》下卷，商务印书馆 2013 年版，第 1427 页。
④ 赵敦华、傅乐安主编：《中世纪哲学》下卷，商务印书馆 2013 年版，第 1500 页。

帝是纯粹的活动，上帝是不变的本质，上帝是单纯的而不是组合的，所以上帝的存在即本质。对于除上帝之外的事物来说，事物不变的本质只是事物存在的部分，所以事物的本质小于事物的存在。"事物的存在绝不可能仅仅由于事物自身本质的原因，因为任何事物只要它的存在是被引起的，它就不能够成为它自己存在的充足的原因。所以，事物的存在必然有别于它的本质，其存在必另有原因。"① 事物的存在为什么大于事物的本质呢？应是属于同一事物存在和本质来源的区别和联系。事物的存在和本质最终都来源于上帝。但事物的不变本质直接来源于上帝。而事物的存在则一部分来源于自身的本质，一部分来源于上帝创造的其他事物，所以事物的存在必然有别于事物自身的本质。事物的存在的原因一部分是事物自身的本质一部分是宇宙中的其他事物。"任何事物出现什么强制性的和违反本性的东西，都是附加在该事物上的，因为就事物的实体本身来说，不可能有什么强制性的和违反本性的东西。"② 任何事物都是组合体，所以任何事物的存在都由两部分组成。一部分是事物自身的本质，一部分是其他事物的存在。其他事物的存在可能与事物自身的本质相一致地结合在一起，其他事物的存在也可能与事物自身的本质相对立地结合在一起。因此任何事物的责任与自身存在中来源于其他事物的存在无关，只与自身的本质有关。"偶性事物天生有依附性和分离性。"③ 事物的偶性存在与事物的本质有各种关系，或者事物的偶性存在来自事物的本质与事物的本质保持一种统一状态，或者事物的偶性存在另有来源与事物的本质保持一种分离状态，或者事物的偶性存在另有来源与事物的本质有时是依附的关系，有时是分离的关系。托马斯认为，偶性的存在有时依附于事物的本质成为事物的部分，有时又与事物的本质分离开来。事物的偶性存在不断增减，但事物总是有一些偶性存在与事物自身的本质结合在一起。这一思想影响到后来的霍布斯（Hobbes）、培

---

① 赵敦华、傅乐安主编：《中世纪哲学》下卷，商务印书馆2013年版，第1336页。
② 赵敦华、傅乐安主编：《中世纪哲学》下卷，商务印书馆2013年版，第1488页。
③ 赵敦华、傅乐安主编：《中世纪哲学》下卷，商务印书馆2013年版，第1507页。

根（Bacon）、牛顿、莱布尼茨等。

无是与上帝相反的，与上帝绝无共同之处。无是不存在的存在，这一点与德谟克利特作为虚空的无是相同的。奥古斯丁认为无是不能认识的，赋予无形式就可得到存在，把存在的形式去掉就归于无，万物就是赋予无以形式得到的。"无（non ens）和缺乏（privations），本身无真理可言，它们只为理智所理解。"① 托马斯认为，对于静态的无，我们可以理解无的意义，却无法认识无是怎样起作用的。这个具有等级秩序的宇宙就是上帝从这个无中创造出来的。

上帝为什么不从无中创造出另一个上帝呢？托马斯说："上帝虽然有无限的能力，却不能创造一个非创造的东西，这是一对矛盾。所以上帝不能创造一个绝对的无限。"② 上帝不能从无中创造另一个上帝，上帝只能从无中创造低于上帝的被创造物。上帝只能从无中创造低于上帝的另一个宇宙。托马斯说："天主教主张上帝不是从他的实体创造世间万物，而是从无创造万物。"③ 托马斯认为，上帝创造了唯一的宇宙，宇宙中万物构成一个整体。上帝是宇宙中万事万物的创造者，而宇宙中万事万物都是形式与质料的结合体，所以，形式与质料都是上帝从无中创造的。由于上帝是纯形式，所以上帝不是从自身流溢出质料，而是从无中创造出质料，上帝再赋予质料以形式，从而上帝从无中创造宇宙万物。在托马斯看来，不仅全能而且全知全善的上帝所创造的世界必然是最好的世界。上帝创造宇宙的目的是通过各种各样的方式来显示自己，从而创造各种等级的事物。这个等级体系的顶点是天使；天使之下是人类；人类之下是动物；动物之下是植物；最低级的是质料四元素火、气、水与土。这个等级序列是一个连续的系列。宇宙万物在这个等级体系中形成了一个完善和谐的统一整体。

世间各个领域都有恶，上帝何以是正义的呢？

---

① 赵敦华、傅乐安主编：《中世纪哲学》下卷，商务印书馆2013年版，第1375页。

② 赵敦华、傅乐安主编：《中世纪哲学》下卷，商务印书馆2013年版，第1346页。

③ 北京大学哲学系外国哲学史教研室编译：《西方哲学原著选读》上卷，商务印书馆2003年版，第265页。

托马斯认为，存在即善。托马斯说："任何事物，只要存在，都
是善的。"① 因为上帝造的事物都是善的，只要存在都是上帝造的，
所以，存在即善。托马斯是从上帝创造的万物出发，再借助上帝的全
善论证存在即善的。托马斯是从宇宙中万物出发论证存在即善的。而
奥古斯丁认为，因为善才存在，所以存在即善。奥古斯丁直接从上帝
的全善出发论证存在即善。奥古斯丁是用先验的方法论证存在即善，
托马斯表面是用经验的方法论证存在即善。托马斯认为："存在的理
念大于善的理念。"② 奥古斯丁依据柏拉图认为上帝的善高于一切，
万物是依据上帝的善才存在的。托马斯依据亚里士多德认为存在的理
念大于善的理念，存在的理念比善的理念更好，所以存在的理念至少
是善的理念，因此，存在的都是善的。托马斯认为，上帝的存在高于
一切，上帝的存在也就高于上帝的善，所以，上帝的存在是善的，上
帝创造的宇宙中的万物的存在也是善的。

托马斯认为，恶是存在的缺乏。"所谓恶，乃是缺乏某种存在。"③
奥古斯丁认为恶是善的缺乏，托马斯认为恶是存在的缺乏。奥古斯丁
从上帝的善出发，利用先验的方法论证宇宙中所有的存在都是善的。
托马斯则从宇宙中的万物的存在出发，利用经验的方法论证宇宙中所
有的存在都是善的。由于存在即善，所以两种说法虽然有差别但从根
本上说是一样的。

那么，在这个最好的世界中为什么存在恶呢？托马斯与奥古斯丁
一样认为，从形而上学的意义来说，恶并不具有实体性，而只是善的
缺失。托马斯说："恶不具有形式因，相反它是一种形式的缺失；同
样，它也不具有目的因，相反它是一种正确的目的秩序的缺失，因为
不仅目的具有善的本性，而且指向和针对目的的'有用'也是如此。
但是恶却偶然地而不是直接地按照能动者或成因的方式具有原因。"④

---

① 赵敦华、傅乐安主编：《中世纪哲学》下卷，商务印书馆 2013 年版，第 1341 页。
② 赵敦华、傅乐安主编：《中世纪哲学》下卷，商务印书馆 2013 年版，第 1342 页。
③ 赵敦华、傅乐安主编：《中世纪哲学》下卷，商务印书馆 2013 年版，第 1342 页。
④ Thomas Aquinas, *Summa Theologiae*, Vol. 8, Cambridge University Press, 2006,
p. 135.

托马斯根据亚里士多德的"四因说"来解释恶的问题。恶没有质料因，因为恶没有实体，只是以一种缺失的方式在善的实体中存在。恶没有形式因，因为恶恰恰是形式的缺失。恶没有目的因，因为恶就是在善的目的不能完满达成时表现出来。恶是宇宙中万物之善之动因的善的效果的必然缺失，宇宙万物的存在都是善的，宇宙中万物的存在都不是全善，所以宇宙万物都是具有善的缺失的善的存在。① 托马斯认为恶是"某种东西的缺失，这种东西本来是一个被造物按本源来说有权且应该具有的"②。托马斯认为，只有上帝是全善的，其他被造物都不是全善的善的存在，但是每个被造物都具有自身的完善性，相对于自身完善性的缺失就是恶，这一观点比奥古斯丁的恶是善的缺失的观点又进了一步。善的缺失是所有的宇宙中的善的存在都具有的共同特征，这是奥古斯丁的贡献。而相对于自身完善性的缺失或者是宇宙中的一类善的存在共同具有的，或者是宇宙中任何一个事物所个别具有的，这是托马斯在继承奥古斯丁思想基础上的推进。"正如奥古斯丁所说：'由于上帝是最高的善，他不会允许他的创造物中有任何恶存在，除非他的全能和全善甚至能从恶中引出善来。'这是上帝的全善的一部分，即他应该允许恶存在，并从中产生善。"③ 在这里，托马斯比奥古斯丁进了一步，上帝虽然没有创造实体性的恶，但是上帝毕竟允许了各种各样的善的缺失的存在，这就不能仅仅用善的缺失来解释恶了，而是必须对善的缺失进行分门别类的研究。托马斯进一步发展出了用上帝的全善和全能从特殊性的恶和个别性的恶引出善来解释善的缺失的新理由。托马斯没有彻底说明世间恶的来源。存在即善，但存在与善既是不同的，存在是从本体论上说的，善是从伦理学上说的；存在与善又是相同的，存在的就是善的，善的就是存在的，在这一点上，本体论与伦理学是同一的，这一点与后来黑格尔的本体

---

① 赵林：《论莱布尼茨的神学思想》，《道风：基督教文化评论》2006 年第 24 期。
② Thomas Aquinas, *Summa Theologiae*, Vol. 8, Cambridge University Press, 2006, p. 133.
③ Thomas Aquinas, *Summa Theologiae*, Vol. 8, Cambridge University Press, 2006, p. 135.

论、逻辑学与认识论有相同的思想因素。从形而上学的角度把恶说成是善的缺失，也就是存在物中善的减少，特别是从恶引出善来，存在物中善的增加思想都对莱布尼茨产生了深刻的影响。

马丁·路德（以下简称路德）认为，人的正义来源于上帝。他说："一个基督徒是一切人的最自由的主人，不受任何人辖管；一个基督徒是一切人最忠顺的奴仆，受每一个人辖管。"① 从本体论上说，每个人都是相互独立的，因此每个人都是不受他人奴役的自己的主人。同时每个人又是相互联系的，因此每个人要为一切人服务。从伦理学上说，自愿做奴隶的恰恰是主人，自愿做主人的恰恰是奴隶。路德认为，基督徒因信称义，而不因功德称义，所以，基督徒既是一切人最自由的主人，又是一切人最忠顺的奴仆。路德说："人有一个双重的本性，一个心灵的本性和一个肉体的本性。就人们称作为灵魂的那个心灵的本性来说，他被叫做属于灵魂的、内心的、新的人；就人们称作为肉体的那个形体的本性来说，他被叫作为属于肉体的、外体的、旧的人。"② 路德认为，人是双重的人，人既是新人又是旧人。新人即心灵的本性，旧人即肉体的本性。这就把一个现实的人绝对地二分了。奥古斯丁认为，一部分人因预定的恩典而得救，一部分人因预定的惩罚而入地狱，一部分人因自由意志的选择而处在天堂和地狱之间。路德则既不把人分类，又不考虑自由意志选择的过程，仅仅关注上帝的预定和每个人最后的结果。在路德看来，人在世间的作为唯一地取决于上帝的预定和人最后的结果而不是相反。路德说："上帝的话是不能用'事功'（按，路德此地所谓'事功'，乃指实行教会规定的事务。以下仿此）来接受和承取的，只能用信仰。因此很明白，正如灵魂为了获得生命和释罪所须要的只是上帝的话一样，它所赖以释罪的，只是信仰，而不是任何'事功'。因为倘若它能够靠别的方法释罪的话，它便无需乎上帝的话也无需乎信仰了。"③ 路德认

---

① 周辅成编：《西方伦理学名著选辑》上卷，商务印书馆1987年版，第439页。
② 周辅成编：《西方伦理学名著选辑》上卷，商务印书馆1987年版，第440页。
③ 周辅成编：《西方伦理学名著选辑》上卷，商务印书馆1987年版，第442页。

为，人的得救，就是新人的得救，新人的得救只因为上帝的话，上帝
的话只能依靠灵魂的信仰而不是事功。人都是有原罪的，所以通过事
功不能得救，只能依靠灵魂对上帝的信仰。路德说："'事功'，因为
是无理性的东西，不能增加上帝的荣耀，但是，如果是附有信仰的
话，则可以用完成'事功'来增加上帝的荣耀。"① 路德认为，要么
通过灵魂的信仰增加上帝的荣耀和使人成为义人，要么只有事功而没
有信仰则无益于上帝的荣耀和人的赎罪，要么通过有信仰而必然有的
事功而增加上帝的荣耀和使人得到救赎。人们的事功一定不会导致人
们获得信仰，人们的信仰必然导致人们获得事功，人们只要有信仰，
无论有没有事功都可以成为义人。

　　路德对原罪是什么看法呢？面对世间人的原罪，上帝的正义何
在？路德说："在奥古斯丁以前，没有一个神父曾提到过原罪。奥古
斯丁区别了原罪和自罪；他认为：贪婪、情欲和欲望都是原罪，而原
罪又是自罪的根源。"② 路德认为，奥古斯丁第一个把《圣经》中亚
当夏娃违背上帝诫命的故事概括为原罪，并区分了原罪和自罪。亚当
夏娃违背上帝诫命之前，是没有贪婪、情欲和欲望的；亚当夏娃违背
上帝诫命之后，就有了贪婪、情欲和欲望，也就是有了原罪，并且，
亚当夏娃的子孙都会先验地具有原罪，亚当夏娃犯的一次具体的罪就
被定为犯了所有的罪，就被定为犯了一般的罪。人类除了先验地具有
原罪之外，还会犯与原罪不同的其他的罪（自罪）。人类不仅必然地
犯原罪，还必然会犯各种各样或这样那样的自罪，并且，自罪也是由
原罪引起的。路德说："自由意志使我们有了原罪，把死亡加附于我
们身上。后来，随着罪恶来的不仅仅是死亡，并且还有各式各样的恶
行，正如我们平常在尘世中所见到的那样：有谋杀、说谎、欺骗、偷
窃和其他的一些恶行。"③ 本来亚当夏娃开始的自由意志是可以选择
是否犯原罪，一旦亚当夏娃利用自由意志犯了原罪，就再也不能回到

---

① 周辅成编：《西方伦理学名著选辑》上卷，商务印书馆 1987 年版，第 451 页。
② 周辅成编：《西方伦理学名著选辑》上卷，商务印书馆 1987 年版，第 480 页。
③ 周辅成编：《西方伦理学名著选辑》上卷，商务印书馆 1987 年版，第 485 页。

遵守上帝诚命的状态了，亚当夏娃一次违反上帝的诚命就是所有人永远违反上帝的诚命。因此，人类就只能永远保持原罪，并永远逃脱不了必死的命运。作为原罪的贪婪、情欲和欲望是一般的罪，作为自罪的谋杀、说谎、欺骗、偷窃和其他一些恶行是具体的罪行。路德认为，原罪是自罪的根源，从原理上说，一般是个别的根源，这充分体现了柏拉图哲学的特征。路德说："人类的一切情感、欲望和意向，都是邪恶的、刁滑的和败坏的，犹如《圣经》上所说的一样。"① 当人类的祖先犯了原罪之后，人类的自由意志就被败坏了，人类就具有了一般的罪，也就是说，人类的一切情感、欲望和意向就都是邪恶的了，而且这种一般的罪会表现为各种各样的恶行。也即人只要做一件坏事就是罪人，人只要做一件坏事就是做了所有的坏事，就是做了一般的坏事。人必须一件坏事也不做才是好人，人只有做了所有的好事才是做了一个好人，人只有做了一般的好事才是做了一个好人。这样的人具有自由意志吗？

路德对自由意志的看法。路德说："我承认上帝是给了人一个自由意志。但问题在于：这样的自由是否存在于我们的权力和能力之中？……对于我们的自由意志也是如此，即只能是接受，而不能是创作。因为它（自由）并不存在于我们的能力之中；凡在神圣界中称为善的任何东西，我们都是无能为力的。"② 究竟是人有了自由意志才犯罪，还是人犯了罪才有自由意志，还是人的自由意志与犯罪之间有其他关系呢？路德认为，上帝先给了人自由意志，人才犯罪作恶，并因此人必须为人自己的犯罪作恶负责。上帝给我们人的自由意志是关于意志层面、道德层面、伦理学层面的，而不是关于理智层面的，更不是关于能力层面、本体论层面、存在论层面的。在我们人这里，意志、理智、能力都是有缺失的，因此不能说在我们人这里意志、理智、能力哪一个更根本或者三者各自独立。在上帝那里，全知、全善、全能既是相互独立又是同一个。路德说："圣奥古斯丁写道：要

---

① 周辅成编：《西方伦理学名著选辑》上卷，商务印书馆1987年版，第482页。
② 周辅成编：《西方伦理学名著选辑》上卷，商务印书馆1987年版，第482页。

是没有上帝的恩惠和圣灵，自由意志就只能作恶犯罪。"① 路德也认为，当亚当夏娃犯了原罪之后，人类的自由意志就被败坏了。人类不仅都具有了原罪而且还会犯因原罪而来的各种各样的自罪。除非圣灵住在人的灵魂里或者上帝白白恩典给人信仰，人不能利用自由意志行善，也就是说，上帝给我们的自由意志只是在大善或小善之间选择的自由意志，败坏了的自由意志就是只能在大恶或小恶之间选择的自由意志。

　　路德说："信仰绝不同于自由意志。不仅如此，自由意志根本就等于零，而信仰却是所有的一切。"② 上帝给了人自由意志，人败坏了自由意志，就永远失去了利用自由意志行善的可能。人因此也就失去了在尘世中因事功而获救的能力，人在尘世中就只能作恶堕落。自由意志对获救来说就等于零。人只能靠信仰才能获救，不仅如此，信仰还是人的一切。尘世的一切都是罪恶，只有拥有了信仰，才能放弃尘世的一切而获得新生。而信仰则是上帝预定的恩典。路德说："如果是在信仰中做的，他就是善的；如在不信仰中做的，他就是恶的。不过，反过来，却不行了。"③ 路德认为，人的灵魂有信仰，人的善功才是善的，善功的善是因灵魂的信仰而来而不是直接因善功而来，人若没有信仰善功也是邪恶的，人最终因信仰而得救。善功本身不是坏的，但人仅从善功出发必然堕落。人若仅从信仰出发，必然有相应的善功，人必然得救。路德说："自由是一种真正的灵性上的自由，使我们的心超脱一切罪、律法和戒律的……自由。"④ 人的灵魂拥有上帝恩典的信仰才会再次拥有自由意志。人在信仰之中的自由意志就会洗脱原罪并不会犯自罪，因此人因信称义。而人的信仰不是因为人的善功所得的奖赏，而是上帝白白赐予的恩典，所以上帝是正义的。

　　加尔文说："原罪是祖传下来的我们本性的堕落与邪恶，它浸透入灵魂的一切部分，它使我们正遭受到神的谴责，并且正在我们身上

---

① 周辅成编：《西方伦理学名著选辑》上卷，商务印书馆1987年版，第483页。
② 周辅成编：《西方伦理学名著选辑》上卷，商务印书馆1987年版，第486页。
③ 周辅成编：《西方伦理学名著选辑》上卷，商务印书馆1987年版，第461页。
④ 周辅成编：《西方伦理学名著选辑》上卷，商务印书馆1987年版，第474页。

不断地产生那些圣经上叫做'情欲的事'。"① 原罪是由人类祖先的一次犯罪所形成的永罪。原罪导致人的本性的堕落和邪恶。原罪使灵魂全部被败坏了，原罪必然导致各种各样的恶行。原罪是一种必然遗传的罪。由于原罪是对上帝的背叛，所以上帝要惩罚原罪及原罪所带来的一切恶行。加尔文说："在人身上的每样东西——理智与意志，心灵与肉体——都为贪欲玷污和浸透；或者更简短地说，人本身不是别的，就只是贪欲。"② 人类祖先犯的一个罪成了人类所有罪的本质。因为原罪每个人都成了本质上有罪的罪人。本质上有罪的每一个人，从精神上说，理智和意志都被贪欲浸透了；从存在上说，心灵与肉体被贪欲浸透了；从能力上说，被贪欲浸透了。所以整个人也被贪欲浸透了，也即是说，人本身或者人的本质就是贪欲，所有恶行都是由本质性的贪欲所引起的。加尔文说："那与'旧人'及'情欲'对立的'圣灵'不只是指改正灵魂中低劣的或感性的部分的神的恩典，而且是包括对于灵魂全部能力的完善的改革。"③ 圣灵不仅仅是改正灵魂中低劣或感性的部分，也就是说圣灵不仅仅是恩典，圣灵是对灵魂的全部改善，圣灵要把灵魂提高到与圣灵合一。因此，圣灵与贪欲是对立的，但圣灵却可把理智、意志、灵魂和肉体的贪欲全部洗除，从而使整个人得救。加尔文说："应该在尚是清白的、未被败坏的亚当的本性中去寻求上帝的业绩的。所以我们陷于苦海是来自我们情欲的罪孽，而不是来自上帝，这只是从我们的原初状态退化的结果。"④ 柏拉图认为，天堂就是理念世界，地狱就是原始物质，人间就是我们生活的世界。有人认为，天堂是抽象的物质世界，地狱是虚无，人间是我们生活的感性世界。一般认为，天堂是抽象的存在，地狱是抽象的无。也有人认为，人间既是天堂又是地狱，或者说，天堂地狱都在我们心中。基督教一般认为，天堂在上帝那里，地狱是虚无，我们生活的感性世界是人间。而马克思主义认为，天堂就在人间，共产主义就

---

① 周辅成编：《西方伦理学名著选辑》上卷，商务印书馆1987年版，第487页。
② 周辅成编：《西方伦理学名著选辑》上卷，商务印书馆1987年版，第489页。
③ 周辅成编：《西方伦理学名著选辑》上卷，商务印书馆1987年版，第490页。
④ 周辅成编：《西方伦理学名著选辑》上卷，商务印书馆1987年版，第490页。

是天堂，我们人类的实践活动就是不断追求和逐步实现共产主义的活动。加尔文认为，亚当夏娃生活的伊甸园就是天堂，地狱就是接受上帝永罚的地方，人间就是我们生活的感性世界。加尔文认为，由于所有人的原罪，所有人都应该到地狱接受永罚。但上帝只预定一部分人在地狱接受永罚，这体现了上帝的正义，因为人类的原罪是对上帝永远的背叛，永远的惩罚就是正义的，对于这部分人的自由意志上帝并没有做任何干扰。上帝只预定一部分人得到救赎进入天堂，这体现了上帝的慈善，因为所有的人由于原罪本该下地狱受永罚，对于这部分人，上帝白白再次赐予了人原初状态的自由意志。上帝则预定其余的人在人间，这体现了上帝的全知、全善、全能，对于这部分人上帝也没有干扰任何人的自由意志。伊甸园是上帝赐给我们的天堂，人间的苦难和地狱都是我们自己的选择。对于自由意志来说，我们认为自由意志是实践活动的结果。加尔文认为，上帝赐给了我们人自由意志。

　　加尔文认为："人是按照上帝的形象被创造的；这确是包含着如下的意思：人的幸福不是由于人自己的善，而是由于分享了上帝的善。"① 上帝的善是一般的善，是本质的善，是所有的善，是全善。我们整个人类都是从上帝来的，我们的幸福、我们的善当然是从上帝来的，我们的善是从分有上帝的善得来的，我们的善是从一般的善得来的，而不是从我们的自由意志得来的。加尔文说："情欲若能服从理性，若能拒绝感性的勾引，它就是倾向实践的美德，走向正直的道路，并且形成意志；但是，它若委身于感性的奴役，它就被败坏了和腐蚀了，以致于堕落为贪欲。"② 奥古斯丁认为，自由意志若超越肉体及感性世界而趋向上帝即为善，自由意志若背离上帝而趋向肉体及感性世界即为恶。上帝创造的宇宙中的存在都是善的，但最终的善在上帝那里。加尔文认为，情欲只要服从理性拒绝感性就是善的，就是美德，就是正义的，就是自由的意志。如果情欲服从感性拒绝理性就是恶的，就是不正义的，就是不自由的意志。加尔文说："哲学家们

---

　　① 周辅成编：《西方伦理学名著选辑》上卷，商务印书馆 1987 年版，第 493 页。
　　② 周辅成编：《西方伦理学名著选辑》上卷，商务印书馆 1987 年版，第 494 页。

把意志的地位放在理性与感性的中间，因为，它是服从理性还是屈服于感性的淫威，这有它完全的自由。"① 自由可能是自由地产生和消灭，也可能是自由地规定自己，也可能是自由地选择真假，也可能是自由地选择美丑，也可能是自由地选择善恶等。奥古斯丁认为，自由意志是在大善和小善之间的转向。而加尔文认为，对于在理性和感性两者之间的选择我们有完全的自由，究竟是选择理性还是选择感性我们有完全的自由意志。上帝给了我们自由意志，给了我们天堂，如果我们总是选择各种各样的善，我们就总在天堂之中，因此上帝是全知全善全能且正义的，但有人说这时人正处于动物世界。但如果人利用上帝给我们的自由意志在善与恶之间选择并且只要选一次恶，我们人类就会永远失去选善的自由意志而永远堕落，因此人类就会承受人间的苦难和地狱的永罚，这都是我们人类自身导致的自果而与上帝无关。

全善的上帝就是一个只会善的机器，不是一个自由的上帝，不是一个人格神。全能的上帝能够使自己不全能吗？能够使自己不全善吗？能够使自己不全知吗？如果能则不是全能，如果不能也不是全能。全知与无知是一回事，全善与全恶是一回事，全能与无能是一回事，就像只有一种颜色等于没有颜色一样。全知、全善、全能是动态的、具体的总体，是根源于矛盾的，就像最大的数，既可以是确定的数，又可以是不确定的数。

---

① 周辅成编：《西方伦理学名著选辑》上卷，商务印书馆 1987 年版，第 494 页。

第二章　莱布尼茨神义论
思想的哲学基础

　　一般而言，本体论、逻辑学、认识论和伦理学等都涉及存在、思维、存在与思维的关系，但各有各的答案。各个部分区别的越深入就联系得越紧密，各个部分绝对地独立就是绝对的同一。存在与思维根本上是自由的，但通过存在与思维的对立的逐步显现而同时导致存在与思维的同一的逐步显现。

　　当然，作为莱布尼茨哲学基础的单子论、在先和谐论、双重真理说、圆满性原则、道德必然性原则、矛盾律和充足理由律彼此之间既是孤立的，同时，它们之间有着错综复杂的联系。我们不仅要把它们理解为一种相互区别和对立的关系，也要把它们理解成为一种把这两者包含于其中的矛盾关系。正是这些理论的多位一体构筑了莱布尼茨神义论思想的哲学基础。

第一节　本体论基础：单子论与在先和谐论

　　单子论把存在与思维都归结为精神。在先和谐论把存在与思维的关系归结为存在。存在、思维、存在与思维的关系都被归结为了存在而只剩下了本体论。换一句话说，本体论与认识论在莱布尼茨这里是同一的。单子的存在及普遍和谐在莱布尼茨这里是逻辑在先的，因此，在莱布尼茨这里，本体论、认识论、逻辑学是同一的。这是由于莱布尼茨把一切都抽象地同一化为精神性的单子而导致的。

　　莱布尼茨的单子论是一种多元一体（多位一体、多元一体、多元一元三者在这里是同一个意思）的精神实体观。莱布尼茨终生关注的两个迷宫是不可分的点与连续性之间的矛盾及自由与必然的矛盾。如果从宇宙出发而不是从上帝出发，就可以发现莱布尼茨的两个迷宫蕴涵着后来康德的所谓的二律背反。单子论所要解决的核心问题就是作为两个迷宫之一的不可分的点与连续性之间的矛盾的问题。德谟克利特等原子论者认为，世界的本原是原子和虚空。这种观点仅仅是独断了具有广延的原子是不可分的点，但却因承认绝对的虚空肯定地否认了连续性。笛卡尔（Descartes）认为，存在物质实体和精神实体。其中物质实体是无限可分的，不存在绝对的虚空。因此，在笛卡尔那里，不承认不可分的点，只承认连续性。斯宾诺莎认为，只存在作为无限整体的唯一自然。因此，在斯宾诺莎那里，不存在不可分的点与连续性的问题。莱布尼茨既承认不可分的点又承认连续性。莱布尼茨从上帝出发，利用自然科学之一的数学知识，从抽象的形式层面解决了不可分的点与连续性的对立同一。牛顿用哲学解决自然科学的问题，莱布尼茨用自然科学解决哲学问题。

通过对莱布尼茨单子论的归纳，可以得出一个结论，即莱布尼茨的单子是一种没有部分（单纯）的能动的精神实体（不可分的点）。单子的特征具体表现在以下几个方面。

首先，单子具有精神性。莱布尼茨认为，单子既然无广延或无量的规定性，单子不占有空间，单子就不是物质原子，而是单纯的精神实体、精神原子。莱布尼茨说："物理学的点仅仅表面上看起来不可分；数学的点是精确的，但它们只是一些样式；只有形而上学的点或实体（由形式或灵魂所构成的东西）才是精确而又实在的，没有它们就没有任何实在的东西，因为没有真正的单元就不会有复多。"① 莱布尼茨认为，单子不是"数学的点"，因为"数学的点"虽然在形式上是不可分的，但不是现实存在的东西，只是抽象思维的产物。也不是"物理学的点"，因为"物理学的点"虽是实际存在的，却不是真正不

---

① ［德］莱布尼茨：《新系统及其说明》，陈修斋译，商务印书馆 2002 年版，第 7—8 页。

可分的。单子是"形而上学的点","形而上学的点"同时有"数学的点"和"物理学的点"的某些特性，既是实际存在的又是真正不可分的精神实体。莱布尼茨还从一与多的关系来得到"形而上学的点"的观点。莱布尼茨认为，有复多必有单一之原因，只有有单一之原因才有复多。这里是数学里面的任何自然数都可以归结为一的思想的运用，也就是说，莱布尼茨把多归结为了一。实际上，一有唯一和单一之别，多有抽象的多和感性的多之别，因此，一与多的关系多种多样，其中有一个核心的关系就是一般与个别的关系。一与多的关系蕴含在不可分的点与连续性的关系之中，也蕴含在自由与必然的关系之中。那么单子是怎样产生或消灭的呢？莱布尼茨说："单子只能突然开始和终止。它只能由创造而生，因消灭而止。"① 一事物要么被他物产生，要么被自己产生，要么既被他物又被自己产生等。莱布尼茨所说的单子是独立的单纯的精神实体，单子就不能由自己和他物产生或消灭，单子只能由上帝来产生或消灭。因此，上帝是单子的本体或本原，进而上帝是宇宙万物的本体或本原。那么单子之间可以相互进出吗？莱布尼茨说："单子没有使某种东西能够借以进出的窗口。偶然的属性（die Akzidenzen）不可能脱离实体并游荡其外，如以往经院学者的［感觉心象］（species sensibiles）所做的那样。"② 托马斯认为，偶性有依附性和分离性，所以偶性可以与实体相结合也可以与实体相分离。在托马斯那里，实体与偶性是可以分离和结合的一种外在结合关系。实体与偶性的这种关系在霍布斯那里也是一样的。而莱布尼茨却认为，单子是单纯的、独立的、分离的和没有进出窗口的精神实体，所以没有偶性可以进出任何单子，每个单子的偶性都始终在每个单子的内部。那么任何一个单子可以进出别的单子内部码？莱布尼茨说："不论实体还是偶然属性都不可能从外部进入一个单子之内。"③ 与偶性不能进出任何单子内部的理由一样，任何单子也不能进出任何

---

① ［德］莱布尼茨：《神义论》，朱雁冰译，道风书社 2003 年版，第 479 页。
② ［德］莱布尼茨：《神义论》，朱雁冰译，道风书社 2003 年版，第 480 页。
③ ［德］莱布尼茨：《神义论》，朱雁冰译，道风书社 2003 年版，第 480 页。

单子的内部。所以，单子、实体和偶性不能进出任何单子内部。莱布尼茨认为单子是与灵魂相类似的实体，或不如说就是"特种的灵魂"。莱布尼茨说："一切单纯的实体和被创造出来的单子都可以称为灵魂。"① 笛卡尔那里的物质实体在莱布尼茨这里全部被归结为了精神实体。在莱布尼茨这里精神实体又全部被归结为了灵魂实体。也就是说，一切实体或者一切单子都是某种灵魂。那么作为灵魂的单子具有哪些特征呢？莱布尼茨说："那造成从此一知觉到彼一知觉的转换或过渡的内在原则的活动，可称为欲求。"② 既然单子是灵魂，单子就都具有知觉和欲望。知觉是对宇宙无限多样性的表象，而欲望是这种对宇宙表象的变化。每个单子都依靠自己的知觉能力以不同的清晰程度而表象着全宇宙，并根据自身固有的内在的欲望原则进行着自然变化。因此，所有单子都是始终具有知觉能力和欲望能力的，知觉能力和欲望能力是规定单子活动的两个互相联系的方面。知觉能力与欲望能力都表明作为灵魂的精神单子是具有能动性的。

其次，单子具有能动性。物质具有能动性吗？精神具有能动性吗？实体具有能动性吗？具有能动性的一定是实体吗？一般认为，能动性来源于矛盾，能动性来源于自由。泰勒斯认为，水是万物的本原，那么水具有能动性，水为什么具有能动性呢？水又来源于哪里呢？柏拉图认为，能动性来源于至善或神。德谟克利特认为，能动性来源于原子固有的机械运动。机械运动能够固有吗？那么机械运动又来源于哪里呢？伊壁鸠鲁认为，能动性来源于原子的重力及原子的偶然偏斜。那么重力又来源于哪里呢？偶然偏斜又来源于哪里呢？笛卡尔认为，物质实体是被动的，不具有能动性，其运动来源于外力的推动。那么外力又来源于哪里呢？莱布尼茨则认为，具有广延的物体不仅有被动的一面还有活动的一面。广延是复合物的属性，它不是实体而是由实体形成的现象的属性。广延不是能动性的来源，具有广延的

① 北京大学哲学系外国哲学史教研室编译：《西方哲学原著选读》上卷，商务印书馆2003年版，第479页。

② ［德］莱布尼茨：《神义论》，朱雁冰译，道风书社2003年版，第481页。

物体作为现象也不是能动性的来源。作为广延的物体的能动性来源于外物的推动，自身不具有能动性，自己不能够运动，所以物体不是实体。也就是说，在莱布尼茨那里，实体一定具有能动性，具有能动性一定是实体。在莱布尼茨那里，所有的实体都是单子，所有的单子都是实体。因此，单子具有能动性，具有能动性的是单子，物体只是单子堆积形成的现象。由于莱布尼茨用自然科学的概念来表达他的哲学观点，所以莱布尼茨把单子自有的能动性称为本原的力，而单子的本原的力内在于单子的知觉和欲望之中。在莱布尼茨那里，实际上隐含着知觉、欲望与能力的三位一体，知觉是单子的精神性，欲望是动态的知觉，能力是精神的能动性，这一点类似于上帝的全知、全善、全能的三位一体。也就是说，单子的能动性就是知觉能力和欲望能力，也即单子的能力，或者单子的本原的力。单子为什么具有本原的力呢？莱布尼茨说："一切创造出来的东西都有变化，因此创造出来的单子也是这样。"[1] 上帝是全能的，上帝当然具有能动性。基督教思想家一般认为，上帝是永恒不变的，那么上帝为什么又具有能动性呢？莱布尼茨认为，只有创造者是永恒不变的，被创造的万物都是变化的，单子是被上帝创造出来的，因此单子是变化的。永恒不变的上帝为什么具有能动的变化性？单子的变化性究竟是来自上帝的不变性？还是来自上帝的变化性？抑或来自虚无？这里面都涉及变与不变的关系及一与多的关系。莱布尼茨的结论只是多种答案中的一种。唯一不变的上帝产生了无限多的变化的单子。变化的单子是具有能动性的，上帝是最高单子，上帝也是具有能动性的。那么单子的能动性来自于哪里呢？莱布尼茨说："单子的自然变化是来自一个内在本原，因为一个外在的原因不可能影响到单子内部。"[2] 单子的能动性表现为知觉能力和欲望能力，统称为能力或本原的力。单子是上帝创造的，所以单子的能动性来源于上帝。又因为单子被创造出来或者在创

---

① 北京大学哲学系外国哲学史教研室编译：《西方哲学原著选读》上卷，商务印书馆2003年版，第478页。

② 北京大学哲学系外国哲学史教研室编译：《西方哲学原著选读》上卷，商务印书馆2003年版，第478页。

造出来之前都是独立的分离的，所以外在的原因不可能影响到单子内部，单子的能动性或者变化就只能来自单子内部本原的力。这种内在的本原的力就是单子所自有的精神的力而不是机械的外力，每个单子都是一个内在的"力的中心"。在单子的作为能动性的本原的力的推动下，单子及由单子构成的万物才能既具有不同的表象同时又能使各自的表象变化。

再次，单子具有差异性。单子的差异性在单子的精神性和能动性上表现出来。也就是说，单子的差异表现为知觉能力与欲望能力的差异。单子的差异又表现为四个层次。第一个层次，构成宇宙的单子具有差异性。只有上帝是不变的，上帝的创造物都是变化的，因此上帝创造的唯一宇宙处在变化之中。宇宙自己跟自己永远不一样，这最终是因为组成宇宙的单子的差异性。第二个层次，在构成不同类别的事物的单子之间存在知觉能力和欲望能力上的差别。莱布尼茨说："没有两个个体是无法分辨的。……这是反对原子的一个论据，这些原子也和虚空一样受到了真正形而上学原则的打击。"① 莱布尼茨认为，原子不仅处处不一样，而且处处都在变化，所以永恒不变的原子是不存在的。没有处处一样的存在，所以绝对的虚空是不存在的。在莱布尼茨那里，个体是由单子机械复合而成的，既然个体之间总是有差别的，因此组成个体的单子之间也总是有差别的。那么个体将怎样保持自己的同一性呢？个体始终不变吗？个体变化呢？第三个层次，在构成同一类事物的单子之间都存在着知觉能力和欲望能力上的细微差别。莱布尼茨说："在可感觉的事物中，人们决找不到两件无法分辨的东西，并且（例如）人们在一个花园中找不到两片树叶、也找不到两滴水是完全一样的。"② 莱布尼茨认为，没有完全一样的两片树叶，没有完全一样的两滴水。也就是说，同类中的事物也是各自总有差别的。因此单子之间也是总有差别的。那么一组事物怎样才能保持

---

① ［德］莱布尼茨、［英］克拉克：《莱布尼茨与克拉克论战书信集》，陈修斋译，商务印书馆 1996 年版，第 29 页。

② ［德］莱布尼茨、［英］克拉克：《莱布尼茨与克拉克论战书信集》，陈修斋译，商务印书馆 1996 年版，第 60 页。

各自属于同一类事物呢？第四个层次，在同一单子内部后一状态与前一状态也存在着知觉能力和欲望能力上的细微差别。莱布尼茨说："每个单子必须与任何一个别的单子不同。因为在自然中绝没有两个东西完全相似，在其中不可能找出一种内在的差别或基于一种固有特质的差别。"① 莱布尼茨认为，每个单子之间都是有差别的。由于每个单子都不能进出任何一个单子的内部，所以单子之间的区别取决于单子自身的知觉能力与欲望能力。那么每个单子怎样保持自身的同一性呢？莱布尼茨认为，上帝创造的宇宙是和谐变化的，上帝创造的宇宙中的万物之间及万物内部也是和谐变化的，而且上帝创造的构成这种和谐变化宇宙的单子之间及单子内部也是和谐变化的，因此，单子、事物和宇宙相互之间和同类内部之间都必然具有差别。单子、事物和宇宙都处在自己变化和发展的不同阶段和状态上，就单子、事物和宇宙本身的变化和发展来说，其不同的阶段和状态之间也都必然具有差别。这就是莱布尼茨的差异律。差异律的否定性说法就是不可辨别者的同一性原则。在莱布尼茨看来，不可区别或识别的对象只能是同一个对象，即单子、事物和宇宙只与自身同一。在莱布尼茨那里，每个单子和事物与其他单子和事物是不同的，每个单子和事物自身也是变化的因而也是不同的，每个单子和事物各自对自己本身来说便是相同的。宇宙是变化的，但变化的宇宙与宇宙自身始终是同一的。莱布尼茨的差异律和不可辨别者的同一性原则的部分重要意义是它们可以说明单子和事物的独立性、个别性、多样性和特殊性，从而为论证人的自由和上帝的正义奠定理论基础。

最后，单子具有连续性。一般来说，有各种各样的连续性，有与间断性对立的连续性，还有与间断性对立同一的连续性。总之，差异性的核心是多元性，连续性的核心是一元性。莱布尼茨所说的连续性是与间断性对立同一的连续性。莱布尼茨论证采用的却是数学方法。莱布尼茨所说的连续性最终是单子的连续性。从静态上说，当单子之

---

① 北京大学哲学系外国哲学史教研室编译：《十六——十八世纪西欧各国哲学》，商务印书馆 1975 年版，第 484 页。

间相邻单子知觉能力的差别无限小，就可得到单子之间的连续性。莱布尼茨说："自然决不作飞跃。"① 单子之间由于知觉能力的差异而排列为从低到高的等级，最高单子是创造一切单子的上帝。在任意两个单子之间都可以插入无数个不同的单子，这样就证明了单子系列的连续性。从动态上说，当某个单子自身的欲望能力的变化无限小，就可得到单子变化时的单子自身的连续性。莱布尼茨说："我也同意一切创造物都是有变化的，因而创造出来的单子也是有变化的，我并且同意这种变化在每一个单子中都是连续性的。"② 单子欲望能力就是单子知觉的变化能力，单子自身的欲望能力的变化是连续的，因此单子变化时是连续的。不论从静态上说还是从动态上说，单子都是连续的，这就是莱布尼茨的连续律。根据微积分原理，差异律的极小值就是连续律。差异律的极大值就是间断性，因而就是连续性的对立面。运用科学来解决哲学问题，只能解决哲学问题的形式方面，不能从根本上解决哲学问题。

莱布尼茨所说的单子的连续性表现在以下一些层次和领域。

在莱布尼茨那里，宇宙是由单子构成的，单子可以分为以下一些层次和领域。从层次上说，顺次降低的序列是：上帝是最高级的单子同时是作为创造者的单子，构成宇宙的所有单子都是被上帝创造的单子，构成人的单子是较低一级的单子，构成动物的单子是更低一级的单子，构成植物的单子，构成无生物的单子。从领域上来说，上述相邻两个层次之间就构成不同领域。就单子之间的连续性来说，是从微知觉（模糊的混乱的知觉），到较清晰的知觉（动物灵魂）——它有嗅觉、触觉乃至记忆等表象能力；到更清晰的知觉（心灵、精神单子、理性灵魂）——它有自我意识即统觉能力；到最清晰的知觉（纯精神、纯理性）——即上帝本身的一个连续的系列。就事物之间单子的连续性来说，是从无生物、植物、动物、人、天使到上帝的一个连

---

① ［德］莱布尼茨：《人类理智新论》上册，陈修斋译，商务印书馆 2002 年版，第 12 页。

② 北京大学哲学系外国哲学史教研室编译：《十六——十八世纪西欧各国哲学》，商务印书馆 1975 年版，第 484 页。

续系列。就事物内部来说，事物由一堆单子构成。其中知觉能力最高的单子构成这个事物的本质、灵魂部分，事物中最高单子作为中心单子支配着其余单子，其余单子构成这个事物的形体部分。莱布尼茨说："一切被创造的单纯实体都永远和一个形体相结合。"[①] 被创造的宇宙中的所有事物都永远与一个形体相结合，只有上帝例外，上帝由唯一的单子构成，是纯精神、纯理性而无形体的。最低级的那个单子有形体吗？因此，就事物内部来说，是一个中心单子与构成形体的一些单子的连续关系。就整个宇宙内部来说，是构成整个自然的单子与构成整个理性灵魂的单子之间的连续关系。就上帝内部来说，是各种可能宇宙的连续系列。

莱布尼茨连续律的核心意思是单子之间和事物之间的区别接近于零，又永远不会就是零，单子内部和事物内部知觉变化的相邻两状态之间的区别接近于零，又永远不是零。莱布尼茨显然是根据含有辩证法的思想的微积分的原理来论证连续律的。根据连续律莱布尼茨得到了一系列的结论：直线是曲线的极大限，静止是运动的极小限，假是极小限的真，恶是极小限的善。根据莱布尼茨的连续律还可以说明单子和事物的无限丰富性。就单子来说，每个单子都可以表象全宇宙且有无限多的单子。就事物来说，宇宙中可共存的事物达到了无限多的量，这些都是莱布尼茨神义论思想的重要理论基础。莱布尼茨的连续律很好地揭示了数量形式方面的间断性与连续性的对立统一关系，但无法达到对间断性与连续性对立同一关系的理解。莱布尼茨本想解决不可分的点与连续性的关系问题，但由于莱布尼茨所使用的方法的限制，他只达到了该问题结论的形式层面，没有深入该问题结论的内容层次。

一般把莱布尼茨的和谐说称为前定和谐说或者预定和谐说。在莱布尼茨那里，上帝相对于被上帝创造的宇宙是逻辑在先的。宇宙的普遍和谐在宇宙没有被创造的情况下就逻辑在先地存在于上帝的理性之

---

① 北京大学哲学系外国哲学史教研室编译：《十六——十八世纪西欧各国哲学》，商务印书馆 1975 年版，第 511 页。

中，因此我把莱布尼茨的和谐说称为在先和谐论。当然，把莱布尼茨的和谐说称为前定和谐说或者预定和谐说也是可以的。只不过我个人认为，把莱布尼茨的和谐说称为在先和谐论能与柏拉图哲学思想的本质联系起来。下面论述莱布尼茨的在先和谐论。

在莱布尼茨那里，单子是自身封闭的，没有可供自身之外的事物出入的窗口，单子之间不能发生任何形式的相互作用，单子之间是绝对分离的。但是，莱布尼茨又认为，每个单子的变化发展，又和其他单子的变化发展和谐一致，形成了宇宙整体的普遍和谐。这是因为上帝在创造宇宙的逻辑之先上，已把每个单子的全部变化发展过程先验地规定好了。这就是所谓的在先和谐论。在一定意义上说，在先和谐论一方面是莱布尼茨单子论的中心环节；另一方面，在先和谐论又内在地包含着单子论的其他环节。单子论是从实体角度所说的在先和谐论，在先和谐论是从关系角度所说的单子论。单子论与在先和谐论二者是一而二、二而一的关系。因此，莱布尼茨常把他的单子论称作在先和谐系统，并因此把自己称作在先和谐系统的作者。

我们认为，莱布尼茨的宇宙中万物的普遍和谐包括四个方面的内容。

首先，在莱布尼茨看来，上帝的理性中存在着各种可能宇宙的无限连续系列。其中存在一个最好的可能宇宙。在这个最好的可能宇宙中，万物被先验地规定是普遍和谐的。上帝理性中最好的可能宇宙中万物先验的普遍和谐是莱布尼茨在先和谐体系的逻辑学层次的普遍和谐。上帝理性中逻辑学层次的普遍和谐包含以下三个层次的宇宙的普遍和谐。

其次，单子内部和单子之间的在先和谐。单子内部的和谐体现在单子自身的知觉和欲望与对全宇宙的表象之间的和谐。所谓单子之间的普遍和谐是说所有的单子，虽然全部都自行其是，但由于上帝的逻辑在先的规定，所有单子之间却始终存在着一种普遍的和谐关系。从某种意义上说，单子内部及单子之间的普遍和谐是莱布尼茨在先和谐体系的本体论层次的普遍和谐。

再次，事物之间和事物内部的在先和谐。事物之间的在先和谐体现在世界是一个从无机物、微生物、植物、动物、人、天使到上帝的连续的和谐的变化发展的系列。

莱布尼茨的事物内部的在先和谐可以说是属于身心关系的理论。笛卡尔的身心交感说不能解释身心一致。斯宾诺莎的身心平行论不能解释身心不一致。马勒伯朗士（Malebranche）的身心关系的偶因论既贬低了上帝又贬低了人。伽桑狄（Gassend）的基于因果作用的机械论的身心关系理论把人贬低成了物，而且机械论无法解释物质与精神活动如何能够相互作用。莱布尼茨的身心在先和谐论既能解释身心一致，又能解释身心不一致，还能够尊重人的自由。莱布尼茨说："一切都独立于一个外界，它使它们在灵魂之中产生，而又与宇宙间的其他一切相符合，但特别是符合于形体的器官——这种形体是作为它在宇宙中的观点的东西，——而这就是它们的联系之所在。"[①] 莱布尼茨认为，每个单子因观点不同而不同，每个单子都独立地表象全宇宙。灵魂和心灵单子所有的活动都来自自身内部，同时又与整个宇宙的活动相和谐。与灵魂和心灵相结合的形体和身体正是灵魂与心灵对整个宇宙的观点或者说是与宇宙和谐的表现。也就是说，灵魂与宇宙的和谐就表现为各种各样的身心和谐，因此身心是和谐一致的。换句话说，身体是与全宇宙和谐的，当然身体与心灵和谐，心灵是与全宇宙和谐的，心灵当然与身体和谐一致。第戎教士傅歇（Foucher）反驳身心和谐时说："在形体并没有这种运动时，灵魂总仍是想着有这种运动；正如睡着的人自以为在动四肢，在走动，而事实上他的四肢是静止的，根本没有动一样。"[②] 从根本上说，灵魂与形体是独立分离的，从现象上说，灵魂总是伴随着形体。灵魂与形体各自都与全宇宙相和谐，二者之间当然也是相和谐的。因为普遍的在先和谐，任取两个单子或事物都是和谐的。做梦时、其他身心冲突的情况，表明灵魂是自由的，形体是自发的，不仅不违背身心和谐，而且表现出身心和谐的更深意义，即自发和自由。也就是说莱布尼茨的身心和谐还

---

① ［德］莱布尼茨：《新系统及其说明》，陈修斋译，商务印书馆2002年版，第31页。
② ［德］莱布尼茨：《新系统及其说明》，陈修斋译，商务印书馆2002年版，第34页。

可以解释身心的冲突，身心的冲突并不否定身心和谐。莱布尼茨说："但在另一种意义上也可以和古人一样把在混乱思想中具有的非自愿的或未被认识的东西称之为骚扰（perturbation）或情欲（passions）；这是其所以在普通语言中我们以为身心有所谓交战的原因，这个说法并没有什么不好，因为我们的混乱思想就代表着形体或肉欲，而造成我们的不圆满。"① 身心和谐是清晰的思想，取决于理智，身心和谐是认识到了的和谐。身心不和谐是混乱的思想，取决于形体，身心不和谐实际上是我们没有认识到的和谐，身心的交战是身心和谐的表面层次，身心和谐有各种层次的表现。每个单子都是独立的，同时又是普遍和谐的，因此身心关系根本上是对立的和谐。

除上帝是没有形体的孤立单子之外（在我看来，按照莱布尼茨的原理，我们可以推论出最低级的单子是没有形体的，最高级的单子反倒可以有形体），宇宙中事物都是由一个最高的中心单了结合一堆形体单子构成。事物内部一个最高的中心单子与构成形体的一些单子之间的和谐就是事物内部的在先和谐。也可以说，是一般意义上的身心和谐。所谓身心之间的和谐，无非是灵魂与身体的活动一方面自行其是，另一方面又协调一致。莱布尼茨说："虽然人对抽象的、超出想象力的东西作推理，但他在想象力里同样还得有与之相应的一些像字母和符号那样的记号。从来没有一种理解力纯粹到丝毫不伴随任何想象。同样，在形体中也永远有某种机械的东西，由于可想象的东西进入其中而和人心中的思想系列确切相应，因此，他的形体这架自动机也就和禽兽的形体一样不需要灵魂的影响，或上帝的超自然的帮助。"② 本体层面，身心独立且在先和谐。现象层面，身心独立但表现出相互影响的在先和谐。人的心灵只有一个单子同时具有一整套的无限程序。而人的身体是一群单子的堆积，堆积与变化的规则是机械因果规律。而灵魂由较不清晰的知觉向较为清晰的知觉过渡是由它所固有的欲望推动的，因而它始终遵循目的因的手段目的规律活动。而

---

① ［德］莱布尼茨：《新系统及其说明》，陈修斋译，商务印书馆 2002 年版，第 120 页。
② ［德］莱布尼茨：《新系统及其说明》，陈修斋译，商务印书馆 2002 年版，第 90 页。

身体作为一种以单子为基础的物质现象，始终遵循物质现象所固有的动力因的因果规律活动。这样，所谓灵魂与身体间的在先和谐，其实也就是因果规律领域与目的因形式因领域这样两个领域之间的在先和谐、物质性的现象界与精神性的本体界之间的在先和谐。在一定意义上，这个层次的在先和谐可以看作是认识论层次上的在先和谐。在莱布尼茨那里，身心归根到底是一组单子，因此，这个层次的在先和谐包含着第二个层次的在先和谐，是以第二层次的在先和谐为基础的。根据前面的分析，这个层次的在先和谐同时又包含着下一个层次的在先和谐。

最后，自然的与神恩的在先和谐。自然的与神恩的在先和谐是关于整个自然的物理界与整个神恩的道德界之间的在先和谐。莱布尼茨在《神义论》中把这一和谐说成是最伟大的趋极限的和谐。因此，莱布尼茨又把它的单子论体系概括为"自然的与神恩的原则"。这与莱布尼茨把单子论称之为在先和谐的体系是一致的。因为宇宙是普遍在先和谐的，即便是最极端的两个层次也是在先和谐的，自然与神恩的在先和谐是处于极限层次的和谐，因此包含以上三个层次的和谐，所以，把单子论称为"自然的与神恩的原则"与把单子论称为在先和谐的系统是一样的。整个自然的物理界与整个神恩的道德界之间的和谐既是促成自然的物理界尽可能多样性和完善性的充要条件，也是保证神恩的道德界的居民获得最大可能的幸福和最大可能自由的充要条件，是上帝创世正义的充要条件，是最好世界的充要条件。对于自然的物理界来说，上帝是一个发明家、设计师、工程师或工匠，而对于神恩的道德界的居民来说，上帝又是一位全善的君王，是众多精神的父亲。这样，自然的与神恩的和谐本质上说的是作为自然物理界的工匠上帝与作为神恩道德界的君王上帝之间的和谐，一种存在于上帝自身的内在的和谐或正义，或者说，一种存在于上帝本身的内在的全知、全能、全善的自身和谐或上帝自身的正义。在一定意义上说，这一层次的和谐可称之为伦理学层次的和谐。自然的物理界一方面是物质性的现象界，一方面归根到底也都是单子，神恩的道德界一方面是精神性的本体界，一方面本身就是高级单子，所以这一层次的和谐内在地包含着前两个层次的和谐，以前两个层次的和谐为基础。本体论层次的和谐、认识论层次的和谐与伦理学层次的和谐又都包含在逻辑学层次的和谐之中，即包含在上帝的理性之中，这又一次说明了我们把莱布尼茨的和谐理论称为在先和谐论的理由。

莱布尼茨的单子论和在先和谐论论证了由全知全善全能的上帝创造的宇宙的普遍和谐。莱布尼茨说："使上帝优于其他机器匠的理由，并不仅仅是因为他自造了一切而其他工匠则需要另找他的原料。这样的优越性只是从能力来的。但上帝的卓越之处还另有一个理由，那是从智慧来的。这就是他的机器比其他无论怎样的机器匠的机器都更持久耐用，走得更准。"① 上帝的全能不仅体现在上帝自造了宇宙中的一切，更体现在上帝自造的这个宇宙是普遍和谐的。上帝的全知不仅体现在上帝知道所有可能世界，而且体现在上帝知道所有可能世界中最好的世界是普遍和谐的世界。上帝的全善不仅体现在上帝选择了最好的可能世界，而且体现在上帝选择的最好可能世界是普遍和谐的世界。莱布尼茨说："实体将会永远是这样，并且所有的单纯实体之间就会永远有一种和谐，因为它们永远表象着同一个宇宙。"② 宇宙中万物的普遍和谐是因为每一个单子永远表象着同一个宇宙。宇宙在无限变化，变化的单子之间永远保持和谐，变化的宇宙也永远普遍和谐。在这个普遍和谐的宇宙中，万事万物具有无限的多样性，宇宙中的无限多样的事物是由单一秩序统一起来的。因此，这个普遍和谐的宇宙中每一个事物都是独立自主的，同时整体又是普遍和谐的。在这里，莱布尼茨特别地突出了个体性的自发和自由。因此，即使这个世界中存在恶，这样一个普遍和谐的世界也是最好的世界，上帝的正义就体现在这个最好的世界之中。根据莱布尼茨的单子论和在先和谐论，所有个体都是独立且和谐共在共变的，因此，当某个人或一部分人为了自己的特殊私利而损害他人和宇宙的和谐时最终损害的是包括

① ［德］莱布尼茨、［英］克拉克：《莱布尼茨与克拉克论战书信集》，陈修斋译，商务印书馆1996年版，第9页。

② ［德］莱布尼茨、［英］克拉克：《莱布尼茨与克拉克论战书信集》，陈修斋译，商务印书馆1996年版，第84页。

自己在内的整个宇宙的和谐共存共变。如果有人说，等到害处来临时，我已经享受到了好处。事实上，可能是好处没来临，坏处就已经来了。善有善报，恶有恶报，越来越可能的是恶行还没有结束，恶报已经到临。从根本上说，恶行本身就是恶报。因此我们每个人都应时刻保持对整个宇宙的敬畏，因为整个宇宙都是我们的无机的身体和我们的精神食粮。在我们看来，当别物、别人和社会都是另一个我们自己时，世界才是最好的世界。

第二节　逻辑学基础：矛盾律与充足理由律

如果有人认为形式逻辑的矛盾律（不矛盾律）、同一律（差别律）、排中律（对立律）三律可以归一，则他们一般把三律归结为矛盾律。莱布尼茨认为三律可以归结为矛盾律（矛盾原则、不矛盾律）。

矛盾律是关于本质的原则，是关于同一的原则。矛盾律认为，同一命题的本质自同一，同一事物的本质自同一。总之，A 等于或者同一于 A，命题和事物的本质只有唯一的可能，命题和事物本质的变化不可能，事物本质的反面就是他事物。矛盾律关涉到单子、事物和宇宙的自一致。单子、事物和宇宙各自独立地推出自身的一切。每个单子、事物以及唯一的最好宇宙本身都包括它自身发生的一切，这一切都是它本身固有的，而不是自身之外的其他原因作用的结果。每个单子、事物和唯一的最好宇宙虽然都是上帝创造的却是完全独立的。因此，每个单子、事物及唯一的最好宇宙是能动的、自主的、自由的。如果说还有终极动因的话，那只能是上帝，而上帝的作用只在于保证每个单子、事物及唯一的最好宇宙的自主、自由。如果每个单子、事物及唯一的最好宇宙是能动的、自主的、自由的，那么上帝的保证是否是多余的呢？这个地方离取消上帝只差一步。

矛盾律是关于排中的原则，是关于确定性的原则。矛盾律认为，同一命题不能同时既是真又是假，事物不能既是该事物又不是该事物。总之，A 不能既是 A 又是非 A，或者，互相矛盾的二者必有一真，互相矛盾的二者必有一假。

矛盾律是关于形而上学必然推理的原则。莱布尼次认为,真理是理性通过推理获得的。永恒的真理的推理建立在矛盾律之上。莱布尼茨在《神义论》中论述道:"对于我们的理性推论存在着两大原则:其一是矛盾原则,这就是说,在两个相互矛盾的命题中一个是真理,另一个是谬误。"① 矛盾律涉及的必然性是一种形而上学的必然性、逻辑的必然性、几何学的必然性。这种绝对的必然性的对立面因包含自相矛盾是不可能的。因此,根据矛盾律,一个命题只要不包含逻辑上的自相矛盾就是真的,反之就是假的。矛盾律适用于分析命题。分析命题的谓项全部包含在主项中。根据矛盾律的分析命题建立的真理是永恒的真理或推理的真理。

矛盾律是关于可能性的原则。矛盾律适合于任何可能的世界,因此,矛盾律也适合于现实世界的本质层面,因为现实世界是无数可能世界中的一个。

然而,存在和感性存在却不能够成为一个包含在分析命题中的一个主项里面的谓项。所以,分析命题就不能是关于存在的命题,而只能是关于本质的命题。因而矛盾律也就不能是关于存在的原则,而只能是关于本质的原则,是关于存在者之间绝对区别的形而上学的原则。

莱布尼茨在哲学史上第一次提出了充足理由律(充足理由原则)作为存在的原则。因此,关于存在的原则是莱布尼茨提出的充足理由律。

莱布尼茨在《神义论》中论述道:"对于我们的理性推论存在着两大原则……其二是确定理由原则,根据此一原则,任何事物的产生都不可能没有原因或者至少不会没有一个确定的理由。这是指某种能够用来先天地进行解释的东西,它说明为什么某物存在着而不是不存在,为什么某物恰恰如此存在而不是以完全另一种方式存在。这一伟大原则适用于一切事件,人们绝不可能提出相反的例证;我们虽然对这些确定的理由大都不充分了解,但我们却认识到它们是存在的。没

---

① [德] 莱布尼茨:《神义论》,朱雁冰译,道风书社 2003 年版,第 134 页。

有这一伟大原则，我们将无法证明上帝的此在，我们将丧失无数以此一原则为基础的非常正确和非常有益的结论。"① 充足理由律的基本内涵是"没有什么东西是没有理由的"。克拉克（Clark）说："但当两种行动方式是同等地并且同样好的，肯定在这种情况下上帝就根本不能行动，或者说能行动在他也不是什么圆满性，因为他不能有什么外在的理由来推动他照一种方式行动而不是照另一种方式行动，这似乎是否定了上帝在他自身之中有任何开始行动的原始原则或力量，而是必需（好像是机械式的）永远受外在事物的决定。"② 面对这种对充足理由律的反驳，莱布尼茨说："因为这种辨别的外在理由只能是建立在内在理由上的，否则就是辨别那不能辨别的东西，或者是不作辨别而进行选择了。"③ 根据差异律，万物莫不相异，因此现实存在的事物没有两个是同一的。单独一个事物没有现实存在的理由。无论多少相同的事物也没有现实存在的理由。有限的各不相同的事物也没有现实存在的理由。无限的各不相同的事物共存于一个现实的最好世界中，这个现实的最好世界就是这个世界中任一事物的充足理由，上帝就是这个唯一最好现实世界的最后的充足理由。因此充足理由律的前提是差异律。没有差别就没有理由，没有理由就不可能存在。没有最好的差别就没有充足理由，没有充足理由就不可能现实地存在。在莱布尼茨那里，差异律、对立律和矛盾律其实是一致的，因此，没有矛盾律就没有充足理由律。

充足理由律能够说明个体事物现实存在的有限的现实理由及个体事物现实存在和唯一宇宙现实存在的终极理由。

充足理由律所要探求的是单子之间和事物之间绝对联系终极理由，因此充足理由律是一条关于存在者之间绝对联系的形而上学的原则。充足理由律关涉单子之间、事物之间、事物内部和宇宙内部自然

---

① ［德］莱布尼茨：《神义论》，朱雁冰译，道风书社 2003 年版，第 134 页。
② ［德］莱布尼茨、［英］克拉克：《莱布尼茨与克拉克论战书信集》，陈修斋译，商务印书馆 1996 年版，第 25—26 页。
③ ［德］莱布尼茨、［英］克拉克：《莱布尼茨与克拉克论战书信集》，陈修斋译，商务印书馆 1996 年版，第 32 页。

与神恩的共存共变和谐。既然单子之间、事物之间、事物内部和宇宙内部自然的与神恩之间既没有物理相互作用，又没有观念的相互作用，只是被人误认为发生了相互作用，那么它们之间的普遍和谐共存共变的原因和根据是什么呢？这种普遍和谐共存共变只能是上帝在创造它们时一切都在上帝那里逻辑在先地预定了，而不是它们之间任何相互作用的结果，上帝是宇宙中万物的普遍和谐共存共变的最后根据或充足的理由。

每个形式逻辑的规律都表达了某种必然性，但充足理由律的必然性在种类上不同于矛盾律的必然性。而充足理由律的必然性是一种道德的必然性，这种道德的必然性的对立面是可能的，不包含自相矛盾。充足理由律适用于综合命题，根据充足理由律的综合命题建立的真理是事实的真理或偶然的真理。

一个偶然真理或事实真理和它的反面，虽然并不自相矛盾，独立地看都是可能的，但偶然真理或事实真理的反面与其他事物联系地看也不可能，因为偶然真理或事实真理的反面与其他所有事物的共存共变是相矛盾的，偶然真理或事实真理只能与其他所有事物和谐共存共变。每个可能的事物在上帝的理智中都是一个可能性的实在。但只有可能并且又可共存共变的事物才可能实际存在。只有在由可能又可共存共变的全部事物组成的所有可能世界中最好的可能世界变成的最好现实世界中的任一事物才能现实存在。虽然一个偶然的个体事物能与最好的现实世界中所有其他事物共存共变是这个事物现实存在的理由，但这个现实的最好世界并不是这个现实的最好世界中任一偶然个体现实存在的充足理由。最好的现实世界的充足理由是上帝，所以，上帝才是任一个体事物现实存在的充足理由。

莱布尼茨的充足理由律从本体论上给了偶然性形式上的定位，为莱布尼茨的不同于关于本质的内在自由的、关于存在的外在自由选择学说提供了形式上的根据，因为偶然性的内容被上帝预知预选预定了。

对于上帝，所有的真理都是推理的真理，在这个意义上说，包括事实的真理或偶然的真理在内的一切真理都可还原为推理的真理，因此都以矛盾律为基础。但对于上帝来说，推理的真理不论是在上帝的理智中，还是在现实世界中都只是以矛盾律为基础，事实的真理或偶然的真理由于是上帝选择的结果，不仅以矛盾律为基础，同时还以充足理由律为基础。矛盾律和充足理由律既并列地存在于莱布尼茨的哲学中，又可完全互相归结。在这个现实的最好世界中，矛盾律与充足理由律是互为前提的。根据矛盾律，单子和个别事物都是各自绝对分离而自同一的，单子和个别事物的变化都全部来自各自内部，因此，单子和个别事物都是自主自由的。矛盾律要依靠充足理由律才能在最好的现实世界中存在。根据充足理由律，单子之间和个别事物之间是相互绝对分离的差别者、对立者之间的同一和共存共变的和谐，充足理由律包含着矛盾律。总之，分开来看，从某种意义上来说，矛盾律说明了个体的独立自主自由，充足理由律说明了宇宙的普遍和谐共存共变。合起来看，从某种意义上说，矛盾律和充足理由律共同说明了我们这个世界是最好的世界，即最好的世界是个体独立自主自由而整体普遍和谐共存共变的世界。从外在的永恒不变的上帝出发，矛盾律和充足理由律所规定的并列的不同方面都具有完全的确定性，而没有自主自由。如果不从上帝出发，从感性的宇宙自身和人自身的感性实践出发，才有自发自由。从不自由的不变的一出发，注定没有自由。从自由的感性活动出发，才注定有自由。

　　矛盾律和充足理由律都是辩证逻辑的形式（无内容的形式或包含抽象内容的形式）方面。形式是活的内容的静态总和，活的内容包含形式并自我变化。一切形式都是对活的宇宙整体的某刻某点之前的活的宇宙整体总和的定格，要想理解形式必须还原到活的宇宙整体中去，而不是还原到某个抽象的本质之中去。辩证逻辑是说不出来的。逻辑一旦说出来就是形式逻辑，形式逻辑包括无内容的形式逻辑和有抽象内容的形式逻辑。我们讲的非形式逻辑，虽然涉及内容，但这个内容是抽象的内容而不是活的内容，我们说的非形式逻辑仍然属于有抽象内容的形式逻辑。辩证逻辑是有活的内容的形式逻辑，也就是感性的活的事物本身。当我们把辩证逻辑说出来，辩证逻辑同时就成了有抽象内容的形式逻辑，如果我们同时反方向返回就可以体验到活的辩证逻辑。

第三节　认识论基础：推理的
真理与事实的真理

　　罗素（Russell）说："关于分析判断的范围，莱布尼茨认为，所有逻辑学、算术和几何学的命题都具有这种性质，而所有关于存在的命题，除上帝的存在外，则都是综合的。"① 莱布尼茨认为，人的理性可以达到两种真理，一是推理的真理或永恒的真理，二是事实的真理或偶然的真理。莱布尼茨说："理性的真理分为两类：一类是所谓永恒真理（Vérités éternelles），这类真理是绝对必然的，以致其对立者便包含着一种矛盾；属于此类真理者，其必然性是逻辑的、形而上的或者几何学的必然性；人们无法否认这种必然性，除非证明自己荒唐可笑。另一类真理所包含的是所谓实证真理（Vérités positives），因为它们是上帝按照自己的判断为自然所规定的法则，或者因为它们依附于这些法则。"② 莱布尼茨又说："推理的真理是必然的，它们的反面是不可能的；事实的真理是偶然的，它们的反面是可能的。"③ 信仰的真理是通过启示不通过理性获得的具有确定性，具有必然性的真理，信仰的真理不需要证明。理性的真理是不通过启示而通过理性获得的具有确定性，具有必然性的真理。莱布尼茨认为，推理的真理或永恒的真理具有绝对的必然性（这种必然性是一种形而上学的、逻辑学的、几何学的必然性），这种真理的反面是不可能的，它既可以通过逻辑的方法经过有限的步骤证明，也可通过经验经过无限的步骤证明。事实的真理或偶然的真理具有包含偶然性的必然性（道德的必然性或物理的必然性），这种真理的反面是可能的，它既可以通过逻辑的方法经过无限的步骤证明，也可以通过经验的方法经过有限的步骤

---

　　① ［英］罗素：《对莱布尼茨哲学的批评性解释》，段德智、张传有、陈家琪译，商务印书馆2000年版，第18页。
　　② ［德］莱布尼茨：《神义论》，朱雁冰译，道风书社2003年版，第34页。
　　③ 北京大学哲学系外国哲学史教研室编译：《十六——十八世纪西欧各国哲学》，商务印书馆1975年版，第488页。

证明。对于推理的真理和事实的真理，都至少要从本体论、逻辑学和认识论三个方面来考察。

首先考察推理的真理或永恒的真理。

莱布尼茨的推理的真理或永恒的真理建立在单子论的基础之上。莱布尼茨认为，单子是具有知觉和欲望的完全独立与其他单子完全分离开来的能动的精神实体。因此，莱布尼茨所说的单子既是本体论的、逻辑学的，又是认识论的存在。宇宙就是由无限这样的单子组成的整体，所有的单子都是按照确定而且绝对必然的方式存在和变化的，每个单子同时是一个推理的真理，从这个意义上说，推理的真理的本体论基础是单子论。

莱布尼茨的推理的真理或永恒的真理根据的是矛盾律。宇宙就是由无限的单子组成的整体，所有的单子都是根据矛盾律存在和变化的，每个单子同时是一个推理的真理，从这个意义上说，推理的真理的本体论基础是单子论，进一步说，推理的真理的逻辑学基础是矛盾律。矛盾律认为一个命题同它的反命题既不能同时都是真的，也不能同时都是假的，以及任一包含自相矛盾的命题都是假的，任一命题自同一就是真的。任何一个推理的真理是仅仅根据矛盾律而为真的命题，这就是说，任何一个推理的真理的反面包含着自相矛盾而是假的。莱布尼茨认为，当任意一个推理的真理条件是确定的时候，就可以把这个具体的推理的真理简化为"A 是 A"的形式的同一命题。推理的真理向这种静态自同一形式的同一命题的化简是通过一系列的定义进行的。莱布尼茨认为，数学真理就是这种推理的真理，逻辑学里面也有这种推理的真理，哲学里面也有这种推理的真理。莱布尼茨认为数学上的推理的真理，逻辑学上的推理的真理，形而上学上的推理的真理是直接等同的。事实上这三种推理的真理并不是直接等同的。逻辑学上的推理的真理是数学上的推理的真理和形而上学上的推理的真理的形式方面，这三种推理的真理都是现实真理的形式方面。从根本上说，这三种推理的真理是同一的。

莱布尼茨认为推理的真理或永恒的真理都是分析判断。分析判断用陈述句表达出来就是分析命题，因此，推理的真理或永恒的真理都是分析判断也可以表述为分析命题，推理的真理或永恒的真理都是分析命题。宇宙就是由无限这样的单子组成的整体，所有的单子都是按照确定而且绝对必然的方式存在和变化的，每个单子同时是一个推理的真理。由于莱布尼茨那里存在与思维不是对立的同一而是直接的同一，所以，莱布尼茨的推理的真理的认识论基础是单子论。换句话说，在莱布尼茨那里，从本体论上所看的单子与从认识论上所看的单子是同一的，每个单子的存在就是一个推理的真理。所以，每个单子都是一个分析判断或一个分析命题。每个推理的真理都是一个分析判断或一个分析命题。在莱布尼茨那里，每个单子在本体论上，逻辑学上，认识论上是一致的，所以，每个推理的真理或者每个分析判断在本体论上，逻辑学上，认识论上也是一致的。

从本体论上看作为分析判断的推理的真理。一个推理的真理就是一个分析判断。一个单子就是一个分析判断。在我们这个最好的宇宙中，只有作为精神实体的单子存在，物质不是实体只是精神性的单子堆积形成的现象。在上帝那里，每个单子就是一个清晰的分析判断。在我们人这里，对每个单子的分析判断的认识并不是通过我们的心灵单子进入其他单子之中获得的，而是每个单子的分析判断都直接在我们的心灵单子之中。在人这里，每个单子在我们心灵之中都是清晰程度不相同的分析判断，每个单子各自作为分析判断相互独立分离地存在着，同时，每个其他单子都是作为一个分析判断存在于我们各自的心灵单子的分析判断之中。

莱布尼茨认为，推理的真理是绝对的真理，每个单子都是一个推理的真理。在上帝和人那里，绝对的真理是一样的。绝对的真理在时空之外是永恒地存在的，在时空之中是不变地存在的。因此，绝对真理具有绝对的确定性，而且是我们人也能获得的那种绝对的确定性。脱离实际来看，绝对真理就是一个空洞的形式。但与实际结合在一起来看，绝对真理就是所有真理的总和，或者说，绝对真理就是活的真理的形式方面。因为所有真理的总和是一个活的总和，绝对真理就是一个活的一元论。

推理的真理证明原则是矛盾律。推理真理的绝对的必然性在上帝的理智中。绝对的必然性遵循矛盾律，是形而上学的必然性，逻辑的必然性，几何学的必然性。绝对必然性的反面是自相矛盾的，是不可能的。

推理的真理证明过程的标准在于分析过程的演绎或等量代换的每一步观念的清晰，对推理的真理分析证明的过程的步骤是有限的。对于推理的真理来说，任意两个状态之间的分析证明过程只具有分离的有限的步骤。推理的真理的绝对必然性是直接的，对上帝和人来说都是一样清晰的，是我们人也能够清晰地认识的。证明的步骤与步骤之间是间断的，但每一步骤都是等量代换，因而在观念上是清晰而连贯的。证明步骤的间断性导致步骤的有限性，观念的清晰连贯性导致证明过程的绝对必然性。

推理的真理在证明方法上不涉及经验对象，不根据感性经验。推理的真理没有经过上帝的选择，与经验对象无关，所以推理的真理的证明只需要根据等量代换进行理性的演绎，而不需要经验的证据。本来不需要根据经验来证明的推理的真理，但如果要根据经验来证明的话，对推理真理的经验证明就需要无限的经验证据而变得不可能。在我们看来，对脱离活的经验的推理真理的理解是有限的，要对推理的真理进行全面的理解，必须把推理的真理还原到活的经验中去才可能。因为我们对推理的真理的活的理解总是对过去的活的经验的理解，活的经验不断地在产生，而且后面的活的经验与前面的活的经验总是活的一体的，因此，对推理的真理的活的理解，总是要结合最新的活的经验不断重新理解，从而不能对推理的真理作绝对确定的理解，在活的经验总是活的一体的这一点上是确定的。

从认识论上看作为分析判断的推理的真理。也就是说，对作为推理真理的分析判断的推理的认识。在莱布尼茨那里，推理的真理只是由分析判断组成的，事实的真理是由一系列的既是综合判断又是分析判断的判断组成的。在莱布尼茨那里推理的真理和事实的真理都是由一系列的分析判断组成的，也就是由一系列的主词包含谓词的分析判断组成的。通过有限分析能够证明的真理就是推理的真理。作为对单子本质（同时是单子的存在）的认识的判断是分析判断，分析判断的主词包含所有可能的宾词，从分析判断的主词中可以引出全部宾词来。每个单子都是一个分析判断，或者都是由一系列的分析判断组成的。每个单子的存在和变化都具有绝对的确定性和不变性，无论某个单子怎样变，都是等量代换，所以既可以通过有限的步骤证明推理的真理，又可以把同一单子的分析判断无限等量代换下去。推理的真理与分析判断是一致的，推理的真理的理由可以通过不断分析，也就是不断地等量代换，一直追溯到原初原则，这种原则就是矛盾律。而矛盾律是自明的，是不用任何证明的，既不需要经验的证明，也不需要逻辑的证明，更不需要实践的证明。

其次考察事实的真理或偶然的真理。

事实是感性的物质性的存在。在莱布尼茨那里，只有精神性的单子，物质只是单子堆积出来的现象。莱布尼茨的事实是指精神性的单子堆积出来的现象。在莱布尼茨那里，事实与观念的区分就只是观念内部的区分，事实的系列与观念的系列都是精神性的。

真理是具有必然性的联结。在莱布尼茨那里，必然性分为绝对的必然性、道德的必然性与物理的必然性三种。莱布尼茨的事实的真理必然性联结中的必然性是以道德的必然性为基础的。所以莱布尼茨的事实真理的真理性取决于道德的必然性。在斯宾诺莎的哲学中，"观念的次序和联系与事物的次序和联系是相同的"①。斯宾诺莎那里也有三种必然性：作为观念的次序和联系的必然性；作为事物的次序和联系的必然性；作为观念的次序和联系与事物的次序和联系一致性的必然性。斯宾诺莎的自由从认识论上看是对必然的认识。斯宾诺莎的自由从本体论上看是唯一的整体自由。莱布尼茨的自由不仅包括个体的自由，而且包括整体的自由。个体层面的自由与整体层面的自由就发生了矛盾，莱布尼茨以微积分为理论基础对这一问题作出了形式上合理的解释。

莱布尼茨事实的真理或偶然的真理建立在在先和谐论的基础之上。莱布尼茨认为，自身完全独立而既不发生物理性相互作用也不发

---

① ［荷兰］斯宾诺莎：《伦理学》，贺麟译，商务印书馆 2015 年版，第 48 页。

生观念性相互作用的单子，也就是说，分离的单子间不发生任何相互作用，但由于上帝那里的在先和谐，所有单子却能总是协调一致地变化发展。在先和谐的核心是所有单子自行所是又协调一致的共在共变。对存在的认识的判断就是对所有单子的或者任意一部分单子的共在共变的判断，因而对存在认识的判断与对单子本质的判断不同不是分析判断而是综合判断，对存在的认识的判断就是对在先和谐的判断或者是对在先和谐部分存在关系的判断。根据两个理由，在先和谐具有绝对的必然性和莱布尼茨那里的思维与存在的同一，得到：莱布尼茨那里的作为对存在认识的综合判断同时又是分析判断。由于心灵单子的清晰程度不同，每个心灵单子对存在的认识的清晰程度也不同，每个心灵单子对具有分析性的综合判断认识的清晰程度就不同。在莱布尼茨那里，存在的对象之间的共在共变只是在于在先和谐，因而对存在对象的认识的判断就既具有绝对的必然性又具有道德的必然性。而这类具有必然性的一系列综合判断就是事实的真理或偶然真理。事实的真理或偶然的真理的充足理由是在在先和谐的具有必然性的偶然事物的系列之外，在这个最好的世界之外存在的上帝。

　　事实的真理或偶然的真理根据的是充足理由律。事实的真理或偶然的真理是由一系列的具有分析性的综合判断组成的。事实的真理在道德的必然性或物理必然性的意义上是必然的，形而上学的必然性蕴含在道德的必然性或物理必然性之中，因而事实的真理是道德的必然性或物理必然性上的真理。之所以道德的必然性或物理必然性之中蕴含绝对的必然性是因为上帝是一个永恒不变的存在。道德的必然性或物理必然性的反面并不包含自相矛盾，因而是可能存在的。事实真理或偶然的真理在我们人的视角看来是偶然的真理。但在上帝那里，虽然通过了上帝自由意志的选择，但上帝的选择是有充足理由的，因而，事实的真理或偶然的真理又是具有道德必然性的真理。事实真理的偶然性在我们人这里只是由于我们人不能清晰地认识存在事物共在共变的真实系列而形成的假象。事实真理的偶然性在上帝那里表现为上帝的自由意志的选择。事实真理的道德的必然性表现为上帝选择的充足理由的绝对确定不变性。事实真理的绝对必然性表现为上帝的充足理由里面包含着绝对的必然性。当存在事物共在共变的真实系列成为过去而表现出来，我们就能够把握确定的事实真理。对于存在事物共在共变的真实系列的未来变化，我们只能设想存在事物共在共变的各种系列，而不能确定哪一个是将来的真实系列，因而只能得到设想的事实真理。事实的真理不能只通过对一系列的分析命题演绎或等量代换的化简来证实，还必须通过对一系列的综合命题连接必然性的证实来证明。综合命题连接的必然性根据的是在先和谐，最终根据的是上帝的充足理由。事实真理的偶然性，最终根据上帝的选择。上帝的理智中存在着无限个可能世界，只有一个可能世界能够变成现实存在。任何一个可能世界都有权变为现实，但上帝却只能从无限的可能世界中选择一个可能世界变为现实，所以事实的真理具有偶然性。能够变成现实的最好世界的一定是最好的可能世界，这说明事实的真理具有必然性。无论是事实真理的必然性还是事实真理的偶然性都是因为上帝的充足理由。因此，事实的真理或偶然的真理根据的是充足理由律。

事实真理或偶然真理的证明原则是充足理由律。事实真理的必然性是道德的必然性。道德的必然性遵循充足理由律。道德的必然性是包含偶然选择的必然性。道德的必然性包含绝对的必然性和物理的必然性。道德的必然性的反面是不自相矛盾的，是可能存在的。事实真理或偶然真理包含的绝对的必然性和物理的必然性都在上帝的理智中。上帝根据充足理由选择了事实真理或偶然真理包含的绝对的必然性和物理的必然性，所以，事实的真理或偶然真理包含的绝对的必然性和物理的必然性是建立在上帝选择最好的世界时所遵从的道德的必然性基础之上的。道德的必然性和物理的必然性都遵循充足理由律，在事实真理或偶然的真理中的道德的必然性不是绝对的必然性，物理的必然性是建立在道德的必然性基础之上的，因而也不是绝对的必然性。对事实真理来说，并不是上帝理智之中一切可能的就是在现实宇宙中存在的，也并不是人理智之中一切可能的就是在现实宇宙中存在的，因为现实中最好的世界是上帝在充足理由律基础上选择的结果，最好世界中的一切存在物只具有道德的必然性，而不具有绝对的必然性。但最好世界中和事实的真理中都存在着上帝选择进来的绝对的必然性。

　　事实的真理或偶然的真理的证明过程的标准是提供综合判断连接的必然性感性经验的证据和在先和谐的证据。对事实真理综合必然性的证明过程的步骤是直接的和无限的。因为提供的是感性经验的证据，所以是直接的。因为从部分感性经验的证据并不能证明综合判断连接的必然性。要想证明综合判断连接的必然性必须从所获得的部分感性经验证据一直追溯到在先和谐的共在共变系列的全部，最后到上帝那里，才能获得完整的证明。当我们获得部分感性经验证据时，与这部分感性经验的过去或将来必然连接的共在共变系列的完整证据，在我们人这里有各种可设想的偶然可能存在，唯一必然的可能存在来源于在先和谐，最终来源于上帝的充足理由。莱布尼茨说："充足理由也必须存在于偶然的真理或事实的真理之中，亦即存在于散布在包含各种创造物的宇宙中的各个事物之间的联系中；在创造物的宇宙中，由于自然界的事物及其繁多，以及物体可以无穷分割，所以对特殊理由的分析是可以达到无穷的细节的。"① 对于事实的真理来说，任意两个感性存在状态之间综合连接必然性的证明过程总具有连续的无限步骤。事实真理的道德的必然性对上帝来说是直接的，对人来说既是直接的又是间接的。事实真理的道德的必然性，选择道德必然性的理由对上帝来说是清晰的，上帝选择道德必然性的理由对我们人来说却不能清晰地认识，道德的必然性对人来说清晰程度是各不一样的。证明的步骤与步骤之间是连续的，每一步都根据感性经验证据和在先和谐的证据，因而每一步都是有些是清晰的有些是不清晰的。由于步骤的连续性导致步骤的无限性，因而在先和谐导致证明过的道德必然性。

　　事实的真理或偶然的真理在证明方法上既根据感性经验又根据在先和谐。事实的真理经过了上帝的选择，与经验对象的存在有关，所

————————

　　①　北京大学哲学系外国哲学史教研室编译：《十六——十八世纪西欧各国哲学》，商务印书馆 1975 年版，第 489 页。

以事实的真理的证明需要感性经验的证据。如果要对事实的真理进行彻底的证明，就要根据在先的和谐和上帝。在我们看来，事实的真理既具有必然性又具有偶然性。但我们所认为的必然性与莱布尼茨的绝对的必然性、道德的必然性、物理的必然性都不同，是某一阶段感性事物活动的总和。这种必然性是会随着感性事物活动的变化而变化的活的必然性。这种活的必然性是朝后看的必然性。我们所认为的偶然性是指活的感性事物向前变化的各种可能性的感性存在之中任意的一种可能的感性存在。从根本上说，我们所说的必然性和偶然性是包含着对立的同一个东西。

最后从认识论上看事实的真理或偶然的真理。

我们从康德的观点出发展开对莱布尼茨事实的真理或偶然的真理的论述。康德从形而上学的意义上区分了分析判断和综合判断。康德说："要么是谓词 B 属于主词 A，是（隐蔽地）包含在 A 这个概念中的东西；要么是 B 完全外在于概念 A，虽然它与概念 A 有联结。在前一种情况下我们把这判断叫作分析的，在第二种情况下则称为综合的。"① 康德认为，分析命题或分析判断是绝对必然的命题，分析命题或分析判断具有绝对的必然性，分析命题或分析判断的绝对联结只根据理性。综合命题或综合判断是绝对偶然的命题，综合命题或综合判断具有绝对的外在偶然性，综合命题或综合判断的偶然联结只根据经验。事实的真理或偶然的真理就是由综合命题或综合判断组成的。事实的真理一般都采取符合论的真理观。而符合论的真理观是多种多样的。我们认为，符合是思维与存在对立同一的间接符合。而更多的人认为，符合是命题与事实无对立的直接符合，也就是说，语言所表达的判断系列与存在的感性事实系列无对立的直接符合，或者，思维与存在无对立的直接符合。康德认为，符合是思维与思维的符合，思维与思维的符合需要经验的激发及经验作为例证，也就是说，思维与思维的符合又要思维与存在的符合为内容，所以，康德的符合观是把理性主义的符合观与经验主义的符合观既机械地分别开来又机械地组

---

① ［德］康德：《纯粹理性批判》，邓晓芒译，人民出版社 2004 年版，第 8 页。

合起来。所以康德的事实真理或综合判断既具有理性分析的特征又具有经验综合的特征。由于莱布尼茨认为唯一最好世界中真正存在的只有精神性的单子及物质只是单子形成的现象，所以，在莱布尼茨那里，思维与存在同一于思维，把思维与存在的不同质的对立变成了思维内部思维与思维的对立。只有理性主义思维与思维的符合，还有理性主义化了的经验主义思维与存在的符合，没有经验主义思维与存在的符合。一定意义上来说，莱布尼茨的事实真理或综合判断既具有理性的分析特征，又具有理性化了的经验综合的特征。由于理性主义的特征，莱布尼茨的事实的真理或综合判断的综合是分析的。由于理性主义化了的经验主义的特征，从外延上说，属包含种，从内涵上说，种包含属，莱布尼茨的事实真理中作为主词的种包含无限作为宾词的属，莱布尼茨的事实的真理或综合判断的综合是无限的。以上两者合起来，莱布尼茨的事实真理或综合判断对综合判断主词的分析是无限的。因而，莱布尼茨的事实的真理区别于莱布尼茨自己的能够根据有限理性分析来证明的推理的真理。莱布尼茨的事实真理或综合判断不能根据有限理性分析来证明，但能根据有限的经验来证明。

莱布尼茨认为，只要具有必然性的命题就是真命题。具有必然性真命题的主词就包含所有的宾词，因而具有必然性的真命题就都是分析命题。莱布尼茨的分析命题有两种。一种分析命题是推理的真理，这种分析命题具有绝对的必然性，这种分析命题与康德所说的分析命题基本是一致的。另一种分析命题是事实的真理，这种分析命题具有道德的必然性，它与康德所认为的分析命题和综合命题都不一样，是莱布尼茨自己所定义的综合命题。在莱布尼茨那里，事实的真理或偶然的真理既是分析命题又是综合命题，这是由道德的必然性特征导致的。但事实的真理或偶然的真理在莱布尼茨那里一般被叫作综合判断或综合命题。

莱布尼茨的推理的真理与事实的真理学说从认识论上说明了信仰与理性的一致。信仰与理性的一致有多种情况。有的人认为，信仰与理性有部分重合因而是一致的；有的人认为，理性包含信仰因而是一致的；有的人认为，信仰包含理性因而是一致的；有的人认为，信仰与理性是对立统一的因而是一致的；有的人认为，信仰与理性是对立同一的因而是一致的，因而信仰与理性是在互化中发展的。培尔却认为信仰的真理与理性的真理是对立的、平行的而不是一致的。莱布尼茨认为，作为理性的真理的推理的真理与事实的真理与信仰的真理是包含式的一致的。莱布尼茨说："既然我们所拥有的部分理性是上帝的恩赐，既然它存在于始终留在身处堕落中的我们的身上的自然之光之中，这一部分便与整体是一致的，它区别于上帝身上的那部分理性，只是这区别犹如一滴水之与大洋或者有限者之与无限者。"① 上帝拥有全部的理性，我们只拥有部分的理性。我们所拥有的理性与上帝所拥有的理性在量上是有差别的，在质上是一致的，是同一的。在莱布尼茨那里，信仰的真理与理性的真理也是一致的。莱布尼茨说："奥秘超越我们的理性，因为它包含着未被纳入此联结之中的真理，但却并不背逆我们的理性，也不会与此一联结可能引领我们认识的真理中的任何一个真理发生矛盾。这里指的不是上帝身上那种包罗万有的理性，而是我们的理性。"② 任何一个理性的真理在上帝的理智与人的理智那里都是同一的。上帝的理智中包含所有理性的真理，而人的理智只能认识部分理性的真理，但人的理智却能认识任何一个理性真理的全部内容。在莱布尼茨那里，信仰的真理与理性的真理也只有量的差别，在质上是一致的，是同一的。

信仰的真理与推理的真理的一致。莱布尼茨说："他的慈善和他的正义像他的智慧一样与人类的这些品格的区别只在于其无限的完美性。所以，哲学之简单的概念，必然的真理和论证有力的结论不可能与启示发生矛盾。"③ 莱布尼茨认为，上帝的理智中具有所有的永恒真理或推理的真理，而人的理智只能认识一部分永恒真理或推理的真理。人的理智所认识的推理的真理跟上帝理智中的推理的真理是同一的。信仰的真理包含所有推理的真理，推理的真理只是信仰的真理中

---

① ［德］莱布尼茨：《神义论》，朱雁冰译，道风书社 2003 年版，第 80 页。
② ［德］莱布尼茨：《神义论》，朱雁冰译，道风书社 2003 年版，第 82 页。
③ ［德］莱布尼茨：《神义论》，朱雁冰译，道风书社 2003 年版，第 36 页。

的一部分，因此推理的真理与信仰的真理绝不会互相矛盾。在莱布尼茨那里，信仰的真理与推理的真理也只有量的差别，在质上是一致的，是同一的。

信仰的真理与事实的真理有些地方是一致的，有些地方是不一致的。莱布尼茨说："启示不可与那些其必然性为哲学家称作逻辑的或者形而上的自然性的真理发生矛盾，这就是说，那种真理的对立面包含着矛盾；两人都承认启示可能违背其必然性被称为物理的必然性的命题，物理的必然性只是奠立于上帝意志为自然所规定的法则之上的。"① 事实的真理中包含推理真理的成分，从这个意义上说，信仰的真理与事实的真理是包含式的一致的。信仰的真理与事实的真理也有不一致的地方。事实的真理包含绝对的必然性、物理的必然性和道德的必然性，而且是以道德的必然性为基础的。因此信仰的真理与事实的真理不一致的地方从根本上说来源于事实真理的道德的必然性。首先，由于事实的真理包含道德的必然性，从而导致信仰的真理与事实的真理不一致。其次，由于事实的真理包含物理的必然性，从而导致信仰的真理与事实的真理不一致。莱布尼茨说："自然中有千百种事物，我们对它们有所了解，但并未因此而理解它们。我们对光线有某些了解，对它的展示可以达到一定程度的了解，但始终存在着某些东西使我们不得不承认我们尚未理解光的全部性质。"② 在莱布尼茨那里，事实的真理中的物理的必然性是上帝选择的结果，物理的必然性必然不是绝对的必然性，而是在量上不全面的必然性。人类的理智也只能认识任一事物有限方面事实的真理，而不能认识任一事物所有方面事实的真理。信仰的真理与事实的真理的物理的必然性方面是有不一致的地方的。

总之，信仰的真理、推理的真理、事实的真理在理性层面都是一致的。莱布尼茨说："因为作为诸真理之联结中的理性有理由联结经验为它所提供的真理，以便从中得出综合结论；而纯粹的和单纯的、

---

① ［德］莱布尼茨：《神义论》，朱雁冰译，道风书社2003年版，第52页。
② ［德］莱布尼茨：《神义论》，朱雁冰译，道风书社2003年版，第89页。

与经验区别开来的理性却只能联结不凭靠感官的真理。人们甚至可以将信仰与经验相比，因为信仰（从使之具有生命活力的理由方面看）所凭靠的是那些看见了启示以之为基础的奇迹的人们的经验和可信的传统，关于那些奇迹的知识正是通过这一传统流传给我们的：不论是经过圣经，还是通过那些将奇迹保存在头脑里的人的记载。"① 在莱布尼茨那里，信仰的真理的理性层面一方面是指信仰的真理包含所有的理性真理；另一方面是指信仰的真理与事实的真理一样都是根据经验。推理的真理是纯粹理性层面的真理。事实真理的理性层面一方面是指事实真理包含的理性层面；另一方面是指事实的真理之中的联结要根据经验。因此，信仰的真理、推理的真理和事实的真理在理性层面都是一致的。

费尔巴哈说："在这里，只有智慧、善良和正直才是上帝的本质的和实在的特性；其他特性都退到后面，它们不是神学观点的代表性特征，而是形而上学，仿佛形而上学突然出现在神学之内，或者毋宁说被吸引到神学之中。"② 莱布尼茨那里的上帝是理性的上帝。对上帝的信仰是通过理性论证了的及理性化了的信仰。信仰是对理性的审判，信仰是促进理性提升的动力和最高目标。信仰并不是纯启示、纯神学的信仰，信仰只具有启示和神学的形式，其实，在莱布尼茨那里，信仰是形而上学化了的信仰。因此，他认为信仰与理性是互化的。

在莱布尼茨那里，信仰是理性的结论和最高目标，因此信仰是理性的外在动力和理性的最后确定性成果。在我们看来，理性既是阶段性的确定性成果，又是不断地自我确定的过程。从根本上说，理性就是自由。静态的理性只是自由的一个方面或自由一个暂时的总和。

在上帝看来，一切都是单子，一切都是在先和谐的，因此在最好的世界中只有必然，偶然只存在于上帝理智之中的自由选择，也就是

---

① ［德］莱布尼茨：《神义论》，朱雁冰译，道风书社 2003 年版，第 33—34 页。

② ［德］费尔巴哈：《对莱布尼茨哲学的叙述、分析和批判》，涂纪亮译，商务印书馆 1997 年版，第 106—107 页。

说只有上帝有自由，而且是不得不这样选择的自由。所有单子都是自由地存在于上帝的理智之中的，上帝也干涉不了任意一个单子，决定人的是心灵单子，因此人是自由的。但人靠上帝才存在于最好的世界之中，所以人在最好世界中的出现是不自由的。一切单子都是不自主地出现的自主者，人是不自由地出现的自由者。莱布尼茨所说的各种必然都是静态的必然，因此都只是对自由的静态定格而漏掉了自由的动态方面，因而失掉了动力而只是抽象的。在我们看来，向后看一切都是必然的，向前看一切都是自由的。因此，自由和必然是相互转化的，继续向前看，原来的必然就转化为自由，继续向后看，现在的自由就转化为必然。说出来的必然是自由的一个方面。从根本上说，自由与必然是同一的，自由与必然都是活的事情本身的一个方面。

莱布尼茨所谓的分析命题与综合命题最终都是有固定不变的前提的分析命题。莱布尼茨所谓的分析命题与综合命题的所有内容要么是上帝和人外在规定的，要么空无内容，总之，没有自我变化的力量。康德的分析命题与综合命题是对立的，同时也都是抽象的。脱离现实，康德的分析命题与综合命题只能得到抽象的理解，与现实合一，康德的分析命题与综合命题才能被完全理解。在我们看来，活的事物向后看都是分析命题，活的事物向前看都是综合命题。活的分析命题与活的综合命题是同一的，都是活的事物本身。活的分析命题与活的综合命题的相互转化就是活的事物的变化，活的分析命题与活的综合命题上升的路与下降的路的同一就是活的事物的发展。活的分析命题与活的综合命题向后的路与向前的路的同一就是活的事物发展的过程。

第四节　伦理学基础：道德必然性与圆满性原则

矛盾律在上帝那里和在最好世界中是一样的，在思维中和在存在中都是一样的，是绝对的理性思维和绝对的非理性存在所根据的原则。充足理由律的核心含义是说思维是存在的理由：一方面是说这个唯一的最好世界存在的终极理由是上帝的理性；另一方面是说最好世界中存在物质现象的根据是精神性的单子。莱布尼茨的伦理学是关于上帝所创造的最好世界的理论，圆满性原则是上帝和一切具有理性的被造物的意志和能力所根据的原则，所以，圆满性原则是莱布尼茨的伦理学原则。圆满性原则最根本的运用就体现在上帝对最好世界的创造全过程中，上帝在自己理智之中意志自由选择的可能世界遵循矛盾律，上帝把最好可能世界变成最好现实世界的能力要遵循矛盾律，上帝创造的最好世界在某些方面要遵循矛盾律，所以，圆满性原则至少在三个大的方面包含矛盾律。充足理由律包含圆满性原则，圆满性原则只是充足理由律的部分内容。矛盾律内含着绝对的必然性，充足理由律内含着绝对的必然性，道德的必然性和物理的必然性，而圆满性原则也内含着绝对的必然性，道德的必然性和物理的必然性。在先和谐论和事实的真理也与道德的必然性有关。在最好的现实世界中，其他必然性都建立在道德的必然性基础之上。道德的必然性贯穿于本体论、逻辑学、认识论和伦理学等几乎所有领域。因此，道德的必然性概念是莱布尼茨哲学的核心概念之一，不理解莱布尼茨的道德必然性的概念，就很难理解莱布尼茨的偶然性概念和圆满性原则。

莱布尼茨把必然性分为三种。

第一种必然性是绝对的必然性。莱布尼茨说："人们将看到，绝对的必然性（nécessité absolue）——也称为逻辑的或者形而上的必然性，有时称为几何的必然性，这也许是唯一可畏惧的必然性——不存在于出于自由意志的行为中，自由不仅不需要强迫，而且也不需要本来意义上的必然性。"① 绝对的必然性又叫作形而上学的必然性，逻辑的必然性和几何的必然性。莱布尼茨的本意是认为绝对的必然性是对立面包含矛盾而不可能的，绝对的必然性指的是没有意志选择的可能，只有一种可能存在，相反的可能不可能存在。这说明，莱布尼茨的绝对的必然性与逻辑的必然性和几何的必然性不是完全一致，只与形而上学的必然性完全一致。所以，绝对的必然性只能叫作形而上学

① ［德］莱布尼茨：《神义论》，朱雁冰译，道风书社2003年版，第17页。

的必然性，但在莱布尼茨那里，总是把几何的必然性、逻辑的必然性、形而上学的必然性与绝对的必然性看成是完全等同的。莱布尼茨说："而形而上的和非理性的必然性出现在对立面包含着矛盾的时候。"① 首先，莱布尼茨在这里再一次认为绝对的必然性所指的意思是对立面是包含矛盾而不可能的。其次，莱布尼茨认为，绝对的必然性分为两类：一类是形而上学的必然性，另一类是非理性的必然性。形而上学的必然性可以说是思维领域里绝对的必然性，在思维领域里，自由意志不得不选择的必然性就是形而上学的必然性。非理性的必然性可以说是物质领域里绝对的必然性，在物质领域，无意志选择的机械必然性就是非理性的必然性。

第二种必然性是道德的必然性。所谓的道德就是自由地选择最大的善，所谓必然性就是不得不自由选择，道德的必然性就是不得不自由地选择最大的善。莱布尼茨说："道德的必然性，它使贤明者选择那最好的，并使一切心灵遵循那最大的倾向。"② 道德的必然是上帝和被造的理性存在物据以选择最大的善的必然。从质上说，道德的必然性是指只能自由地选择善的必然性。从量上说，道德的必然性是指只能自由地选择最大的量的必然性。完整地说，道德的必然是上帝和被造的理性存在物不得不自由地选择最大的善的必然。莱布尼茨说："人们在这里恰恰混淆了通过道德的必然性，即通过智慧和慈善的原则而成为必然者的东西，与通过形而上的和非理性的必然性而成为必然者的东西。"③ 莱布尼茨认为，上帝的智慧形成道德的必然性中的道德的数量的必然性方面，上帝的慈善形成道德的必然性中的道德的质的必然性方面，道德的必然性是上帝的智慧和慈善有机地合成一体而形成的必然性。道德的必然性不同于形而上学的必然性，因为，道德的必然性是自由意志选择的结果，形而上学的必然性没有其他可能或反面可能可供选择而不受自由意志选择的影响。道德的必然性也不

---

① ［德］莱布尼茨：《神义论》，朱雁冰译，道风书社 2003 年版，第 255 页。

② ［德］莱布尼茨、［英］克拉克：《莱布尼茨与克拉克论战书信集》，陈修斋译，商务印书馆 1996 年版，第 54 页。

③ ［德］莱布尼茨：《神义论》，朱雁冰译，道风书社 2003 年版，第 254—255 页。

同于非理性的必然性，道德的必然性是自由意志不得不选择的必然性，非理性的必然性是自由意志选择之后物理的必然性之中包含的绝对的必然性。

费尔巴哈说："道德的必然性恰恰就是那个借以使偶然性和必然性连接起来的中介概念，就是表象和思维之间的两栖动物。"① 道德的必然性相对于自由选择的对象来说具有必然性，相对于自由选择活动本身来说具有偶然性，而物理的必然性相对于自由选择的结果来说具有偶然性，而相对于从前提推理出结果的推论来说则具有必然性。所以，道德的必然和物理的必然都被称为必然与偶然结构。与纯粹的偶然性（"无差别状态"、绝对的偶然性）相对的绝对的必然性又可叫作纯粹的必然性，那么道德的必然性和物理的必然性就是介于纯粹的必然性和纯粹的偶然性之间的一种必然性，或者，可以把道德的必然性和物理的必然性叫作具有必然性的偶然性或者具有偶然性的必然性，换句话说，在莱布尼茨那里，道德的必然性和物理的必然性为一种必然与偶然的结构，或者，道德的必然性和物理的必然性既是必然性又是偶然性。

第三种必然性是物理的必然性或假设的必然性、形体的必然性。莱布尼茨说："假设的必然性是这样的必然性，即关于上帝的预见和预先安排的假定或假设，把它强加在未来的偶然事物上的必然性。"② 前提是上帝通过预见根据道德的必然性选择后确定下来的具有偶然性的命题或存在，结论是根据绝对的必然性从前提推论出来的命题或存在，整个过程包含的必然性的总和就是假设的必然性或物理的必然性。例如，物理对象的运动具有物理的必然性，因为物理对象的运动是运动法则物理的必然结果，也就是说，思维性的运动法则根据物理的必然性产生物理对象的运动这样的存在。而这些运动法则是上帝根据道德的必然性自由选择的结果，上帝本来也能够不选择这些法则，

① ［德］费尔巴哈：《对莱布尼茨哲学的叙述、分析和批判》，涂纪亮译，商务印书馆1997 年版，第119 页。
② ［德］莱布尼茨、［英］克拉克：《莱布尼茨与克拉克论战书信集》，陈修斋译，商务印书馆1996 年版，第54 页。

因而这些运动法则在这个最好世界中的存在是具有偶然性的。物理的必然性包含着绝对的必然性和道德的必然性以及与道德的必然性相应的偶然性。

莱布尼茨说："因此，人们可以断言，物理的必然性（nécessité physique）是奠立在道德的必然性（nécessité morale）之上的，即奠立在智者之无愧于自己的智慧的选择之上的，不论前一种还是后一种必然性都必定有别于几何的必然性（nécessités géométrique）。这种物理的必然性造成了自然中的秩序，其内容是运动法则和其他一些上帝在创造事物时垂恩赋予它们的普遍法则。"① 物理的必然性作为上帝必然自由选择的结果，具有道德的必然性，但物理的必然性不会与道德的必然性等同，因为，物理的必然性在现象领域起作用，道德的必然性在精神领域起作用。或者说，道德的必然性是自由选择和创造活动的必然性，而物理的必然性是自由选择和创造活动结果的必然性，所以物理的必然性总是建立在道德的必然性基础之上的。

莱布尼茨说："须知，从原因产生的结果之绝对必然性不会提高假定的必然性之真实无妄的确定性。"② 从上帝必然自由选择的精神结果作为前提而推理物理结果的推理过程具有绝对的必然性，但物理的必然性中的绝对必然性并不会使物理的必然性与绝对的必然性等同，而是同时具有与道德的必然性相应的偶然性。莱布尼茨说："他在这里混淆了因自身包含矛盾而不可能存在者与因不适于被选择而不可能发生者。实际上，在斯宾诺莎死于莱顿而不是死于海牙的假设中，并不包含矛盾——没有什么事比这更可能的了。这就是说，从上帝的权力方面看，这完全是无关紧要的。不过，人们不可以认为，任何一个事件——不论它是多么微不足道——从他的智慧和他的慈善方面看可以被看成是无关紧要的。耶稣基督说得好：一切都是有定数的，甚至生在我们头上的毛发。这就是说，上帝的智慧不允许培尔先生所说的事件以另一种不同于它发生的方式发生——这并非它自身似

---

① ［德］莱布尼茨：《神义论》，朱雁冰译，道风书社 2003 年版，第 34 页。
② ［德］莱布尼茨：《神义论》，朱雁冰译，道风书社 2003 年版，第 149 页。

乎理应得到优先，而是由于它与理应得到存在之优先的宇宙中整个顺序的联系。"① 绝对的必然性是对立面包含矛盾而在任何情况下都不可能的，所以，绝对的必然性是绝对要选择的必然性或是没有多余的选项而唯一会选择的必然性，绝对的必然性是意志绝对无法干涉且意志要绝对遵循的必然性。而道德的必然性和物理的必然性的一个共同特征就是它们的对立面是不包含矛盾的，因而道德的必然性和物理的必然性的对立面是可能的，虽然没有选择道德的必然性和物理的必然性对立面，但并没有因为不选择而使道德的必然性和物理的必然性对立面成为不可能，如果不考虑圆满性原则，也可以选择道德的必然性和物理的必然性对立面而使对立面成为最好世界中的存在。也就是说，绝对的必然性是与绝对的偶然性对立的，因而绝对的必然性不包含任何偶然性。而道德的必然性与物理的必然性虽然不是绝对的偶然性，但是道德的必然性与物理的必然性都具有一定意义的偶然性。换句话说，道德的必然性与物理的必然性都具有介于绝对的必然性与绝对的偶然性之间的必然性或偶然性。再换句话说，道德的必然性与物理的必然性所具有的必然性同时是一种偶然性，只不过这种偶然性不是绝对的偶然性。

莱布尼茨所说的绝对的偶然性或者纯粹的偶然性指的是"无差别状态"或者绝对的虚无状态。所谓绝对的偶然性或者纯粹的偶然性至少包含两层含义：第一，不受事物内部任何规定的绝对的或纯粹的任意性或者选择意志的漠然态度；第二，不受事物外部任何规定或对绝对或完全均等的两方的漠然态度。莱布尼茨说："人们将看到，上帝自身尽管总是遴选最好者，却并非出于绝对必然性而行动，上帝为自然所规定的并奠立于适度性（convenance）之上的法则，在绝对必然的几何真理与纯然任意性的规定之间恪守中道——这些是培尔先生和其他现代哲学家所不曾充分理解的。人们还将看到，在自由中会产生——因为对于此一方或者彼一方不存在绝对的必然性——一种进行着选择的意志之漠然态度（indifférence），但尽管如此，却绝不会有

---

① ［德］莱布尼茨：《神义论》，朱雁冰译，道风书社 2003 年版，第 254 页。

对两方完全均等的漠然态度。"① 上帝必然在所有可能世界中自由选择最好的世界。上帝自由选择中包含的必然性并不是绝对的必然性，而是介于绝对的必然性与绝对的偶然性之间的必然性或偶然性，或者说，介于绝对的必然性与绝对的偶然性之间的必然性同时是一种偶然性。从上帝那里往最好世界那里推理是介于绝对的必然性与绝对的偶然性之间的必然的，从最好世界那里往上帝那里反推是介于绝对的必然性与绝对的偶然性之间的偶然的，介于绝对的必然性与绝对的偶然性之间的必然留在最好世界那里，介于绝对的必然性与绝对的偶然性之间的偶然留在上帝那里。莱布尼茨说："可以说，有一种以偶然性或者甚至以漠然态度（indifférence）为基础的自由，人们在这里将漠然态度理解为：没有什么东西强迫我们作出此一或者彼一决断。但绝不存在一种均衡的漠然态度；这就是说，对两个方面持平，不特别偏向某一个方面。无数或大或小的内在和外在的动因在我们身上同时起着作用，人们对此往往并没有意识到。"② 莱布尼茨认为绝对无原因的自由是不存在的。在无差别状态或绝对虚无的状态下绝不会有自由。自由有外部的原因和内部的原因。自由的外部的原因是有差别的状态，自由的内部原因也是有差别的状态，归根结底，自由的原因都可归结为自由内部有差别的状态。当我们认为自由没有原因的时候，是因为我们没有意识到原因而不是实际上没有原因。"无差别状态"（绝对的偶然性状态、纯粹的偶然性状态）是没有自由的，自由与绝对的必然性（纯粹的必然性、形而上学的必然性）是不相容的，自由与道德的必然性是对立且一致的。莱布尼茨既承认自由是偶然的而不是绝对必然（或绝对偶然的或产生于无差别状态）的，同时又承认自由又是受决定的，不过不是受自身以外的他物的决定，而是受自身的理智和意志决定，理智和意志没有其他的来源也不是来源于虚无，从而把绝对必然与受决定区别开来。在莱布尼茨那里，自由不是任意的，它要遵守圆满性原则。

---

① ［德］莱布尼茨：《神义论》，朱雁冰译，道风书社 2003 年版，第 17 页。
② ［德］莱布尼茨：《神义论》，朱雁冰译，道风书社 2003 年版，第 135 页。

圆满性原则（完满性原则或最佳原则）是主体在所有可能中必然选择最好的目标和在创造活动中必然追求选中的最好目标原则。根据圆满性原则，主体在所有可能中的各种选择和相应的各种创造活动及结果归根到底都由该主体自身必然追求最好者的意志所决定。莱布尼茨说："完满性不是别的，就是严格意义下的最高量的积极实在性。"① 在莱布尼茨那里，圆满性原则的前提是在主体（上帝和人）理智之中的所有可能世界之中一定有一个最好的世界。圆满性原则所制约的过程是主体意志选择的自由过程和主体能力实现所选的目标的过程，包括上帝的绝对自由和人的不完全自由。圆满性原则所制约的结果是现实的最好世界。这个最好世界的圆满性就体现在这个最好世界中的个体是无限的且各自独立自主自由的，个体之间是共在共变和谐的。以上包括上帝的理智能力在内的全部环节都是由上帝遵循圆满性原则的自由意志决定的。

上帝的理智是圆满性原则的前提。理智的本质是可能性。上帝的理智中有无数可能的世界，而且其中有一个最好的世界，这是上帝理智的存在。上帝的全知使上帝认识到上帝理智中所有的可能世界，并且能够识别出那个最好的世界，这是上帝理智的自由。因此，上帝不变理智的存在是圆满性原则的出发点，上帝理智的自由是圆满性原则被证明的过程。上帝的理智之中如果只有一个唯一可能的世界，这个唯一的可能世界实现之后就是我们的这个现实世界，上帝的意志无所选择，那么上帝的意志也就无所谓意志，这是一种绝对的必然性，因而上帝也就无所谓自由，莱布尼茨所认为的上帝不会处于这种情况之中。如果上帝从所有可能世界中不一定选择最好可能世界而是任意选择一个可能世界将其实现，这是一种绝对的偶然性，那上帝就是自由的任意，莱布尼茨所认为的上帝也不会处于这种情况之中。在莱布尼茨那里，无论是哪一种绝对的偶然性都是不存在的，因此不是无中生有而是有中生有的。上帝的理智中存在的与矛盾律相应的绝对必然性

---

① 北京大学哲学系外国哲学史教研室编译：《西方哲学原著选读》上卷，商务印书馆2003年版，第483页。

却是圆满性原则中道德必然性或者与道德必然性相应偶然性的来源。

圆满性原则制约着主体能力创造活动的整个过程。能力的本质是把可能的思维性存在变为具有物质现象的现实存在，也就是说能力是变化的根源。如果只从上帝的全能出发，上帝的创造能力就必定是自由的，上帝可以通过自己全能的创造活动使任何一个可能的世界变化为现实的世界。也就是说，只根据上帝的全能，上帝创造的现实世界可能是最好的一个，也可能是最差的一个，还可能是这两者之间的任何一个。如此，上帝的全能就只是上帝能力上的自由任意，而不是上帝能力上的真正自由，这在上帝身上是绝不会发生的，这在除上帝以外的被造的理性存在物身上可能发生。只有在遵守圆满性原则的前提下，上帝的全能才能是能力上真正自由的，上帝必然是能力上真正自由的，所以上帝的全能必然受圆满性原则的制约。

圆满性原则与意志。意志的本质是自由。意志的自由就是意志追求意志自身产生的目标。意志自由包含两个方面的内容，一是意志自发的追求活动，二是意志自发产生的追求目标。如果上帝只按全善活动，那么上帝就会把上帝理智之中的所有可能世界都变成现实，这时上帝的意志就不是真正的意志自由而是自由的任意。意志的真正自由应该包括三个方面的内容，一是意志自发的追求活动，二是意志自发产生的追求目标，三是意志自发追求意志自发产生的目标始终遵守意志自发地圆满性原则。上帝如果只按全知行动而不知道所知内容哪个是最好的，那就只是上帝理智上的自由任意而不是上帝理智上的真正自由。上帝如果只按全能行动而不是把最好的世界变为现实，那就只是上帝能力上的自由任意而不是上帝能力上的真正自由。上帝如果只按全善行动而不是选择把最好的世界变为现实，那就只是上帝意志上的自由任意而不是上帝意志上的真正自由。作为全知全善全能的上帝，虽然可能但绝不会或者只按全知，或者只按全能，或者只按全善而进行自由任意的行动。因为上帝自身是一个和谐的整体，所以，上帝必然是把全知全能全善作为一个和谐的整体而进行真正自由的行动。上帝的行动必然是真正自由的。上帝真正自由的行动包含三个条件，按照圆满性原则行动的全知，按照圆满性原则行动的全能，按照圆满性原则行动的全善，且这三个条件是和谐一体的。从这里可以看出，使上帝的自由成为真正自由的根本原因是按照圆满性原则行动的全善。也就是说，是上帝的按照圆满性原则行动的真正自由的意志使上帝的自由成为真正的自由。上帝的真正自由是建立在圆满性原则基础之上的包含全知全善全能在内的真正的意志自由，否则就是自由的任意或不自由。所以，真正的自由不是不受决定，而是不受他物的决定，只受自身圆满性原则的决定。

圆满性原则与作为上帝真正自由结果的最好世界。圆满性原则所制约的结果就是现实的这个最好的世界。这个最好世界的圆满性从量上说，就是这个最好的世界有无限数量的个体或者说存在的最大的量。从质上说，就是这个最好的世界中的个体之间既独立自主自由又和谐共存共变或者说存在是最高的善。两方面合起来就是存在是最大最高的善。圆满性原则也是在最好世界中的人在所有可能中必然选择最好的目标和在创造活动中必然追求选中的最好的目标的原则。在行动时，人的理智之中也有关于该行动的所有可能，与上帝相比只是清晰程度不一样，同时也要根据圆满性原则认识那最好的可能。人的能力必然根据圆满性原则实现那最好的可能。人的意志必然根据圆满性原则选择那最好的可能。人的自由也是在圆满性原则的基础上包含理智意志能力在内的意志的真正自由。因为人决定于人的心灵的单子，所以从根本上说，人是真正自由的。但人的真正自由不同于上帝的真正自由。上帝的真正自由是直接的纯粹的，而人的真正自由是间接的有限的。由于人的理智不是上帝那样的全知，人的能力不是上帝那样的全能，人的意志不是上帝那样的全善，所以人的自由虽然是真正的自由，但是人的自由不是纯粹的真正自由，而是受物质现象约束的真正自由，并因此可能陷入自由的任意或不自由的状态中去。

圆满性原则与道德的必然性的关系。圆满性原则适用于上帝创世全过程及所有理性被造物的行动。圆满性原则是意志必然追求最善的原则没有偶然性。圆满性原则是意志真正自由时意志自身必然要遵守的原则。道德的必然性适用于上帝创世全过程、上帝创造的最好世界的所有方面及对最好世界存在所有方面存在充足理由的论证。道德必

然性是追求最善的必然性等同于追求最善的偶然性。意志本来可以在
所有可能中任意选择一种可能，但由于真正的自由必然受自身圆满性
原则的决定，与真正自由相关的道德的必然性就是多种可能中选择一
种最好可能的必然性。道德的必然性建立在圆满性原则的基础之上，
也就是说，真正的自由与圆满性原则是对立同一的，真正的自由与道
德的必然性却是对立统一的。从某种意义上说，圆满性原则在真正自
由的内部活动中起作用，道德的必然性在真正自由的外部活动中起
作用。

我们认为，感性宇宙自己就是自己的根据。感性宇宙自己的变化
产生自己的不变。感性宇宙自己的变化与自己的不变相互转化并向前
发展。柏拉图认为，世界是创世神把理念和中性的原始物质加在一起
而形成的，因而柏拉图的创世神是有有相生而产生世界的，世界中的
变化来源于中性的原始物质。基督教认为，世界是上帝无中生有创造
出的，无是变化的来源。莱布尼茨认为，世界是上帝有中生有地从自
身创造出来的最好世界。柏拉图、亚里士多德、笛卡尔等都认为不存
在绝对的虚无。莱布尼茨也认为不存在绝对的虚无，因此莱布尼茨的
上帝不是无中生有的上帝，莱布尼茨的最好世界中的变化不是来自于
虚无，只能来源于上帝的永恒不变。从根本上说，上帝是永恒不变的
理智。上帝的理智遵循矛盾律，包含所有的可能世界。上帝理智之中
的矛盾律具有与绝对偶然性对立的清晰绝对必然性。矛盾律在上帝那
里是清晰的。在被造的最好世界中理性存在物的理智中矛盾律也是清
晰的。在被造的最好世界中矛盾律的绝对必然性是被物质现象掩盖了
的，因而总是包含在道德的必然性和物理的必然性之中。绝对的必然
性总是隐含在因果律的物理必然性之中。最好世界不来自绝对虚无只
来自上帝。上帝从自身创造最好世界的过程是遵循圆满性原则的过
程。圆满性原则具有道德的必然性。上帝从自身创造最好世界的过程
是意志真正自由的过程，意志的真正自由最终来自于永恒不变的理
智。寻找最好世界存在的充足理由的过程遵循充足理由律。充足理由
律也具有道德的必然性。寻找最好世界存在的充足理由的过程就是对
最好世界的认识过程，作用于这个认识过程的是变化的理智，而这个

变化的理智最终来自永恒不变的理智。从上帝本身来说，上帝的理智决定上帝的意志和能力。从创世来说，上帝的意志决定上帝的理智和能力。从认识世界来说，也是上帝的理智决定上帝的意志和能力。从变化来说，上帝的能力决定上帝的理智和意志。从逻辑来说，绝对的必然性产生道德的必然性和物理的必然性，道德的必然性和物理的必然性的偶然性成分全部推到上帝的理智之中去了而不能得到实际上的承认。所以，从根本上说，莱布尼茨认为没有任何意义的偶然性，只有绝对的必然性，这也就是莱布尼茨在逻辑上面临的最大困难。因此，人们总是把莱布尼茨称作理性主义者。

第三章　上帝的自身正义

第一节　上帝

早在基督教产生之前，古希腊罗马哲学家伊壁鸠鲁就根据现实世界中存在罪恶的事实，揭示了神的全能与全善之间的矛盾，第一次明确提出了神义问题：神的全能全善与世间的恶的关系问题。神义问题在后来的思想演变中又进一步发展为上帝的全知全善全能与世间的恶的关系问题。莱布尼茨认为神义问题是困扰人类理性的两个迷宫之一，并首创了神义一词，他在有生之年出版的唯一一部大部头著作《神义论》里专门对神义问题作出了回答。为了回答神义问题，首先必须证明上帝的存在。

一　上帝存在的证明

从表面上看，莱布尼茨是虔诚地信仰上帝存在的。在莱布尼茨生活的年代不信仰上帝还是一件超越时代的事情。实际上，莱布尼茨所信仰的是他自己所理解的理性上帝。关于上帝存在的证明，莱布尼茨综合了历史上所有关于上帝存在的证明，莱布尼茨并且使各种关于上帝存在的证明达到了最高的形式。正如罗素所说："莱布尼茨把关于神存在的各种形而上学证明发展成了最后形式。这些证明历史悠久：从亚里士多德开端，甚至可说从柏拉图开端；由经院哲学家作了一番形式化，其中之一，即本体论论证，是圣安瑟勒姆首创的。这个证明虽然被圣托马斯（St. Thomas）否定了，笛卡尔却又使它复活。莱布尼茨的逻辑技能高强无比，他把神存在的论证叙述得比向来更胜一筹。"① 莱布尼茨之前，关于上帝存在的证明可以归结为三种。一种是安瑟尔谟（安瑟伦、安瑟勒姆）首创的关于上帝存在的本体论证明。一种是起源于苏格拉底的关于上帝存在的目的论证明。一种是由托马斯进行了全面总结的关于上帝存在的宇宙论证明。莱布尼茨关于上帝存在的各种证明也可归结于这三类之中，而且都结合自己的哲学观点作了创造性的发展。如果从宗教神学出发，莱布尼茨的虔诚信仰是不够的。莱布尼茨为什么如此醉心于上帝存在的证明呢，主要是因为他的形而上学体系的需要，而不是为了增强对基督教人格神上帝的信仰，反而是为了增强对他自己所理解的理性上帝的信仰，从而证明他一贯坚持的在理性基础之上信仰与理性的一致，而不是证明在信仰基础上信仰与理性的一致。

罗素说："莱布尼茨的神存在论证计有四个，即：（1）本体论论证，（2）宇宙论论证，（3）永恒真理说论证，（4）前定和谐说论证。"② 而我们认为，莱布尼茨关于上帝存在的证明有以下几种。关于上帝存在的本体论证明，关于上帝存在的在先和谐论证明，关于上帝存在的永恒真理说证明，建立在矛盾律基础之上的关于上帝存在的证明，建立在充足理由律基础之上的关于上帝存在的证明，建立在圆满性原则基础之上的关于上帝存在的证明。以上前四个证明可归结为莱布尼茨关于上帝存在的本体论证明。第五个证明是莱布尼茨关于上帝存在的宇宙论证明。第六个证明是莱布尼茨关于上帝存在的目的论证明。下面依次论述莱布尼茨的以上关于上帝存在的各种证明。

从哲学产生以来，关于上帝存在的证明多种多样。对于安瑟尔谟首创，后又经笛卡尔改造的上帝存在的本体论证明，莱布尼茨是基本赞同的。莱布尼茨说："笛卡尔先生从坎特布里大主教安瑟伦那里借来的那个证明是很美并且真的很机智的，但还是有一个漏洞，须加修补。……这不是一个谬误推理，但这是一个不完善的推证，它假定了

---

① ［英］罗素：《西方哲学史》下卷，马元德译，商务印书馆2001年版，第111页。
② ［英］罗素：《西方哲学史》下卷，马元德译，商务印书馆2001年版，第112页。

某种要使它具有数学式的显明性就还须加以证明的东西，这就是暗地里假定了这个关于具有全部伟大性或全部圆满性的东西的观念，是可能的和不蕴含矛盾的。但这已经是通过指出这一点就证明了的东西，即假定上帝是可能的，它就存在，这是单单神性所具有的特权。我们有权假定一切东西的可能性，尤其是上帝的可能性，除非有人证明其相反。"① 安瑟尔谟认为，上帝是能够设想的最完满的东西，能够设想的最完满的东西一定包含存在，本质即存在，可能即存在。在安瑟尔谟那里，最完满的主观概念一定是独立客观存在的概念，最高的善一定是存在的，全知、全善、全能就是最完满性的体现，全知、全善、全能从根本上来说就是最高的善。笛卡尔说："凡是我们清楚明白地设想到的东西都是真的。"② 笛卡尔认为，我思故我在，因此，能够设想的最完满的东西就是真实存在的。最完满东西的观念不是从我们人的有限思维中产生的，而是从最完满的东西那里来的。最完满的东西就是上帝，所以上帝存在。笛卡尔对安瑟尔谟的改进表现在增加了对能够设想的最完满观念的来源不是经验而是理性的论证。而莱布尼茨认为，安瑟尔谟和笛卡尔关于上帝存在的本体论论证有一个共同的缺陷，那就是安瑟尔谟和笛卡尔都假定了只要是可能的就是存在的。莱布尼茨则进一步论证了可能的不一定是存在的，可能的即是存在的只适合上帝。莱布尼茨就把关于上帝存在的本体论证明的核心由从主观概念推出存在转换为从客观本质推出存在。安瑟尔谟、笛卡尔、莱布尼茨三者关于上帝存在的本体论证明的共同之处是从思维推导出存在。

莱布尼茨认为，对上帝存在的在先和谐论（前定和谐说、预定和谐说）的证明是多种独立的对上帝存在的证明之一。莱布尼茨说："我相信上帝的观念也是这样，我主张他的可能性和存在是以不止一种方式证明了的。而前定和谐本身也提供了一种新的无可争辩的证明

---

① ［德］莱布尼茨：《人类理智新论》下册，陈修斋译，商务印书馆 2002 年版，第529—530 页。

② 北京大学哲学系外国哲学史教研室编译：《十六——十八世纪西欧各国哲学》，商务印书馆 1975 年版，第 151 页。

方法。我也相信几乎所有用来证明上帝存在的办法都是好的和可以有帮助的，如果我们把它们弄完善的话，我也完全不同意人们应该忽视从事物的秩序得出的那种证明。"① 莱布尼茨在这里明确地表示所有关于上帝存在的证明都是好的。只是各种关于上帝存在的证明在逻辑上都存在着一些问题，需要进一步完善。我们应该重视而不是忽视关于上帝存在的在先和谐论证明。莱布尼茨说："这也是对上帝存在的最美和最无可争辩的证明之一，因为只有上帝，也就是那共同的原因，才能造成这种事物的和谐。"② 莱布尼茨认为，之所以要重视在先和谐论对上帝存在的证明，主要是因为在先和谐论对上帝存在的证明不仅是最好的、最美的，而且逻辑上也是最强的。关于上帝存在的在先和谐论证明的出发点有两种情况。如果从宇宙中万事万物的秩序出发，通过对感性事物和谐秩序的论证来证明上帝的存在，就是关于上帝存在的宇宙论证明之一。如果从上帝创造的单子出发，通过在先的和谐论来证明上帝的存在，就是关于上帝存在的本体论证明之一。莱布尼茨认为，上帝创造了所有的单子，所有单子都是没有窗口的单纯实体，宇宙中的万事万物都是由单子组成的。因此，所有的单子之间、事物之间、身心之间及自然的物理界与神恩的道德界之间毫无因果上的相互作用。在我们看来，所有单子之间、所有事物之间、所有领域之间就像是发生了物理上的相互作用而彼此和谐一致，其实在创世之前，这个和谐世界的所有和谐就都逻辑在先地存在于上帝那里，所以，上帝存在。上帝存在的本体论证明的核心是从上帝的概念推出上帝的存在。上帝存在的在先和谐论证明是从上帝那里逻辑上在先存在和谐推出宇宙中存在的在先和谐，从而证明上帝的存在。从这里可以分析出，上帝存在是这个证明的出发点；这个证明是从上帝那里存在的和谐到宇宙中存在的和谐；在先和谐在宇宙中属于本体论层次等，因此，我们可以把关于上帝存在的在先和谐论的证明称为本体论

---

① ［德］莱布尼茨：《人类理智新论》下册，陈修斋译，商务印书馆2002年版，第531页。

② ［德］莱布尼茨、［英］克拉克：《莱布尼茨与克拉克论战书信集》，陈修斋译，商务印书馆1996年版，第82—83页。

证明。

　　莱布尼茨关于上帝存在的永恒真理证明是关于上帝存在的认识论证明，罗素认为这个证明其实是宇宙论证明，我们认为这个证明其实是关于上帝存在的本体论证明。梯利说："另外提出的一个证明，可以称之为认识论的证明。永恒和必然的真理，即逻辑和几何学的真理是存在的，这种真理是以它存在于其中的永恒的智慧为前提的。"[①] 在莱布尼茨那里，从感性存在出发只能获得事实的真理或偶然的真理。如果从感性存在出发来证明上帝的存在，那就只能是关于上帝存在的宇宙论证明或者目的论证明。从纯粹的本质出发，如果只有本质没有与本质相符的存在，这种情况不存在真理。从纯粹的本质出发，如果本质就是存在，这种情况就存在永恒的真理或绝对的真理。莱布尼茨认为永恒真理是存在的，并根据永恒真理的存在证明上帝的存在。永恒真理就是以本质为基础的本质与存在直接等同，也就是说，存在着一个必然的永恒不变的本质，这个必然的永恒不变的本质就是上帝，这显然是关于上帝存在的本体论证明。由于这个必然的永恒不变的本质同时是永恒的真理，所以这个证明也可称为关于上帝存在的认识论证明。由于在本质的基础上本质等于存在，所以，本体论、逻辑学和认识论就是直接同一的，因此，这个证明也可称为关于上帝存在的逻辑学证明。但从根本上说，这个证明应该被称为关于上帝存在的本体论证明。如果从感性存在出发，首先证明宇宙中只存在事实的真理或偶然的真理，然后证明永恒的真理或必然真理的存在，最后再证明上帝的存在，这就是罗素认为这个证明是关于上帝存在的宇宙论证明的原因。我们认为，从纯粹的本质出发，只有本质没有与本质相符的存在，这种情况不存在永恒的真理或绝对必然的真理，这种情况也不存在本体论和逻辑学，因而也就不存在莱布尼茨所说的上帝。

　　根据矛盾律，自身同一的存在是绝对的存在，自身同一的真理是绝对的真理，自身同一的关系是绝对的必然，自身同一的善是绝对的

---

①　[美] 梯利：《西方哲学史》，葛力译，商务印书馆 1999 年版，第 411 页。

善，自身同一的能力是绝对的能力。自身同一的存在就是永恒不变的存在，是变与不变直接相同的存在，是本质与存在总是直接相同的存在。自身同一的绝对真理就是本质与存在永恒直接相符的真理，是本质与存在总是直接相同的真理，因此，绝对真理是绝对存在的一个方面。自身同一的关系就是自己的本质和自己的存在都是自己，因而自身同一的关系是绝对必然的，所以绝对必然也是绝对存在的一个方面。自身同一的善是绝对的善，也就是自善，就是善的本质与善的存在是直接同一的，因此，绝对的善也是绝对存在的一个方面。自身同一的能力是绝对的能力，也就是自己存在的能力，也就是自己的本质使自己存在的能力，所以，绝对的能力也是绝对的存在的一个方面。因此绝对的存在包含所有绝对的性质，绝对的存在是所有绝对性质的基础。根据矛盾律证明了绝对的存在，也就证明了上帝的存在，因为绝对的存在就是上帝。因为矛盾律对上帝存在的证明是建立在本体论基础之上的，因此，根据矛盾律对上帝存在的证明也可称为关于上帝存在的本体论证明。

上帝存在的本体论证明中从前提到结论的各种表现是：从思想中存在的概念到思想外、世界外概念的存在；从思想中存在概念到经验中概念的存在；从思想中存在的可能概念到现实中可能概念的存在。本体论证明同时蕴含着这样一些证明：从本质到存在；从理念到事物；从可能到现实；从思维到存在。上帝存在的本体论证明的实质就是从思维到存在的跳跃；从一般到个别的跳跃；从不变到变的跳跃；从逻辑到历史的跳跃。形而上学的分离一定导致世界之外存在上帝，思维与存在的对立导致思维的独立化，上帝与世界作为一个矛盾的两个方面分开了、独立了、各自发展，但在上帝那里存在与思维作为矛盾的两个方面始终是空洞直接同一的。

莱布尼茨关于上帝存在的宇宙论证明是建立在充足理由律的基础之上的。在莱布尼茨之前，关于上帝存在的宇宙论证明有一个共同的思路，就是从作为所有经验世界共同点的所有存在事物的偶然性出发，通过论证所有偶然事物存在的终极原因来证明上帝的存在。莱布尼茨对这一思路是赞同的，并在充足理由律的基础上对上帝存在的宇宙论证明作了改进。

　　现实世界中的感性经验事物的存在是偶然（介于绝对的偶然与绝对的必然之间）的，而偶然的事物既可能存在也可能不存在，偶然的事物自身不包含自身绝对必然存在的原因，因此，在这个偶然事物的系列之外必然存在一个自身是自身存在原因的绝对必然的存在作为所有偶然事物存在的原因，这个自身是自身存在原因的绝对必然的存在就是上帝，也就是说，这个绝对必然的上帝同时是绝对自由的上帝。这是以往关于上帝存在的宇宙论证明的共同观点，莱布尼茨对此也是赞同的，但莱布尼茨并没有到此为止，而是对这个关于上帝存在的宇宙论证明作了巨大的改造。莱布尼茨说："偶然的事物是存在的，而这些偶然事物只有在必然的实体中才能得到它们的最后理由或充足理由，必然的实体则是从自身而具有其存在的理由。"① 最好世界中的感性经验事物的存在是偶然的，而偶然的事物既可能存在也可能不存在。偶然事物既然存在就一定有存在的理由，否则就是不能存在的。最好世界中偶然事物存在的理由要么在自身之中，要么在这个最好世界之中，要么在这个最好世界之外，要么既在这个最好世界之中又在这个最好世界之外。莱布尼茨认为，最好世界中偶然事物存在的理由显然不可能在偶然事物自身之中，而在这个最好世界之中只能找到偶然事物存在的有限理由，只有到这个最好世界之外才能找到偶然事物存在的充足理由。因为在这个最好世界中找到的理由是其他一些偶然事物，其他一些偶然事物存在的理由又是另外一些偶然事物，因此，在这个最好世界中找到的都是一些有限理由而不是最后的理由。莱布尼茨说："真正充足的或最终的理由必然在多种多样的偶然性的序列或者序列组合之外，尽管那种联系也可能是如此的没有界限。可见，事物的最终理由一定在一个必然的实体之中，其中，变化之纷繁多样不过是'超绝'（eminenter），宛如包含在源头之中。我们称这种实体为上帝。这一实体是全部纷繁多样之充足理由，而这纷繁多样在各

---

　　① 北京大学哲学系外国哲学史教研室编译：《西方哲学原著选读》上卷，商务印书馆2003年版，第484页。

个方面都处于连接和关联之中，所以，只有一个上帝，这个上帝已经充足。"① 这个最好世界是由无数的偶然事物组成的，所以这个最好世界是没有边界的。这个最好世界中的任何偶然事物由于自身不能提供存在的理由，所以，这个最好世界中的任何偶然事物都不能成为最后的理由或充足理由。最后的理由或者充足理由必然在这个最好世界之外。在这个最好世界之外的这个最好世界的充足理由就是上帝。这个最好的世界虽然是由无数的偶然事物组成的，但这个最好世界中的无数偶然事物之间的关系并不是偶然的，而是由具有非理性的绝对必然性的因果关系连接起来的一个整体，因此，充足理由也只需要一个，也就是说只有一个上帝。莱布尼茨说："上帝是事物的第一理由，因为受局限的事物，如我们看见和通过经验所认识的一切，是偶然性的，自身并没有使其此在（existence）成为必然性的东西，因为很明显：自身一体，形式同一并对一切表现漠然的时间、空间和物质也可能具有完全另一种运动和形态，处在完全另一种秩序之中。人们必需探求由偶然性事物总体结构构成的世界之此在的理由（raison），也就是说，人们必须在一种其自己本身之内包含着其存在理由并因此而具有必然性的永恒性的实体（substance）之中去探求这种理由。"② 虽然这个最好世界中所有偶然事物之间的因果联系也是绝对必然的，但是，这种因果联系的绝对必然性不是因为自己而成为绝对必然性的，而是因为在这个最好世界之外的绝对必然的存在而成为绝对必然性的。这个最好世界之外的绝对必然的存在就是这个最好世界的充足理由或第一理由。这个充足理由或第一理由必然是自己存在理由的绝对必然存在，这个绝对必然的存在就是上帝。由于上帝自己是自己存在的理由，所以上帝是绝对自由的存在。所以上帝既是绝对必然的存在又是绝对自由的存在。

　　莱布尼茨与托马斯关于上帝存在的宇宙论证明在逻辑思路上是基本相同的，都是从所有经验世界中共同的偶然性的经验事物出发，然

---

① ［德］莱布尼茨：《神义论》，朱雁冰译，道风书社 2003 年版，第 486 页。
② ［德］莱布尼茨：《神义论》，朱雁冰译，道风书社 2003 年版，第 107 页。

后跳跃到一个绝对必然性的东西之上。二者的区别主要在于莱布尼茨用理性的充足理由深化到了托马斯物质性的因果联系的无限系列之下之外。在莱布尼茨那里，理性的充足理由是精神实体，而物质性的因果联系的无限系列仅仅是以精神性的单子为基础的感性经验现象之间的联系。莱布尼茨认为，在时间和空间之中的偶然性事物的因果联系是物质性的，人们不能用分析的方法从偶然性事物的因果联系的无穷系列中找到一个物质性的第一因，也不能在这个无穷系列之外找到一个物质性的终极因。但是我们却可以根据每一个偶然性事物都需要一个外在的理由这一前提，必然地推出整个偶然性世界整体也需要一个外在的理由这一结论，这个理由就是所有偶然事物的充足理由，这个充足理由就是上帝，因为上帝自身是自身存在的理由。我们虽然在偶然性事物因果联系的无穷系列之外找不到一个物质性的第一因，却可以找到一个精神性的作为第一因的上帝，在宇宙中，分属于现象和本体两个层面的物质性的因果联系的无限系列的原因和这个原因之下和之外的理由都来自于上帝这个终极的理由或充足理由。因为偶然事物自己不是自己存在的原因或理由，所以现实世界中偶然事物之间的因果联系的系列是无止境的。如果这个偶然的无限宇宙整体之下之外不存在一个自己是自己存在的原因或理由的绝对必然的存在就无法理解这个宇宙。为什么就不能从这个偶然的无限宇宙自身来理解这个偶然的无限的宇宙呢？在我们看来，宇宙存在的原因或者宇宙存在的理由就是宇宙自己。如果追问宇宙存在的原因或宇宙存在的理由都必然会追溯到宇宙之外，而我们得到的必然是绝对必然的存在之类的空洞名词。但这个思想阶段绝不是偶然的，而是我们人类对宇宙认识必然要经历的有益尝试。

　　莱布尼茨在一封书信中说："要是没有这条伟大原则，就不能达到对上帝的存在的证明，也不能为其他许多重要的真理提供理由。"[①]在《神义论》中又说："没有这一伟大原则（指充足理由律——引者

---

　　① ［德］莱布尼茨、［英］克拉克：《莱布尼茨与克拉克论战书信集》，陈修斋译，商务印书馆 1996 年版，第 94 页。

注），我们将无法证明上帝的此在，我们将丧失无数以此一原则为基础的非常正确和非常有益的结论。"① 在这里，莱布尼茨认为，充足理由律一方面为上帝的存在提供理由；另一方面又为上帝以外的其他真理提供理由，这似乎把充足理由律凌驾于上帝之上了，从而导致循环论证。事实上，在莱布尼茨那里，总是存在着上帝与最好世界的循环论证。在别的地方，莱布尼茨认为，关于上帝存在的证明多种多样，每种关于上帝存在的证明都是有道理的，这里又说没有充足理由律就不能证明上帝的存在，在这里，莱布尼茨是不是自相矛盾呢？表面上这是明显自相矛盾的。实际上，莱布尼茨的意思是各种关于上帝存在的证明都建立在充足理由律的基础之上。绝对的必然存在或者绝对的偶然不存在这两者是有充足理由的，也就是矛盾律所包含的绝对必然的存在是有充足理由的，也就是说上帝的存在是有充足理由的，因为上帝自己就是自己存在的充足理由。或者说，矛盾律自己就是自己存在的充足理由。因为矛盾律的含义之一就是绝对必然是存在的，因此，这也可以看成是一种建立在充足理由律基础之上的关于上帝存在的本体论证明。全知的上帝的理智之中有无限的可能世界，上帝理智之中的无限可能世界都是必然的，现实的世界只是无限可能世界之中的一个，因此现实世界的存在是偶然的，把这个关于上帝存在的本体论证明的论证反过来看，就是一个建立在充足理由律基础之上关于上帝存在的宇宙论证明。对充足理由律本身的证明也是关于作为充足理由的上帝存在的宇宙论证明。现实世界的存在不是必然的，那么现实的世界就可以不存在，现实世界中的任何一个事物都可以不存在，如今现实世界是存在的，因此就必须给出现实世界存在的充足理由。这个充足理由的直接表现就是，这个现实世界对应的可能世界是最好的，因此最好的可能世界存在比不存在好，这个现实世界必须存在而且是最好的，这同时也就说明上帝的意志是全善的，意思是说，现实世界是好的，只是一般的理由，现实世界是最好的才是充足理由，这在某种意义上

① ［德］莱布尼茨：《神义论》，朱雁冰译，道风书社2003年版，第134页。

是建立在充足理由律基础之上关于上帝存在的目的论证明。上帝的全知提供了现实的最好世界存在的充足理由，上帝的全善提供了上帝的意志选择最好世界的充足理由，上帝的全能是把具有充足理由的可能世界变成现实世界的有充足理由的能力。上帝的全知就是绝对必然的存在，这是关于上帝存在的本体论证明要证明的问题。上帝的全善只创造最好的世界，这是关于上帝存在目的论证明要证明的问题。上帝的全能能够把上帝理智中存在的无限可能世界中的任何一个变成现实存在的世界，这是关于上帝存在的宇宙论证明要证明的问题。因此，上帝的全知全善全能就应是这个现实世界存在的充足理由。这个现实世界存在的充足理由就是上帝的全知全善全能。关于上帝存在的充足理由律的证明包含关于上帝存在的本体论证明、宇宙论证明和目的论证明等所有关于上帝存在的证明。

莱布尼茨关于上帝存在的目的论证明是建立在圆满性原则（完满性原则、最佳原则）基础之上的。在莱布尼茨之前，关于上帝存在的目的论证明有一个共同的思路，就是从我们现有的经验世界中的完善事物及完善秩序出发，通过论证我们现有的这个经验世界中的完善事物及完善秩序的终极原因来证明上帝的存在。莱布尼茨对这一思路是赞同的，并在圆满性原则基础上对上帝存在的目的论证明作了改进。

我们现有的经验世界中的事物都是完善的，其中包括单子、事物和被造的理性存在。我们现有的经验世界中的完善秩序表现在多个方面：物质现象层面绝对必然的因果联系或者物理的必然性；单子活动的绝对必然性；被造的理性存在的道德必然性；宇宙内部本体论，认识论和伦理学等各个层面的和谐；宇宙整体的道德必然性，各种等级完善的秩序和共存共变的普遍和谐。

莱布尼茨说："在上帝之中有权力，权力是万物的源泉，又有知识，知识包含着观念的细节，最后更有意志，意志根据那最佳原则造成种种变化或产物。这一切相应于创造出来的单子中的主体或基础、知觉能力和欲望能力。不过在上帝之中这些属性是绝对无限或完满的，而在创造出来的单子或'隐德来希'中，则只是按照具有完满性的程度而定的一些仿制品。"① 上帝是最完善的存在，上帝具有所有最完善的属性，上帝具有的所有最完善的属性包括全知全善全能，上帝具有的所有最高的完善性是和谐共存的。所有具有部分完善性的事物普遍和谐的共存共变就构成上帝创造的最好世界。所有单子和事物在理智意志和能力上都具有有限的完善性，都是对上帝的最高完善性的模仿和分有，都是因为上帝的最高完善性才获得存在，都是上帝的仿制品。所有单子和事物之间普遍和谐的共存共变都是对上帝具有的所有最高的完善性的和谐共存的模仿和分有，都是因为上帝的最高完善性之间的普遍和谐共存才获得存在，都是上帝的最完善性的最完善秩序的仿制品。

就上帝本身来说，全知、全善、全能既是各自独立的完善性，又是共存的完善性整体。全能在某种意义上说就是全在，即自己能够让自己存在，因此，全在也是最高的完善性之一，所以，作为最完善性的主观观念存在的上帝是客观实在的存在。全知是最高的完善性之一，是绝对的必然性，因此，全知是自知，全知是自己让自己存在的。因此，全知又是绝对自由的，所以全知又是全能的，绝对的自由只有与全善合一才能是绝对自由的，所以全知又是全善的。全善是最高的完善性之一，全善是绝对的道德必然性，因此，全善是自善，全善是自己让自己的善存在，因此，全善也是绝对自由的，绝对自由就是全能，所以全善也是全能，绝对自由的也就是绝对必然的，因此，全善也就是全知。全能是最高的完善性之一，全能就是绝对的自由，因此全能就是自能，绝对的自由就是绝对的善，所以，全能也就是全善，绝对的自由就是绝对的必然，所以全能也就是全知。所以，上帝的各项最高完善性是和谐共存。

就上帝创造的最好世界来说，上帝是包含所有最高完善性的自己让自己存在的存在，那么上帝必然创造一个最好的世界，上帝创造的这个最好世界中包含有无限的具有部分完善性的事物，而且，所有具

---

① 北京大学哲学系外国哲学史教研室编译：《西方哲学原著选读》上卷，商务印书馆 2003 年版，第 484—485 页。

有有限完善性的事物都处于普遍和谐的秩序之中。

从最好世界的本体层面来看，全宇宙是无数单子按完善性高低等级排列的一个无限的连续普遍和谐的系列，所有单子按完善性程度高低排列成的普遍和谐系列的顶端就是上帝（最完善的单子）。所有共存共变的单子之间的普遍和谐也来源于上帝的最完善的和谐。

从最好世界的现象层面来看，全宇宙是由单子基础上形成的具有完善性的物质现象，具有完善性的事物及具有完善性的被造的理性存在者。在莱布尼茨看来，包括具有完善性的物质现象，具有完善性的事物以及具有完善性的被造的理性存在者在内的现象层面的个体事物都有形体，因而都只具有有限的完善性。莱布尼茨说："我相信禽兽是有不灭的灵魂的，而人和其他一切的灵魂是决不会没有某种身体的；我甚至主张惟独上帝，作为一种纯粹的现实性，才是完全不具形体的。"① 在这个最好的世界中包含无限的具有形体的个体事物，形体都是由单子形成的，所以，在这个最好世界中所有的个体事物都具有一定程度的完善性，所有具有一定程度完善性的个体事物构成一个普遍和谐的连续无限系列，这个无限系列的顶端就是上帝。唯独上帝没有形体，所以上帝是最完善的存在，最完善的上帝由于没有形体因而没有限制，当然上帝就应当既在最好世界之中又在最好世界之外存在。最好世界中所有形体的个体事物之间共存共变的普遍和谐来源于上帝最完善的和谐。

总之，莱布尼茨建立在圆满性原则基础之上的关于上帝存在的目的论证明包括三个部分的内容。一是建立在圆满性原则基础上的关于上帝存在的自证，二是从上帝到最好世界的关于上帝存在的证明，三是从最好世界到上帝的关于上帝存在的证明。二和三两种证明合起来是上帝与最好世界存在的互证，也可以说是上帝存在与最好世界存在之间的循环论证。

康德把以往关于上帝存在的证明归结为关于上帝存在的本体论证

---

① ［德］莱布尼茨：《人类理智新论》上册，陈修斋译，商务印书馆 2002 年版，第88—89 页。

明，关于上帝存在的宇宙论证明和关于上帝存在的目的论证明，并最终归结为关于上帝存在的本体论证明。莱布尼茨本人提供了多种关于上帝存在的证明，也进行了一定的归类，但没明确地作出像康德一样的总结。我们认为，莱布尼茨所有关于上帝存在的证明也可以归结为关于上帝存在的本体论证明，关于上帝存在的宇宙论证明和关于上帝存在的目的论证明，但最终并不是只归结为关于上帝存在的本体论证明，而在莱布尼茨那里，关于上帝存在的各种证明最终可以互相归结。一般而言，关于上帝存在的本体论证明是从上帝出发证明上帝的存在，是用一种自证的方式证明上帝的存在，用一种自我循环的方式证明上帝的存在。关于上帝存在的宇宙论证明是从自然出发证明上帝的存在，是用自然与上帝相互循环的方式证明上帝的存在。关于上帝存在的目的论证明是从人出发证明上帝的存在，是用人与上帝相互循环的方式证明上帝的存在。在莱布尼茨那里，关于上帝存在的各种证明方法的共同前提是全知全善全能的上帝创造了一个最好的世界。因此，在莱布尼茨那里，关于上帝存在的本体论证明就是根据上帝的全知和矛盾律证明上帝的存在，实际上也是上帝自身的循环论证，并得到多个结论：上帝是绝对必然（自知）的存在，上帝是绝对自由（自能）的存在，上帝是绝对完满（自善）的存在。在莱布尼茨那里，关于上帝存在的宇宙论证明就是根据上帝的全能和充足理由律证明上帝的存在，实际上是上帝与最好世界之间的循环论证，并得到多个结论：上帝是绝对必然（自知）的存在，上帝是绝对自由（自能）的存在，上帝是绝对完满（自善）的存在。在莱布尼茨那里，关于上帝存在的目的论证明就是根据上帝的全善和圆满性原则证明上帝的存在，实际上是上帝与最好世界之间的循环论证，并得到多个结论：上帝是绝对必然（自知）的存在，上帝是绝对自由（自能）的存在，上帝是绝对完满（自善）的存在。因此，在莱布尼茨那里，关于上帝存在的各种证明是可以相互归结的，或者说，在莱布尼茨那里，关于上帝存在的各种证明是多位一体的，并可以归结为关于上帝存在的三种证明的三位一体。

二　上帝的属性

在莱布尼茨那里，关于上帝存在的证明多种多样，而且是可以互相归结的。因此，在莱布尼茨那里，所有关于上帝存在的证明都可归结为关于上帝存在的本体论证明。而关于上帝存在的本体论证明可以归结为建立在矛盾律基础上对上帝存在的证明。矛盾律的含义有很多，但所有含义并不是从根本上相冲突的，从根本上是一体的。比如说，自身同一就是矛盾律的形式方面，本质直接就是存在就是矛盾律的根本形式，本质与存在相互转化就是矛盾律的根本内容的形式，矛盾律的根本内容就是辩证逻辑的矛盾律，辩证逻辑的矛盾律是整个现实的逻辑方面，辩证逻辑的矛盾律与整个现实是对立同一的。莱布尼茨建立在矛盾律基础之上对上帝存在的证明根据的就是本质直接就是存在，也就是说，上帝是一个纯粹本质性的存在。在这一部分中我们之所以讨论上帝的属性，一是要讨论上帝的本质表现在哪些方面及上帝的本质有哪些内容，二是因为莱布尼茨既信仰上帝又证明了上帝的存在，因而在莱布尼茨那里是否面临神义问题的挑战还取决于莱布尼茨关于上帝属性的观点。

多神教思想家一般认为神有多个。犹太教和基督教思想家一般认为上帝只有一个。在莱布尼茨那里，上帝作为最高单子因而是唯一的。根据连续性原则，从空间上看，整个宇宙是每一事物与另一事物之间区别无限小的一个无限连续的系列。从时间上看，整个宇宙是每一事物从一种状态过渡到另一种状态的一个渐进的无限连续的系列。从本体上看，整个宇宙是每一单子与另一单子差别无限小的一个无限连续的系列。上帝作为所有连续系列的终端（开端、顶端）因而是唯一的。莱布尼茨说："这个实体乃是全部细节的充足理由，而这种细节也是全部联系着的；只有一个上帝，并且这个上帝是足够的。"[①]从现象上说，宇宙中所有事物通过因果联系形成一个唯一的整体。从

---

① 北京大学哲学系外国哲学史教研室编译：《西方哲学原著选读》上卷，商务印书馆2003 年版，第 483 页。

本体上说，宇宙中所有单子通过在先和谐形成唯一一个共存共变的整体。而现象上的整体与本体上的整体是同一个整体，这个唯一的上帝是这个唯一的宇宙整体的充足理由，而且上帝是因果联系系列和在先和谐系列之中必然的一个环节，所以上帝是唯一的。我们认为，从数学的角度看，关于开端或终点，一个无限连续的系列可能既没有开端又没有终点，可能有开端没有终点，可能没有开端有终点，可能既有开端又有终点。莱布尼茨认为，无限连续的单子系列有开端而没有终点，即使从数学的角度看，也是缺乏逻辑性的，然而却巧合于哲学上的自由与理性的关系。

多神教思想家一般认为，神在世界之中。犹太教和基督教思想家一般认为，唯一的上帝在世界之外。莱布尼茨认为，作为唯一最高单子的上帝既在最好世界之内又在最好世界之外。第一，由于上帝是最好世界中所有事物因果联系的无限的系列和最好世界中所有单子在先和谐的无限系列之中必然的一个环节，所以上帝在最好世界之中。第二，在最好世界中，所有单子都与形体相结合，只有上帝不与形体相结合，虽然形体也是由单子组成的，但上帝不与形体相结合，说明上帝在最好世界之外。莱布尼茨说："单子都以混乱的方式追求无限、追求全体，但是它们都按照知觉的清晰程度而受到限制和区别。"① 最好世界中的所有单子都以自己的特殊观点表象全宇宙。由于每个作为中心的单子都是与它结合的由单子形成的形体的"隐德来希"，所以，最好世界中的所有单子都以自己的特殊观点表象全宇宙的特殊观点，这表现在两个方面，一是中心单子的特殊性，二是与中心单子相结合的组成形体单子的特殊性。也就是说，每个中心单子只是较清晰地表象它的形体，同时通过它的形体更不清晰地表象全宇宙。莱布尼茨说："每一种清晰的观念基本上都是与其对象一致的，而上帝只有清晰的观念，除非其最初对象根本不存在；但只要它存在，它便会是

---

① 北京大学哲学系外国哲学史教研室编译：《西方哲学原著选读》上卷，商务印书馆2003 年版，第487 页。

按照这种观念形成的。"① 唯独上帝能绝对清晰表象全宇宙，所以上帝与最好世界中的所有单子在质上是不同的，因此上帝在最好世界之外。总之，最好世界中所有单子只有上帝是没有形体的，最好世界中所有单子只有上帝绝对清晰地表象全宇宙，所以最好世界中所有单子只有上帝是绝对完善（绝对完满、绝对完美、最好）的单子，所以上帝与最好世界中所有其他单子在质上是不同的，所以上帝又在最好世界之外。由于上帝是最好世界之外绝对完善的单子，所以上帝是唯一的。

为什么绝对完善的上帝就是唯一的呢？上帝的绝对完善性体现在三个方面：理智的绝对完善性，意志的绝对完善性和能力的绝对完善性。最好世界中的所有单子和事物在理智意志能力方面都只具有有限的完善性，都是上帝的仿制品。莱布尼茨说："这种原因（cause）一定也拥有智力（intelligente）。既然现存的世界是偶然的，无数其他世界同样是可能存在的；可以说，也同样像它一样努力争取它们的此在。所以，世界的原因必须考虑到或者关系到所有这些可能的世界，以便确定它们当中的一个得以此在。一个现存的本体对于诸单一可能性的这种考虑或者这种关系，不会是别的什么而只可能是对它们形成着观念的理智（entendement）；从它们之中择其一的遴选只可能是进行着选择的意志的行动。但是，只有这种实体的权力（puissance）才使它的选择有效，权力针对着在（être），智慧或者理智针对着真实（vrai），意志针对着善（bien）。此外，这种有智力的原因不论以哪一种方式看都是无限的，在权力智慧和善方面是绝对完美的，因为它针对着可能存在着的一切。而且，既然一切都是相互联结着的，所以，不可能设想存在着多个原因。它的理智是本质特性之源，上帝的意志是诸生存（existences）之本根。简而言之，这就是唯一一个上帝及其完美性之证明，这便是事物通过他而产生的证明。"② 由于现存的最好世界是偶然的，无数其他的可能世界同样是可能现实存在的，所

① ［德］莱布尼茨：《神义论》，朱雁冰译，道风书社 2003 年版，第 268—269 页。
② ［德］莱布尼茨：《神义论》，朱雁冰译，道风书社 2003 年版，第 107—108 页。

以，创造这个最好世界的上帝的理智必然使自己包含所有的可能世界，同时还能使自己识别出那个最好的可能世界，所以上帝的理智是绝对完善的。选择这个最好世界的上帝的意志使自己能够选择所有可能世界中任何一个可能世界变成现实存在，但选择这个最好世界的上帝的意志自己使必然选择所有可能世界中最好的那一个可能世界变成现实存在，所以上帝的意志是绝对完善的。创造这个最好世界的上帝的能力自己使自己能够把所有可能世界中任何一个可能世界变成现实存在，但创造这个最好世界的上帝的能力自己使自己必然把所有可能世界中最好的那一个可能世界变成现实存在，所以上帝的能力是绝对完善的。绝对完善的理智就是全知，绝对完善的意志就是全善，绝对完善的能力就是全能，因此，在莱布尼茨那里，绝对完善的上帝是全知、全善、全能的。最好世界中的一切都是相互连接着的一个整体，根据充足理由律、差异律、不可辨别者的同一性律等都可证明最好世界只有一个，所以，创造这个最好世界的绝对完善的上帝就是唯一的。总之，唯一的绝对完善的上帝是全知、全善、全能的。

就绝对完善的上帝的理智的全知而言，莱布尼茨认为，上帝的全知就在于上帝的理智中包含着所有的可能性。也就是说，上帝的理智之中包含所有的本质，所有的关系，所有的永恒真理。上帝的理智之中包含所有的可能世界，上帝的理智之中包含的所有可能世界之中有且只有一个是最好的可能世界。因此，上帝的理智是自有且无限的，具有关于所有的可能世界的全部知识。莱布尼茨说："不可去附合几个司各脱追随者的说法，认为永恒真理即便没有理智，甚至没有上帝的理智，也会继续存在下去。在我看来，正是上帝的理智才造成了永恒真理的现实，虽然他的意志并没有参与其事。每一种实在都必须奠立于某种存在者之中。"① 莱布尼茨与笛卡尔一样，认为任何实在的现象内部或外部都有作为基础的实体。莱布尼茨认为，永恒真理就是实在的现象，上帝的理智就是作为基础的实体，所以，永恒真理必须在上帝的理智之中存在，没有上帝的理智，永恒真理将无法存在。

---

① ［德］莱布尼茨：《神义论》，朱雁冰译，道风书社 2003 年版，第 264 页。

在莱布尼茨那里，在某种意义上，只有上帝的理智可以被孤立起来看，也就是说，上帝是一个在最好世界之外的理智实体。莱布尼茨说："按照我们的学说，上帝是卡佩拉所称的外于尘世的理智，或者更正确地说是超尘世的理智。"① 由于莱布尼茨把理智看成最终的实体，其他一切存在都来源于理智。因此，莱布尼茨所认为的上帝不是神化的自然和人，也不是作为人格神的上帝，而是作为理性神的上帝。这里也可看出莱布尼茨是一个理性主义者。莱布尼茨说："这种甚至会逼迫上帝的所谓命运无非是上帝之固有本性，是他自己的、为他的智慧和慈善提供规则的理智：这是一种幸福的必然性，缺此他便既不会慈善，也没有智慧。"② 莱布尼茨认为，上帝的理智是上帝的固有本性，上帝的理智使自己存在。上帝的理智不仅具有所有的可能性，而且还具有规范智慧活动和慈善活动最圆满的规则和能力，因而决定着智慧和慈善的存在。莱布尼茨说："这种可能性或者形式是唯一一个并非上帝创造的东西，因为他不是他自己理智的创造者。"③上帝的理智是唯一一个不是上帝创造的东西。这不是说，上帝的理智是外来的，而是说，上帝的理智是上帝自有的终极不变的实体。上帝的理智不是从上帝的其他部分变来的，更不是从上帝以外的东西变来的，而是，上帝固有的不变理智变化出了上帝之中所有其他部分和上帝之外的所有存在。由于上帝的理智是永恒不变的，所以，上帝理智中的永恒真理也是永恒不变的。在这一点上，笛卡尔遵循意志主义者司各脱（Scotus）的观点认为，上帝的意志是终极的本原，上帝的意志是逻辑上最先在的，上帝的意志自己创造出自己的对象，上帝的意志是理智和能力的终极根源和终极基础，因此，上帝的意志可以任意创造或改变上帝理智中的永恒真理，这就导致上帝的意志任意行动的结果都是最好者，同时善与恶之间就没有区别。莱布尼茨与理智主义者托马斯一样，认为上帝的意志总是与上帝的意志对象联系在一起，

① ［德］莱布尼茨：《神义论》，朱雁冰译，道风书社 2003 年版，第 290 页。
② ［德］莱布尼茨：《神义论》，朱雁冰译，道风书社 2003 年版，第 268 页。
③ ［德］莱布尼茨：《神义论》，朱雁冰译，道风书社 2003 年版，第 408 页。

上帝的意志与上帝的意志对象没有先后关系，上帝的理智是终极的本原，上帝的理智是上帝的意志和能力的终极根源和终极基础。莱布尼茨说："而永恒真理——这与上帝的意志无关——就在上帝的理智里。……上帝即理智，而必然性，即事物本质上固有的天性，是理智的对象，如果此一对象存在于永恒真理之中的话。但这一对象是内在的对象，它在上帝的理智之中。这里不仅有善行的原初形式，而且也是恶事的来源所在：人们必须以永恒真理区域取代物质的地位，如果要探求事物之源的话。"[①] 在莱布尼茨那里，物质不是实体，物质也是由单子形成的，物质只是具有良好基础的现象。因此，在古希腊罗马哲学家那里，独立于上帝并且与上帝同样古老的恶之来源的物质就被置换到了上帝的理智之中。上帝的绝对完善的理智，也就是上帝的全知就包含所有的可能性和所有的恶的根源。在莱布尼茨那里，就没有完全独立于上帝理智的任何东西。上帝必须绝对遵循自己固有的理智，因此，上帝是理智至上的。莱布尼茨对上帝的全知全善全能之间的各种矛盾是通过理性主义来化解的。上帝的意志和能力要受他自身的理智必然性的约束，上帝的意志和能力只能选择和实现上帝理智之中存在的可能性，上帝的理智之中不存在的可能，上帝的意志不能选，上帝的能力也不能把它变成现实。

就绝对完善的上帝的意志的全善而言，上帝的全善必然在所有可能世界中选择其中那个唯一的最好的可能世界，并使最好的可能世界成为现实的存在。在莱布尼茨看来，虽然上帝的理智中包含无限的可能世界，而且所有这些可能世界都倾向存在，但只能有一个现实地存在。莱布尼茨说，"既然在上帝的观念中有无穷个可能的宇宙，而只能有一个宇宙存在，这就必定有一个上帝进行选择的充足理由，使上帝选择这一个而不选择另一个"[②]。上帝之所以要选择最好的可能世界，是由上帝的意志的全善决定的。上帝的意志本来可以自由任意地

---

① ［德］莱布尼茨：《神义论》，朱雁冰译，道风书社2003年版，第119页。
② 北京大学哲学系外国哲学史教研室编译：《西方哲学原著选读》上卷，商务印书馆2003年版，第486页。

从所有可能世界中选择任何一个可能世界，但上帝意志必然遵循圆满性原则从所有可能世界中绝对自由地选择最好的可能世界。莱布尼茨说："意志是从其中所包含着的善的方面做某件事的倾向。"① 先行性意志"以脱离任何联系的每一种慈善和恶事自身为其对象，它所追求的目的是促进善和阻止恶"②。中间意志的功能是在善与恶之间进行配对，如果善大于恶，就把这对善与恶联系起来。莱布尼茨说："中间意志的目的则在于联系，如人们把一种善与一种恶相联系那样。于是，一旦善在其中超过恶事，这种意志便会产生建立这种联系的倾向。"③ 后续性意志是"对我们的思考中所注意到的一切善和一切恶事进行权衡的结果：它产生于一种总体联系"④。从先行性意志，到中间意志，再到后续性意志是实现从不变的理智到变化的能力的过程中的中间过程。莱布尼茨认为，上帝先行性的意志只选择善，阻止一切恶，而上帝的后续性意志只选择最好者，如果最好者中包含恶，上帝的后续性意志就会容许恶。上帝作为全善的意志必然要选择最好者，这不是绝对的必然，而是道德的必然。也就是说，虽然最好者成为了现实存在，最好世界之外的其他所有可能世界并不会因此而成为不可能的世界，最好世界之外的可能世界仍然作为可能世界存在于上帝的理智之中。上帝的意志自由本来是任意的无任何限制的自由，但上帝的意志必然遵守圆满性原则，所以上帝的意志自由不是自由的任意而是无限的自由或绝对的自由。上帝意志的无限自由或绝对的自由正好体现了上帝的全善。

就绝对完善的上帝能力的全能而言，上帝的全能把通过全善的意志从全知的理智之中的所有可能世界之中自由选出的最好可能世界变成现实的存在。莱布尼茨认为，上帝是最好世界的创造主。基督教神学家认为，作为人格神的上帝是从绝对虚无中创造世界的。但莱布尼茨认为，任何地方都不存在绝对的虚无，因此上帝不是从绝对虚无中

---

① ［德］莱布尼茨：《神义论》，朱雁冰译，道风书社 2003 年版，第 120 页。
② ［德］莱布尼茨：《神义论》，朱雁冰译，道风书社 2003 年版，第 189 页。
③ ［德］莱布尼茨：《神义论》，朱雁冰译，道风书社 2003 年版，第 189 页。
④ ［德］莱布尼茨：《神义论》，朱雁冰译，道风书社 2003 年版，第 189 页。

创造世界的。在莱布尼茨那里，上帝根据圆满性原则，在所有可能世界中选择最好的可能世界，并使之变成现实存在的最好的世界。上帝理智之中所有可能世界在莱布尼茨看来不仅不是虚无，而且是具有永恒的真理性，是理智实体中的永恒实在。上帝对最好世界的创造不是无中生有，而是使可能变为现实，不是从独立的绝对虚无中生有，而是从与有对立同一动态的无中生有，不是从存在到思维的创造过程，而是从思维到存在的创造过程，不是不变加变到变化的存在，而是从不变到变化的存在。是从作为精神实体的有出发变出上帝理智之中没有的现实存在。上帝的全能能够把上帝理智之中的任意一个可能世界变成现实，而且只把最好的可能世界变成现实，换句话说，上帝的全能能够造出上帝理智之中不存在的现实存在。莱布尼茨说："他能够产生一切可能的东西，或不蕴涵矛盾的东西，但他只愿产生在可能的之中那最好的东西。"① 上帝的全能能够产生任何不蕴含矛盾的东西，而上帝的全能只产生最好的东西，但最好的东西包含恶因而是蕴含矛盾的，即上帝的全能只产生蕴含矛盾的东西。也就是说，上帝的全能能够创造包括上帝的全能不能创造的事物在内的所有事物。但莱布尼茨认为，最好的东西包含恶并不蕴含矛盾。

上帝的全知、全善、全能的区别和联系。莱布尼茨说："慈善先行地推动他去创造和造成一切可能的善者，而他的智慧在其中进行了选择，成为他随后选择最善者的原因；最后，他的权力为他提供了真正实施他所拟定的伟大计划的手段。"② 上帝的全知全善全能既是相互区别的，又是相互联系的。上帝的全知全善全能的主要区别表现为上帝的全知是终极原因（终极理由），上帝的全善是终极目的，上帝的全能是终极手段。上帝的全知全善全能的根本联系表现为上帝的全知全善全能是一体化的。莱布尼茨说："真实的上帝总是同一个；甚至自然宗教也要求，他在本质上既强大有力，而又善良和智慧。如果

---

① ［德］莱布尼茨、［英］克拉克：《莱布尼茨与克拉克论战书信集》，陈修斋译，商务印书馆1996年版，第80页。

② ［德］莱布尼茨：《神义论》，朱雁冰译，道风书社2003年版，第185—186页。

有人说，上帝行动时没有意识，或者有人要求上帝有一种意识，在这种意识之对象中不存在慈善与正义的永恒规则，或者有人最终要求上帝有一种毫不顾及这些永恒规则的意志——所有这些都同样违背理性和宗教情感。"① 在莱布尼茨那里，全知全善全能的上帝是同一的，上帝是在理智基础之上的全知全善全能的三位一体。因此，上帝的全知全善全能的区别和联系最终是全知全善全能的三位一体。

　　从上帝的全知出发的上帝的全知、全善、全能的三位一体。在莱布尼茨那里，上帝的理智只受自己规则的规定不受意志和能力规定，而上帝的意志和能力都受理智规则的规定。莱布尼茨说："规则是普遍的意志行为：人们愈是重视规则，便愈是有规则性；简明和内涵丰厚是规则的目的。有人会反对我的意见，认为一个稳妥的体系是不包含不规则性的。但我却认为过分的稳妥恰恰是一种不规则性，它违背和谐规则。"② 莱布尼茨认为，只有上帝的意志和能力才能绝对遵守规则，从而是全善和全能的。在莱布尼茨看来，上帝的奇迹只表现在上帝对世界的创造，而不会表现在世界万物的存在和世界万物之间普遍和谐的共存共变。在唯一的创世奇迹之外，被创的世界之中根本就没有奇迹。也就是说，现实世界中所谓的奇迹是在创世之初已经预定好了的整个规则中的一个环节。在这一点上，他并不赞成某些古希腊罗马哲学家和某些基督教神学家所主张的上帝的意志决定着现实世界一切的观点，也不同意马勒伯朗士等人在偶因论中所主张的上帝总是施奇迹的观点。在莱布尼茨那里，从全善上说，上帝可以选择只有善没有恶的世界，从全能上说，上帝可以随时干预世界之中的一切，但是，作为全知、全能、全善三位一体的上帝，上帝必然从上帝理智的规则出发选择并创造最好的世界。上帝理智之中包含所有的可能。上帝理智之中所有可能的所有可能组合构成一个无限的可能世界系列。在这个无限的可能世界系列之中有一个最好的可能世界。在这个无限的可能世界的系列之中除最好的可能世界之外其他无限可能世界系列

---

① ［德］莱布尼茨：《神义论》，朱雁冰译，道风书社2003年版，第257页。
② ［德］莱布尼茨：《神义论》，朱雁冰译，道风书社2003年版，第285页。

是由最好的可能世界少一种或少一种以上可能构成的。也就是说，只有最好的可能世界包含所有可能，其他的可能世界都缺少一种或一种以上的可能。换一句话说，最好的可能世界包含所有可能世界。上帝的理智的全知就表现在上帝的理智包含所有的可能世界，上帝的意志的全善就表现在必然对所有善的选择，而对所有善的选择必然是对包含恶的最好世界的选择，因此，上帝的理智的全知与上帝的意志的全善是同一的。上帝的全能就表现在偶然地把任意一个可能世界变成现实，上帝的能力必然把最好的可能世界变成现实，因为最好的可能世界变成现实，就是所有的可能世界在现实变化的过程中逐步变成现实，从而正好体现出上帝的全能，因此，上帝的理智的全知与上帝的能力的全能是同一的。所以，上帝的全知、全善、全能是三位一体的。

从上帝的全善出发的上帝的全知、全善、全能的三位一体。上帝的意志的全善就是自善，就是自我规定地选择全部的善。上帝的意志不可能选择不包含恶的可能世界，这并不能说明上帝的意志不是全善的，而只是因为上帝要考虑可能世界的全体，上帝不可能有特殊意志的表达，上帝的意志不是只针对人行善的意志。莱布尼茨说："既然上帝不可能无缘无故地做任何事情，哪怕他在完成奇迹，随后也会是，他在完成个别事件时所怀有的意志不可能不是一种普遍真理或者普遍意志的结果。因此，我敢断定，上帝绝无特殊的意志表达方式，正如这位神甫所理解的那样，即绝无原初的特殊的意志表达方式。"① 上帝意志的全善只在于从所有可能世界中选出最好的可能世界，因此，上帝的意志的全善选择全部的善就是选择包含恶的最好的可能世界。自我规定的上帝全善同时又必然受上帝理智的规定。莱布尼茨说："上帝的意志并非不依赖智慧的规则。"② 上帝的意志必然依赖上帝的理智，如果上帝的理智中没有一个最好的可能世界，上帝的意志也不可能选出那个最好的可能世界。自我规定的上帝全善同时又必然

① ［德］莱布尼茨：《神义论》，朱雁冰译，道风书社 2003 年版，第 280 页。
② G. W. Leibniz, *Theodicy*, translated by E. M. Huggard, Oxford, 2007, p. 251 （§193）.

受上帝能力的规定。只有最好的理智才是全知的，也只有既能实现任何一种可能世界又只实现最好可能世界的能力才是全能，所以，上帝的全善内在地包含在上帝的全知和全能之中。由于上帝的理智中包含着无限的可能世界，也包含着那个最好的可能世界，因此全善的意志有了选择的对象，而上帝的全能使上帝的全善意志选择的最好可能世界最终变为现实。从根本上说，上帝的意志的全善就是可能任意选择上帝的理智之中任一可能世界而只选择最好的可能世界，上帝理智的全知之中包含所有的可能世界，上帝能力的全能能够把任一可能世界变成现实而只把最好可能世界变成现实。全知之中的所有可能世界按照矛盾律构成一个静态的无限系列，全善选择的最好世界按照因果律动态地展示所有可能世界，全能通过把最好可能世界变成现实而实现把每一个可能世界偶然地变成现实，所以，上帝的全知、全善、全能是同一的。综上所述，从根本上说，上帝的全知、全善、全能是三位一体的。

从上帝的全能出发的关于上帝全知、全善、全能的三位一体。从上帝能力的全能方面看，一方面，上帝的全能不受任何限制；另一方面，上帝的全能同时受上帝全知全善的限制。莱布尼茨说："上帝虽然是权力无限的，但他的权力是不确定的，慈善与智慧共同决定着他的权力，使他创造出最好者。"① 他又说："两个原则是的确存在的，但它们都在上帝之中，这就是他的理智和他的意志。理智构成恶的原则，但其自身却又不受玷污，却又不会成为恶，它展示存在于永恒真理中的本质并包含着恶事之被容许的理由。意志只向着善。另外，还必须加上第三个原则：权力。它甚至先于理性和意志，但它之起作用只是根据前者所展示者和后者所要求者。"② 上帝能力的全能受到双重的限制，但这并不能说明上帝的能力不是全能的。上帝的理智之中包含着无限的可能世界，虽然上帝能力的全能受上帝理智的限制，但这是一种不受限制的限制，因为上帝能力的全能可以把上帝理智之中

---

① ［德］莱布尼茨：《神义论》，朱雁冰译，道风书社 2003 年版，第 206 页。

② G. W. Leibniz, *Theodicy*, translated by E. M. Huggard, Oxford, 2007, p. 220（§149）.

的任何一个可能世界变成现实。也就是说，从可能性上说，上帝是全能的。从现实性上说，上帝也是全能的。虽然上帝能把上帝理智中的任何一种可能世界变为现实，但是由于上帝全善的限制，上帝的全能只把上帝全善从上帝理智中所有可能世界中选出的最好可能世界变为现实，这不仅不会使上帝的全能受到损害，相反，只有上帝的能力能实现这种现实性上的全能。莱布尼茨说："几位就上帝对其创造物的权力问题而著书立说的神学家们似乎认为，上帝具有一种毫无限制的权力，一种专断的和暴虐的统治权。"① 莱布尼茨认为，上帝不具有一种毫无限制的权力，也不具有专断和暴虐的统治权。而我们认为，在可能性上，上帝的权力是不受限制的，上帝也具有专断或暴虐的统治权，而在现实性上，上帝不会把所有的权力都表现出来，比如，上帝绝不会表现出他在可能性上具有的专断和暴虐的统治权。从某种意义上说，没有上帝的全能，上帝理智中的无限可能性和无限可能世界是不能存在的。没有上帝的全能，上帝的全善所选择的最好可能世界是不能变成现实的。也就是说，在某种意义上，上帝的全能是上帝全知和全善的前提。上帝的理智本身就是一种全能，因为上帝的理智从一定意义上说是一种"表象力"，上帝的理智表象了所有的可能性和所有的可能世界。上帝的意志本身也可以说是一种全能，因为上帝的意志本身在某种意义上就是一种"欲望力"，上帝的意志在可能性上可以欲望一切，但在现实性上，上帝的意志只欲望最完满的存在，所以上帝的全知、全善、全能是同一的。综上所述，上帝的全知、全善、全能是三位一体的。

各种各样的三位一体。比如，圣父、圣子、圣灵的三位一体，上帝的全知、全善、全能的三位一体，意识中的对象、意识中的自我及意识的三位一体，不变的我、变化的我及我的三位一体，理智的自由、意志的自由、能力的自由的三位一体……所有的三位一体都归结为自由的三位一体，自由的三位一体归结为自由。在莱布尼茨那里，自由的三位一体有多种形式。比如，理智的自由、意志的自由、能力

① ［德］莱布尼茨：《神义论》，朱雁冰译，道风书社2003年版，第257页。

的自由的三位一体，绝对必然的自由、绝对善的自由、绝对偶然的自由的三位一体。一方面，在莱布尼茨那里，绝对自由、绝对必然、绝对偶然是静态直接同一的；另一方面，莱布尼茨与斯宾诺莎一样认为不是必然以自由和偶然为基础而是自由和偶然以必然为基础，所以，所有自由的三位一体归结为绝对自由。

三　上帝的绝对自由与上帝的自身正义

上帝的全知就是上帝的自知，就是上帝的理智绝对自由，就是上帝的原因的绝对自由，就是上帝的绝对必然的绝对自由。上帝的全善就是上帝的自善，就是上帝的意志的绝对自由，就是上帝的目的的绝对自由，就是上帝追求最好的绝对自由。上帝的全能就是上帝的自变，就是上帝的能力的绝对自由，就是上帝手段的绝对自由，就是上帝存在的绝对自由。上帝的全知、全善、全能就归结为上帝的绝对的自由。上帝的绝对自由的全过程内在不变的规则就是上帝自身的正义。上帝的自身正义是上帝绝对自由的不变方面。上帝的自身正义是上帝的绝对自由的阶段性成果。向前看，就是上帝的绝对自由，向后看，就是上帝的自身正义，上帝的绝对自由与上帝的自身正义是对立同一的。在上帝的绝对自由与上帝的自身正义的对立同一中，上帝的绝对自由与上帝的自身正义相互转化，上帝的绝对自由是基础。

在莱布尼茨那里，唯一的上帝既是全知、全善、全能的，又是绝对正义的。那么什么是上帝的正义呢？莱布尼茨认为，上帝的正义是指全知、全善、全能的上帝必然使最好的可能世界现实存在。莱布尼茨说："其所以最佳者存在，理由就在于智慧使它为上帝所认识，上帝的善使上帝选择它，上帝的权力使上帝产生它。"[①] 从这里我们可以看出，上帝的正义主要包括两层含义：第一，上帝的自身正义，即上帝在理智基础上全知全善全能的和谐统一；第二，上帝

---

① 北京大学哲学系外国哲学史教研室编译：《西方哲学原著选读》上卷，商务印书馆2003 年版，第 486 页。

的创世正义，即面对世间的恶，上帝创造的这个最好的世界如何是正义的。上帝创世的正义是下一章论述的问题。下面论述上帝的自身正义。

概括地说，上帝的自身正义就是上帝在理智基础上全知全善全能的和谐统一。分开来说，上帝的自身正义包括五个方面。

第一，莱布尼茨认为，上帝理智的全知智慧是解释这个现实世界来源于所有可能世界中最好的可能世界的终极基础和根据。莱布尼茨说："如果说，单单善便足以规定上帝去创造这个宇宙，那么，人们最好再补充说，他的慈善（bonté）先行地推动他去创造和造成一切可能的善者，而他的智慧（sagesse）在其中进行了选择，成为他随后选择最善者的原因；最后，他的权力（puissance）为他提供了真正实施他所拟定的伟大计划的手段。"① 上帝的自身正义从根本上凭借上帝理智全知的无限智慧，这样的上帝就是一个立法的上帝。从这个观点出发，就会走向理性神学，走向理性主义。我们的智慧只能逐渐趋近上帝的智慧。在我们的智慧看来，上帝惩罚的正义不仅不伤害上帝的自身正义而且能够促进世界的善，使最好世界的善得到无限显现。上帝永罚的正义并没有增加世界的恶，而是对永远背叛上帝的相称的惩罚，又是显示最好世界的善的永恒动力。上帝全善的意志必然选择不包含恶的全部的善，上帝的全能必然能够实现任何一个可能世界，只有上帝理智全知的智慧能够准确无误地认识到最好的可能世界。上帝意志的全善和上帝的全能必然能够准确地符合上帝理智全知的无限智慧，从而选择和实现最好的可能世界。在这里，莱布尼茨认为上帝自身正义的最终原则不是上帝意志全善的慈善，而是上帝理智全知的无限智慧。上帝理智全知的无限智慧对上帝的全善全能的制约，这是上帝的自身正义的一个方面。

第二，上帝的自身正义可理解为上帝全善的意志在所有的可能中选择最好的可能世界。莱布尼茨说："所有这些比较和观察的终极结果便是从所有这些可能的体系中选择出最好者，这是智慧为完全

① ［德］莱布尼茨：《神义论》，朱雁冰译，道风书社 2003 年版，第 185—186 页。

满足慈善的要求而进行的一种选择，这正是为现实存在着的宇宙制定的计划。"① 上帝如果只凭全善活动，就走向善的极端，上帝就成了只是为善的机器，或者是上帝随时地干预，人类社会如果模仿上帝这一点就是人治、德治。莱布尼茨认为，上帝理智的全知指导和上帝全能的配合必然完全满足上帝意志的全善才是真正的上帝意志的全善。在可能性上，上帝的意志的全善能够选择不包含恶的全部的善，在现实性上，上帝意志的全善必然选择包含恶的最好世界。因此，上帝意志的全善对最好的可能世界的选择是上帝的自身正义的一个方面。

第三，莱布尼茨认为，上帝意志的全善体现在上帝为了自己的缘故总要选择最善。在这里，莱布尼茨认为上帝意志的全善体现的是一种普遍的慈善，而不是某种特殊的慈善。上帝意志的全善不是任何特殊的意志而是一种绝对普遍的意志，上帝绝对普遍的意志是自身正义的一个方面。

第四，上帝的全知全善必然满足上帝的全能从而使最好的可能世界现实存在。如果仅凭全能而走向极端，上帝就会成为暴君。上帝的全能能够把任一可能世界变成现实存在，而只把最好的可能世界变成现实存在是上帝自身正义的一个方面。

第五，莱布尼茨认为，全知、全善、全能的上帝必然具有最完满的和谐。莱布尼茨认为，上帝之所以选择创造这个我们在其中的现实世界，因为这个现实世界正是上帝理智之中最完满和谐的可能世界。莱布尼茨说："全能者之无限智慧与他不可量度的慈善相联系共同造成的情况是，没有什么东西——将一切都考虑在内——比上帝所做者更好，一切都是完美和谐的，相互达到最完美的一致：形式上的原因或灵魂与物质的原因或躯体、使动性的（efficientes）或自然的原因与道德的或目的的原因、恩宠之国与自然之国。"② 莱布尼茨认为，全知、全善、全能相互最完满的和谐上帝必然会创造最完满普遍和谐共存共变的最好世界。也就是说，上帝自身是最完满和谐的，因此，上

---

① ［德］莱布尼茨：《神义论》，朱雁冰译，道风书社 2003 年版，第 295 页。
② ［德］莱布尼茨：《神义论》，朱雁冰译，道风书社 2003 年版，第 457 页。

帝创造的最好世界一定是最完满的普遍和谐共存共变的。上帝自身的全知、全善、全能的最完满的和谐是上帝自身正义的一个方面。

综上所述，在莱布尼茨那里，上帝自身正义指的是在上帝的理智基础上全知全善全能的和谐统一。上帝的自身正义的体现，即上帝的创世的正义是指上帝在现实上创造了最好的世界。也就是说，上帝自身的正义就体现在我们生活其中的这个现实世界之中，我们可以通过认识这个现实的最好世界而认识上帝的自身正义。上帝的创世正义这一层含义与古希腊的正义观在一定意义上是相通的，因为正义在古希腊罗马意指完善、秩序和和谐，而作为工匠神的正义，就体现为工匠神是普遍和谐宇宙的创造者。莱布尼茨说："完善地行动的上帝像一位知道怎样发现一个问题的最佳结构的几何学家，或者说像一位最充分地利用空间和用于建筑的资本，不留下任何使人感到不舒服或缺乏本来会成为美的东西的高明建筑师；或者说像一位充分利用他的土地以致于不让它未被耕种或荒芜的明智家长；或者说像一位通过所能选择的最容易的过程制造他的产品的熟练工匠；或者说像一位在尽可能少的篇幅中包容最大量题材的有学识的作者。……至于上帝的方式的简单性，这特别显示在他所使用的手段方面，而其多样性、富裕性、丰富性则表现在目的和结果方面。"[1] 也就是说，"上帝行为的完满性在于什么？手段的简单性与效果丰富性的平衡"[2]。总之，上帝的自身正义就体现为上帝的创世正义，即体现为上帝创造了最好的世界，而最好的世界是一个既包括无限数量的完善存在，也包括最高程度普遍和谐的现实世界，或者说，由单一秩序统一起来的多样性完善存在的普遍和谐共存共变的世界。

第二节　上帝的自身正义与世间的恶

在莱布尼茨那里，唯一的上帝、全知全善全能的上帝、绝对正义

---

[1]　转引自江畅《自主与和谐》，武汉大学出版社1995年版，第165页。
[2]　[德]莱布尼茨著，段德智编：《莱布尼茨早期形而上学文集》，商务印书馆2017年版，第7页。

的上帝从自身而不是从绝对的虚无创造了唯一而最好世界，那么最好的世界中为什么存在恶呢？上帝的正义何在？神义问题在莱布尼茨那里变得异常尖锐。那么，面对世间的恶，怎样为上帝的正义辩护呢？这一节我们论述莱布尼茨为上帝进行的自身正义辩护。

一 善的缺失与恶的来源

摩尼教认为，宇宙有善恶两个独立的本原。奥古斯丁、托马斯、基督徒、莱布尼茨等认为我们的这个世界只有一个本原，那就是全知全善全能的上帝。这里面临一个难题，从全知全善全能而且自身正义的上帝那里为什么会产生出恶？这个难题包含三个问题。第一，上帝的绝对自由为什么会产生恶？第二，恶是什么？第三，恶的来源是什么？

全知全善全能自身正义永恒不变的上帝为什么会产生出恶呢？全知全善全能与无限的知、无限的善、无限的能是什么关系呢？全知全善全能是一个静态的整体，无限的知无限的善无限的能是一个动态的过程，如果上帝以理智为基础同时具有这两个方面的特征则上帝就同时拥有了双重的标准，这就为上帝的自身正义的辩护赢得了主动权。如果是从变化的世界到不变的本质还可进行合理的论证，如果从不变的本质到变化的世界就必然采取双重标准，而从上帝理智之中永恒不变的本质等出发到上帝创造的无限变化的世界就必然采取双重标准。如果从上帝的绝对自由出发论证上帝的自身正义就必然采取双重标准，如果从上帝的自身正义出发引出上帝的绝对自由再论证上帝的自身正义就是循环论证或者蕴含双重标准。莱布尼茨认为全知全善全能永恒不变的上帝是自身正义的，然后从上帝的绝对自由出发来解释从全知全善全能而且自身正义的上帝那里为什么会产生出恶。

莱布尼茨说："创造的决定是自由的：上帝偏爱一切善者；善以及甚至最好者推动他去行动，却并不强迫他，因为他的选择绝对不至使那些与最好者区别开来的东西不可能存在，它不会使上帝所做者包含一种矛盾。可见，在上帝身上存在着的是一种不仅摆脱了强迫而且也不受必然性制约的自由。我这里指的是形而上的必然性；因为智者被迫选择最好者，这是一种道德上的必然性。"① 莱布尼茨并没有论证永恒不变的上帝为什么是绝对自由的，而只是从信仰出发认为永恒不变的上帝要创造世界就应该是绝对自由的。绝对自由的上帝并不是绝对任意的行动。在可能性上，绝对自由的上帝本可以为所欲为，但在现实性上，绝对自由的上帝必然从上帝理智中存在着的无限所有可能的世界中选择和创造最好世界。上帝的绝对自由必然受到上帝的全知全善的制约。这里的必然不是绝对的必然而是道德的必然。也就是说，上帝的绝对自由绝对必然的是上帝的自身正义的工具。这表现在对以上帝的全能为后盾的上帝的绝对自由的过程采取了全知和全善双重标准。上帝理智的全知之中所有的可能世界逻辑地排成一个无限的本质系列。上帝意志的全善选择的唯一的最好的可能世界包含所有的可能世界。上帝全能的绝对自由把最好的可能世界变成感性的存在。这个感性存在的最好世界在空间上是所有可能世界的感性存在的无限系列，同时，这个感性存在的最好世界在时间上是所有可能世界的感性存在的无限系列。这里包含的问题很多，这里值得讨论的一个问题是上帝的绝对自由怎么把本质（思维）变成存在（感性）。事实上，莱布尼茨在论述现实的最好世界中恶的存在合理性的时候采取了双重标准。第一个标准是本质的标准，第二个标准是存在的标准。这两个标准只有从存在出发才可能达到一致。这两个标准从本质出发就只能借助于上帝的绝对自由才能达到一致。莱布尼茨正是从上帝的绝对自由出发来解决这个问题的，因此，莱布尼茨在论述现实的最好世界中恶的存在合理性的时候采取了双重标准。

莱布尼茨之所以采取双重标准，是因为最好世界中的被造存在都是本质与存在的组合物。莱布尼茨说："他意志的主宰只是为了实施他的权力：他在自身之外事实上只造成他所要求者，而使其余一切都停留在纯然可能性的状态中。由此得出结论：这一主宰只止于创造物的此在，并不涉及其基本质素。上帝可以创造物质，创造一个人，一个圆，也可以让他们停留在乌有之中；但它不可能创造它们而又不给

---

① ［德］莱布尼茨：《神义论》，朱雁冰译，道风书社 2003 年版，第 297—298 页。

予它们各自本质上的特性。他必然将人创造成一种禀受有理性的生命，给圆以圆的形体，因为按照他永恒的和独立于他意志之自由决定观念，人的本质在于动物性的和理性的特点，而圆的本质则在于圆周的各点与圆心的距离相同。这使基督教的哲学家承认，事物的本质成分和基本原则的真理是不变的。"① 在创造世界中的万物时，上帝一方面没有改变万物的不变本质；另一方面又赋予了与万物的本质相符的最好变化的存在。于是莱布尼茨就开辟出了为恶辩护的介于本质与存在之间合乎逻辑的理由空间。莱布尼茨为最好世界中恶的存在辩护的理由有两个。第一，从本质的标准出发，莱布尼茨认为，恶是善的缺乏。第二，从存在的标准出发，莱布尼茨认为，恶来源于被造存在的原初局限性。

奥古斯丁认为，善即存在，所以存在即善。托马斯认为，存在即善。奥古斯丁和托马斯都认为恶是善的缺失。善是被造物根据自身不变的本质在现实中具有的东西，恶就是根据被造物自身不变的本质的局限在现实中缺少的东西。善就是被造物自身，恶就是与被造物自身不同的其他事物，因为其他事物都是善，相对于被造物自身来说，恶就是善的缺失，换句话说，恶不存在。莱布尼茨也认为恶是善的缺失，但莱布尼茨同时还认为被造存在的恶来源于被造存在自身本质的原初的局限性。

莱布尼茨说："创造物之完美性来自上帝的影响，而其不完美性则来自它们自己那不可能不受限制的本性。"② 从最好世界的本质层面说，在莱布尼茨那里，每个单子都是上帝的仿制品，每个单子都是在全知全善全能的任一方面都是质（完善性）具有局限性量具有全面性（无限性）的全宇宙，所以每个单子都既是善的又是恶的，善和恶都在单子内部。善就是上帝根据绝对完善的理智之中的不变本质创造出来的单子的内部根据单子等级的视角按逻辑展开的所有可能世界，因此，被造物的善来自上帝。恶就是每个单子的全知全善全能的

---

① ［德］莱布尼茨：《神义论》，朱雁冰译，道风书社 2003 年版，第 262 页。
② ［德］莱布尼茨：《神义论》，朱雁冰译，道风书社 2003 年版，第 487 页。

任一方面在质的方面的局限性，这个局限性是单子本质所具有的，它不是上帝造成的，上帝也不能改变，因此，被造物的恶最终来自于被造物自身在上帝理智之中的本质局限性，被造物自身在上帝理智之中的本质局限性又叫作形而上学的恶。

从最好世界的存在层面说，上帝是创造者，是唯一不与形体结合的自有绝对自由的单子。最好世界中的单子都与形体相结合，同时，形体全都是由单子组成的。最好世界中的任何事物都是由一个中心单子与形体结合而成的，最好世界中的事物最终都是单子，因此，最好世界中的事物都是善的。善就是上帝根据上帝的绝对完善的理智之中的不变的本质创造出来的单子，各种事物就是单子的各种组合，因此，被造事物的善来自上帝。事物的善就是每个事物的中心单子的善表现于外。每个事物的中心单子的善都表现了所有可能世界按照中心单子的独特视角在时空中无限展开。事物的恶就是每个事物的中心单子自身的局限性表现于外，因此事物的恶来自于事物中心单子自身的局限性。事物的恶就是每个事物的中心单子的恶表现于外。每个事物的中心单子的恶都表现了所有可能世界按照中心单子在时空中无限展开的独特视角。最好世界中的事物分为两种，被造的非理性存在和被造的理性存在（人是其中之一）。被造的非理性存在具有形体的恶，被造的理性存在（人是其中之一）具有形体的恶和道德的恶。

莱布尼茨认为，恶分为三类：形而上学的恶、道德的恶和形体的恶。形而上学的恶是所有被造物本质上的局限性所具有的不完善性，形而上学的恶根源于上帝理智之中被造物自身的本质。某被造物的形而上学的恶恰好是其他所有被造物的形而上学的善。也就是说，所有被造物的形而上学的善的总和就是上帝的全善，形而上学的恶只是对上帝的全善的完善性不一样的无限划分。但莱布尼茨又认为，某被造物形而上学的恶恰好是其他所有被造物形而上学的善，其他所有被造物形而上学的善是最好可能世界中其他本质存在的和。显然最好的可能世界是上帝全知和全善的组合，这个组合究竟是机械的组合还是有机的组合我们暂且不讨论，但一定会产生这样的疑问，最好的可能世界中只有形而上学的恶吗？形而上学的恶仅仅是各本质的原初局限吗？没有与各本质原初的局限不同的恶能说得通吗？但不管怎么样，形而上学的恶是绝对必然的，因为被造物不可能达到上帝那样的绝对完善，否则被造物就都成为上帝了。莱布尼茨说："因为上帝不可能赋予创造物所有一切，否则便只有使它自身成为一个上帝了：在事物之完美性中有不同的等级，同样也存在着各种不同的局限。"① 事物各自本质的局限性导致在现实的最好世界中的事物各自具有各种不同的局限，因而事物就具有道德的恶和形体的恶。

道德的恶（邪恶或罪）是人的自由意志对善的背离，上帝预选并创造了有自由意志的人，但是上帝并没有预定人运用自由意志犯罪，而只是预知且预选人运用自由意志犯罪。莱布尼茨说："为了秩序和为了普遍的最好者，上帝需要让某些创造物有机会运用其自由，哪怕他预见到它们会为恶。"② 人用自由意志犯罪的善的方面是为了宇宙的普遍和谐，善的原因是上帝的创造，人用自己意志犯罪还有恶的方面，恶的原因最终是人各自本质的局限性。

形体的恶是指被造存在者的本质所要求的形体善的缺失，如痛苦、疾病、苦难、悖谬等。莱布尼茨说："上帝往往将它视为罪过应得的惩罚，视为达到目的的手段，即为了防止更大的恶事或者为了达到更大的善行。"③ 莱布尼茨说："虽然形体的恶和道德的恶并非必然，但它们藉助永恒真理却是可能发生的。"④ 这就是说，从可能性本质层面上讲，形体的恶可能发生，从现实性存在上讲，形体的恶的善的原因是上帝的创造恶的原因即被造物自己各自本质的局限性。因此，感性存在层面的恶——形体的恶和道德的恶包含的善是因为上帝的创造包含的恶最终根源于各自本质的局限性。莱布尼茨认为，形而上学的恶是可能性本质层面的恶和必然性的恶，即事物之原初的局限性所具有的不完善性是必然的，因此，在三种恶之中，形而上学的恶是本质的恶和最根本的恶，也是其他两种感性存在层面的恶的最终来

---

① ［德］莱布尼茨：《神义论》，朱雁冰译，道风书社 2003 年版，第 127 页。
② ［德］莱布尼茨：《神义论》，朱雁冰译，道风书社 2003 年版，第 437 页。
③ ［德］莱布尼茨：《神义论》，朱雁冰译，道风书社 2003 年版，第 121 页。
④ ［德］莱布尼茨：《神义论》，朱雁冰译，道风书社 2003 年版，第 120 页。

源。本质层面的恶与存在层面的恶区别是较清楚的，但本质层面的恶与存在层面的恶的沟通联系环节却是一个没有解决的问题。

什么是缺失？一个无限完善绝对完善的本质被分割为完善性各不相同的本质的无限系列。在这个有限完善的本质的无限系列中的任一有限完善的本质的其他所有有限完善的本质都是这个有限完善本质的缺失。一个无限完善绝对完善的感性存在被分割为完善性各不相同的感性存在的无限系列。在这个有限完善的感性存在的无限系列中的任一有限完善的感性存在的其他所有有限完善的感性存在都是这个有限完善感性存在的缺失。那么，在莱布尼茨那里，三种恶按照缺失就被分为两大类：形而上学的恶为一类，叫作本质的缺失，善的缺失或完善性的缺失，原初的缺失或原初的局限；而道德的恶和形体的恶则叫作存在的缺失，善的缺失或完善性的缺失。

我们这个一切可能的世界中之最好的世界里之所以存在着恶是由于被造物的本质具有原初的局限性，被造物的本质是有局限的。莱布尼茨指出："一切完美的赐予都来自光明之父，而行动的不完美和缺陷则来自原初的局限性，这一局限性从创造物的存在之初便以必然方式通过限制着它的完整理由维护着它。因为上帝不可能赋予创造物所有一切，否则便只有使它自身成为一个上帝了：在事物之完美性中有不同的等级，同样也存着各种不同的局限。"[①] 被造物的本质是二元本质性存在的组合，也就是说，任何被造物的本质是由有两个绝对独立性的本质性存在机械组合而成。两个绝对独立性的本质性存在分别是任何被造物本质自身的本质性存在和上帝的理智之中的本质性存在。被造物的感性存在是二元感性存在的组合，也就是说，任何被造物的感性存在是由有两个绝对独立性的感性存在机械组合而成。两个绝对独立性的感性性存在分别是任何被造物的感性存在自身和上帝创造的感性存在。唯一的上帝是绝对完善的，上帝的理智提供了无限有局限的完善本质系列，上帝创造了无限有局限的完善感性存在系列。所以，所有善都来自上帝。所有恶都来自被造物自身存在的局限，所

---

① ［德］莱布尼茨：《神义论》，朱雁冰译，道风书社2003年版，第127页。

有恶最终来自被造物各自本质的局限。

　　莱布尼茨说："上帝即理智，而必然性，即事物本质上固有的天性，是理智的对象，如果此一对象存在于永恒真理之中的话。但这一对象是内在的对象，它在上帝的理智之中。这里不仅有善行的原初形式，而且也是恶事的本源的所在：人们必须以永恒真理区域取代物质的地位，如果要探求事物之源的话。可以说，这个区域既是恶也是善的理想原因（cause idéale）；更正确地说，恶之形式上的东西并没有引发的原因（point d'efficiente），因为它处在——正如我们将看到的——缺失（privation）之中，即处在引发因没有起作用的东西之中。"① 不论是被造物的完善性还是不完善性的最终根源都在上帝的理智之中，被造物的完善性和不完善性从根本上说是同一个东西。只不过被造物完善性的最终根源和被造物不完善性的最终根源具有根本的不同，被造物的完善性在上帝理智之中有原初的形式，具有引发的原因，具有实在性。而被造物的不完善性在上帝的理智中是作为缺失而存在的，不具有引发的原因，不具有实在性。所谓恶只是相对于个别本质和个别存在的，对于上帝来说是不存在任何恶的。因为个别本质和个别存在都是有局限的，而上帝拥有的是绝对完善的本质整体和创造的是绝对完善的感性存在的宇宙整体。

　　笛卡尔认为存在上帝、物质实体、精神实体三个实体，笛卡尔认为只有上帝是最终的实体或绝对的实体。斯宾诺莎认为只有一个实体，即自然，即神。莱布尼茨认为，所有的单子都是实体，单子的数量是无限的，所以，在莱布尼茨那里，实体在数量上是无限的。莱布尼茨认为，不独立不能动的不是实体，实体是独立的能动的。斯宾诺莎认为，偶然事物是实体的变形，偶然事物与实体是对立统一的。莱布尼茨认为，实体与偶然事物之间存在根本的区别。莱布尼茨说："谈到所谓创造偶然事物，谁会不明白，变换地点或形态，通过进行操练的士兵的动作构成方阵，矩形阵或者任何其他部队布阵图形，通过消除大理石块个别部分制作雕像或者通过改变、增加或减少蜡块塑

---

　　① ［德］莱布尼茨：《神义论》，朱雁冰译，道风书社2003年版，第119页。

造浮雕，这些都是不需要创造力的。变形的产生从不曾被称为创造，以此种种来恐吓世人完全是滥用词语。上帝从无创造出实体，而实体通过改变自己的界限创造出偶然事物。"① 上帝创造了宇宙中所有的单子，而偶然事物是由于中心单子实体自由内在活动造成的包括中心单子在内的一些单子实体的堆积而形成的形体。莱布尼茨说："我曾经指出，上帝的参与在于，他不断地在我们身上和我们的行动中加进包含着完美品格的现实的东西（de réel），而在我们身上和我们行动中的受局限和不完美的东西，则是原本寓于创造物身上的先行性局限的一个结果。既然创造物的每一个行动都是它的状态的一次改变，显然，这种行动的种种局限或者否定情况，来源于创造物，它们包含于创造物之中，并由于它的状态的改变而发生变化。"② 上帝创造了宇宙中所有的单子，所有的单子都按照自己的本质自由地行动。上帝持续不断地创造宇宙中的所有事物，所有的事物都按照自己的本质自由地行动。完善性来自上帝和事物自身的本质，局限性来自事物自身的局限，局限性最终来自事物自身本质自身的局限性。上帝所拥有的所有有局限的本质之和是最完善的本质，上帝所创造的所有有局限的感性存在之和是感性存在的最好世界，所以只有上帝没有局限性。莱布尼茨说："没有局限性者不是创造物，而是上帝。有局限性者被称为创造物，因为他的伟大、他的权力、他的知识和他的每一种完美都有限制或者界限。因此，恶事的基础是必然的，但它的产生却又是偶然的；这就是说，恶事之可能存在是必然的，而恶事之现实存在则是偶然的；可是，按照事物的和谐说，恶事由可能性转变为现实性却并非偶然，因为恶事符合其部分为恶事的事物之最好的序列。"③ 事物中心单子本质原初的局限导致善的缺失（即恶），而缺失是通过偶然事物而起作用的。而偶然事物只是事物中心单子自身自由创造的结果，而上帝只是因创造最好的世界从上帝的理智之中选择了并创造了最好

---

① ［德］莱布尼茨：《神义论》，朱雁冰译，道风书社2003年版，第416页。
② ［德］莱布尼茨：《神义论》，朱雁冰译，道风书社2003年版，第405—406页。
③ ［德］莱布尼茨：《神义论》，朱雁冰译，道风书社2003年版，第461—462页。

世界中的偶然事物。最好世界中的偶然事物一方面是事物中心单子自由创造的结果；另一方面也是上帝为创造最好世界预知预选预定的结果。所以，所有的善都来自上帝和各个本质自身，而恶仅来源于事物自身和本质自身。

古希腊罗马哲学家认为恶来源于物质，中世纪哲学家认为恶来源于绝对的虚无。莱布尼茨认为，不存在绝对的虚无，物质只不过是具有良好基础的单子堆积而成的现象。物质同样为上帝所造，如果恶来源于物质，那么恶就是上帝创造的，这是莱布尼茨所坚决反对的。而莱布尼茨认为恶最终来源于被造物原初的局限性，而被造物原初的局限性存在于上帝的理智之中。莱布尼茨说："既然上帝创造了一切非永恒的实在的现实，他必定也创造了恶事之本原，假若这种本原不存在于事物的可能性或者形式中的话。这种可能性或者形式是唯一一个并非上帝创造的东西，因为他不是他自己理智的创造者。"① 由于恶的最终根源在上帝的理智之中，而上帝的理智不是上帝全善的意志和全能的产物，也就是说，上帝的理智不是上帝创造的，所以世间的恶与上帝的自身正义无涉。

二 先行性意志，中间意志，后续性意志与上帝容许恶

上帝的能力不造成恶，上帝的意志不要求恶，而上帝的理智容许恶。莱布尼茨说："形而上学的恶事在于纯然的不完美性，形体的恶事在于痛苦，道德的恶事在于罪。虽然形体的恶事和道德的恶事并非必然，但它们藉助永恒真理却是可能发生的，这也就够了。由于这浩瀚的真理领域包含着一切可能性，所以，必然存在着无限数量的可能的世界，恶事必然会进入其中的一些世界，甚至其中最好的世界也必然包含着一些恶事。这便是上帝所规定的：容许恶事。"② 莱布尼茨认为，由于形而上学的恶是必然性的恶，所以，对于形而上学的恶不存在容许的问题。道德的恶和形体的恶不是必然的只是可能的，那

---

① ［德］莱布尼茨：《神义论》，朱雁冰译，道风书社 2003 年版，第 407—408 页。
② ［德］莱布尼茨：《神义论》，朱雁冰译，道风书社 2003 年版，第 120 页。

么，上帝为什么要容许道德的恶和形体的恶呢？

为了说明上帝容许恶，莱布尼茨反复分析意志的三个层面：先行性意志、中间意志和后续性意志。

上帝的理智有三个层面：作为思维的理智、作为思维与存在关系的理智、作为存在的理智。作为思维的理智包含所有的本质，作为思维与存在关系的理智包含所有的永恒真理，作为存在的理智包含所有的可能世界。上帝的能力有三个层面：理智能力、意志能力、存在能力。理智的能力就是产生本原的能力，意志能力就是选择能力，存在能力就是产生存在的能力。上帝的意志有三个层面：先行性意志、中间意志、后续性意志。先行性意志是生产性意志，中间意志是选择性意志，后续性意志是容许性意志。

上帝的先行性意志。莱布尼茨说："上帝倾向于每一种善，只要它是善……即倾向于单一意义上的单一完美品格。"① 一般的意志是指根据某事物所包含的善而对于某事物的倾向。分别考虑每一种善和恶的意志是先行性意志。上帝的先行性意志或生产性意志是以善为原则追求完满善的多重性意志。先行性意志是一种形式性意志，在这种意义上，可以说上帝倾向于所有的善，拒绝一切恶。如果没有充足的理由阻止这种先行性意志，先行性意志的倾向是可以实现的。但是，这种先行意志并没有最终实现，否则，所有的被造物就都成了上帝。上帝的无限智慧使他的先行性意志只倾向所有无限多重的善，拒绝每一种恶，必然拒绝形体的恶，绝对拒绝道德的恶。

上帝的中间意志。莱布尼茨说："中间意志的目的则在于联系，如人们把一种善与一种恶相联系那样。于是，一旦善在其中超过恶事，这种意志便会产生建立这种联系的倾向……中间意志将视善与恶事何者在其中占优势而决定是创造还是阻止这种复合。"② 上帝的中间意志或选择意志是以自由为原则选择善恶及善恶配对的完满选择性意志。中间意志是一种动力性意志。中间意志对所有先行性意志的争

---

① ［德］莱布尼茨：《神义论》，朱雁冰译，道风书社2003年版，第120页。
② ［德］莱布尼茨：《神义论》，朱雁冰译，道风书社2003年版，第189页。

斗中产生的联结进行选择，就是说，中间意志对所有倾向于善的东西之间的冲突产生的联结进行选择，中间意志甚至对所有排除恶的东西之间的冲突产生的联结进行选择。中间意志就是对各种先行性意志冲突所形成的联结的选择。中间意志的选择过程就是选择思维与存在的各种联结。中间意志之所以选择形体的恶和道德的恶是因为它们各自对善与恶的联结中使得善占优势的联结作用。

形体的恶的作用。莱布尼茨说："关于形体的恶事，人们可以说，上帝往往将它视为罪过应得的惩罚，视为达到目的的手段，即为了防止更大的恶事或者为了达到更大的善行。"① 上帝的先行性意志预知形体的恶。上帝的中间意志不是必然倾向形体的恶，是预选形体的恶而不是预定形体的恶，形体的恶是事物自身的本质预定或自由。上帝的中间意志只是将形体的恶作为罪过应得的惩罚或达到后续性意志目的的手段，也就是说，为了后续性意志阻止更大的恶或获得更大的善的目的，上帝的中间意志经常以形体的恶为手段。用形体的恶进行处罚有实现报复性正义的作用。用形体的恶进行处罚能够恢复被破坏的秩序和被破坏的正义。

道德的恶的作用。莱布尼茨说："至于与罪或者道德上的恶事相关者，虽然也经常被用作手段以便达到善行或者防止另一种恶事，但它绝不会因此而成为神性意志的充分对象或者一种被创造的意志之可容许的对象。只有在它作为一项不可免除的义务之某种后果的时候，它才可以得到认可和容许，所以，那种不愿容许他人之罪的人将因此而破坏自己的义务。"② 上帝的先行性意志预知道德的恶。上帝的中间意志绝对必然不倾向道德的恶，是预选道德的恶而不是预定道德的恶，道德的恶是事物自身的本质的预定或自由。道德的恶也经常不得不被中间意志用作手段。道德的恶不是作为中间意志的目的，而是作为中间意志的手段和后续性意志的条件，因为道德的恶必然被包含在最好世界之中。

---

① ［德］莱布尼茨：《神义论》，朱雁冰译，道风书社2003年版，第121页。
② ［德］莱布尼茨：《神义论》，朱雁冰译，道风书社2003年版，第121—122页。

上帝的后续性意志。上帝的后续性意志或容许性意志是根据圆满性原则追求最好者的完满单一性的意志。后续性意志是一种目的性意志，是一种完整的意志，它倾向于最善者。上帝的后续性意志为获得最善者将绝对自由地采取一切手段。极端情况下，上帝的后续性意志不仅容许恶，而且容许道德的恶。圆满性或最好者包括所有形而上学的善。包括所有形而上学的善的最好世界不仅包括理性被造物的道德的善和形体的善，非理性被造物的善，而且绝对地必然包括形而上学的恶，甚至道德必然地包括道德的恶和形体的恶。莱布尼茨说："罪过之恶事由于永恒真理之最高必然性而与最善者联系在一起。由此可以推知，上帝要求一切善这种意愿自身具有先行性，他后续性地要求最善者作为终极目的，他有时要求漠然态度和形体上的恶事作为手段，但他只是将道德上的恶事作为必不可少者，或者作为与最善者联系在一起的假定的必然而容许其发生。基于这个理由，上帝那种以罪为对象的后续性意志只是一种容许性意志。"① 上帝的先行性意志倾向一切善。上帝的中间意志必然选择道德的恶和形体的恶作为手段。上帝的后续性意志作为终极目的倾向最好者，必然容许与最好世界联系在一起的道德的恶和形体的恶。

如果上帝的意志选择了不包含恶的最大善而没有选择包含恶的最好世界，那便是更大的恶。莱布尼茨说："最高理性迫使上帝容许恶事，假若上帝所选择的不是从整体上绝对最好者，这便是更大的恶事，是比他由此而可能阻止的一切特殊的恶事更加巨大的恶事。"② 莱布尼茨认为，不仅上帝的意志要容许恶，而且上帝的理智也要容许恶。最好的世界中包含恶从后天经验证明上帝容许恶是具有上帝的理智意志能力全方位的充足理由，只是我们不能完全理解这个充足理由的细节。

莱布尼茨说："上帝偏爱一切善者；善以及甚至最好者推动他去行动，却并不强迫他，因为他的选择绝对不至使那些与最好者区别开

① G. W. Leibniz, *Theodicy*, translated by E. M. Huggard, Oxford, 2007, p. 141.
② [德] 莱布尼茨：《神义论》，朱雁冰译，道风书社 2003 年版，第 205 页。

来的东西不可能存在，它不会使上帝所不做者包含一种矛盾。可见，在上帝身上存在着的是一种不仅摆脱了强迫而且也不受必然性制约的自由。我这里指的是形而上的必然性；因为智者被迫选择最好者，这是一种道德上的必然性。关于上帝选择用来达到他的荣耀的手段也是这种情况。我们在上文已经指出，恶行并非作为手段而是作为 sine qua non（不可缺少的）条件而成为上帝决定之对象的，也正是由于这个缘故而被容许的。人们更没有理由断言恶行是唯一的手段；它充其量是手段之一，是无限数量的其他手段之中最微不足道的手段之一。"① 上帝的绝对自由表现在三方面：上帝的理智自由、上帝的意志自由、上帝的存在自由。上帝的理智自由必然识别出最好者包含恶，上帝的意志自由必然选择恶作为手段，上帝的存在自由必然以恶作为具体的条件。所以，由于上帝没有特殊的爱和特殊的恨，上帝的绝对自由必然创造最好世界。又由于最好世界中包含恶，所以上帝容许恶。

---

① ［德］莱布尼茨：《神义论》，朱雁冰译，道风书社 2003 年版，第 297—298 页。

第四章　上帝的创世正义

上帝根据圆满性原则进行自由的创世活动。一方面，上帝的创世活动过程始终仅仅受到上帝自身欲望最好者的欲望规定，也就是受自身理智和意志的规定，因此，上帝的创世活动过程是绝对自由的，同时是自身正义的。关于这一点，上一章我们已经为上帝的自身正义作过辩护。另一方面，上帝绝对自由的创世活动的结果必然（道德的必然性）是上帝自身欲望最好者的欲望实现，也就是说，上帝绝对自由的创世活动的结果一定是最好的世界，那么这个最好的世界就是上帝自身正义的结果且是上帝创世正义的体现。那么，最好的世界中为什么会有恶呢？最好的世界是否最充分地体现了上帝的创世正义呢？上帝的正义包括两个层面：上帝的自身正义和上帝的创世正义。上一章讨论了上帝的自身正义，这一章讨论上帝的创世正义。

第一节　宇宙的整体与恶

一　最好世界的主要特征

全知全善全能绝对自由的上帝创造最好世界的过程就是从最好世界的本质到最好世界存在的过程。

我们认为，莱布尼茨在论证上帝的正义过程中同时采取了两个独立分离的原则，即本质的原则和存在的原则。由于莱布尼茨让存在的原则从属于本质的原则，从而导致实际意义上的二元论而不是莱布尼茨自己所认为的一元论，更不是我们通常所认为的多元论。因此，莱布尼茨对上帝正义的论证就是一种循环论证。这种循环论证不是开放

式的自我循环，不是封闭式的自我循环，而是本质与存在之间的封闭
循环。这主要表现在两个方面：第一，上帝创造的最好世界中的万物
都是由本质和存在的机械组合而成；第二，莱布尼茨在论证上帝正义
的过程中分别从本质和存在出发，永远也打通不了本质与存在的关
系，本质与存在之间永远存在巨大的空间。在莱布尼茨那里，本质是
先于存在的，因此，对上帝正义的论证就陷入了诡辩和纯粹的思辨。
即使认为存在先于本质，对上帝正义的论证同样不能达到辩证的高
度。莱布尼茨对上帝正义的证明注定是失败的，但莱布尼茨对上帝正
义的证明过程中闪出的智慧火花却会给我们多方面的教益。从莱布尼
茨那里获得教益的首要前提是要理解莱布尼茨对上帝正义论证理论的
真实内容。

　　莱布尼茨说："但这已经是通过指出这一点就证明了的东西，即假
定上帝是可能的，它就存在，这是单单神性所具有的特权。"[1] 莱布尼
茨认为，本质先于存在，上帝的本质就是存在。只有上帝的本质包含
存在，而可能世界中的其他事物的本质则不包含存在。莱布尼茨虽然
给出了很多有理论价值的关于上帝存在的证明和上帝本质属性的说明，
从而说明了莱布尼茨利用对上帝的信仰把理性推向极端，但终究上帝
的本质属性和客观存在都是假设的。莱布尼茨说："为了较清楚地说明
如何从永恒的或本质的或形而上学的真理那里产生出暂时的或偶然的
或自然的真理，我们必须首先承认，正是从这样的事实出发时，即宁
愿有某些东西存在而不愿什么也没有，在可能的事物中，或者在可能
性或本质自身，有一个存在的迫切需要，或者可以这样说，一个要存在
的要求，总之，那个本质自己趋向于存在。从这里，进一步的结果是，
所有可能的事物，亦即表示着本质或可能的实在性的事物，有同等的权
利趋向于存在，这和它们的本质或实在性的量相称，或和它们包含的完
满性的等级相称。因为完满性除了是本质的量而外，不能是别的。"[2]

————————

　　[1]　［德］莱布尼茨：《人类理智新论》下册，陈修斋译，商务印书馆 2002 年版，第
530 页。
　　[2]　陈乐民编著：《莱布尼茨读本》，江苏教育出版社 2006 年版，第 127 页。

这里莱布尼茨有两个出发点，上帝的存在和"宁愿有某些东西存在而不愿什么也没有"。但莱布尼茨的这两个出发点都是假的。而海德格尔从"究竟为什么在者在而无反倒不在？"[①] 的问题出发，最后推出"还只有一个上帝能救渡我们"。莱布尼茨没有解决问题，因为那是一个假问题。海德格尔进了一步，认为存在先于本质，存在就是本质。起源和演变就是本质。例如，究竟有没有哲学就是一个假问题，哲学就是哲学的起源和演变，哲学就是哲学史。因为在现实性上有与无是分不开的，存在与无也是分不开的，但在理论上，有与无，存在与无又是必然分开的，因为只要说出来，写出来，就一定把某些东西固定下来了，从而与现实分开来了。要搞清楚这些关系必须以活生生的现实为基础，而不应该以抽象的范畴为基础。以活生生的现实为基础只能理解为人实践着的整个宇宙。所以我们赞同马克思的观点：只有一个出发点，那就是人在其中从事实践活动的现实宇宙，因为人类的社会历史实践就是现实存在的宇宙的本质。虽然莱布尼茨的结论是不成立的，但是，我们也只有深入理解莱布尼茨的神义论思想才能超越莱布尼茨的神义论思想，同时，我们只有超越莱布尼茨的神义论思想才能深入莱布尼茨的神义论思想。

莱布尼茨说："可能性是本质的原则，因而完满性或本质的等级是存在的原则。"[②] 在莱布尼茨那里，从本体论的层面讲，本质先于存在，本质是存在的原则。从逻辑学层面讲，本质的原则是矛盾律，存在的原则是充足理由律。从认识论层面讲，本质的原则是推理的真理，存在的原则是事实的真理。从伦理学的层面讲，本质的原则是道德的必然性，存在的原则是圆满性原则。从感性存在的事物层面讲，本质的原则是所有不同的可能性都有同等的权利趋向于存在。存在的原则是等级不同的本质或完满性才可共存，可共存的等级不同的本质数量最大，才最完满，因而才能共同存在，因而才能存在。也就是

---

① ［德］海德格尔：《形而上学导论》，熊伟、王庆节译，商务印书馆2010年版，第3页。

② 陈乐民编著：《莱布尼茨读本》，江苏教育出版社2006年版，第129页。

说，莱布尼茨认为，上帝创世是从本质原则和存在原则出发的。上帝创造的万事万物是本质与存在的机械组合物。万事万物的本质与存在之所以能够组合在一起靠的是上帝的绝对自由。

上帝要么不创造世界，这与上帝已经创造了这个世界相矛盾；上帝要么创造一个没有恶的世界，那么，世界中的事物就都跟上帝一样了，这违背了差异律；上帝要么任意创造了这个世界，这违背了充足理由律；上帝的理智之中如果没有最好的可能世界，也不能创造一个最好的世界，现实世界的存在正好说明了上帝理智之中存在最好的可能世界。上帝必然要创造一个最好的世界，这是道德的必然，因为上帝理智之中的其他可能世界并未因此而成为不可能。上帝必然自由地创造一个最好的世界，这是绝对的自由，因为上帝的自由是由上帝自身的全知全善全能决定的。因而上帝必然无限自由地从上帝理智之中的一切可能的世界中选择最好的可能世界，并凭借上帝的全能把最好的可能世界变为现实。总之，上帝创造这个现实的最好世界并不是因为绝对的必然性（纯理智的），也不是因为绝对的偶然性（纯意志的），而是因为道德的必然性，并且有其充足理由。莱布尼茨认为，上帝根据自身全知全善全能创造最好的世界就是上帝绝对自由的体现，就是上帝的创世正义。下面论述莱布尼茨关于上帝创造的最好世界的特征。

第一，从一与多的视角看最好世界的特征。

莱布尼茨说："上帝是绝对完美的，而完美只是确切意义上肯定的实在之伟大——这是由于人们在有限的事物身上消除了界限或藩篱。凡是没有藩篱的所在，即在上帝身上，完美性便是绝对无限的。"① 上帝在量和质等所有方面都是绝对完美（完善、完全、完满）的，上帝的绝对完美性表现为在量和质所有方面的全知全善全能。上帝只有一个，但上帝创造的唯一的最好世界中充满了无限多个上帝的仿制品。而每个仿制品的本质和存在既是一个又是多个。上帝与每个仿制品的本质和存在的完全性在量上是相同的，在质上是不同的。在现实

_____

① ［德］莱布尼茨：《神义论》，朱雁冰译，道风书社 2003 年版，第 486 页。

的最好世界那里，每个单子和中心单子都是独立、分离、自主、自由且在量上都是全知全善全能的，因而是一。每个单子和中心单子在量上没有缺失在质上都是有缺失的全知全善全能。每个单子的全知全善全能在质上的缺失就是其他所有的单子。从量上说，每个单子都是作为整个宇宙的整体的一，从质上说，每个单子都是与其他单子并列的个体的一。在质上，每个单子并列起来就是多，所有的单子加起来就是全方位的作为整个宇宙的整体的一。对上帝来说，一中包含着并列的多。对于最好世界来说，一中包含并列的多同时是一展示为前后相继的多。对于每个单子和中心单子来说，都是一以缺失的方式包含并列的多同时都是一展示为前后相继的多。总之，莱布尼茨那里，一与多被机械式地分开又被机械式地组合在一起。

莱布尼茨说："两点之间最短的一条路的一部分，也是这一部分的两个终点之间的最短的路。然而，最好的整体中的一部分却并不一定是由这一部分所可能构成的最好者。"① 几何学、代数的一与多的关系、整体与部分的关系与世界的一与多的关系、整体与部分的关系，我们虽然不能得到完全细节性或者最终的理解，但我们可以在哲学史的基础上不断加深对一与多、整体与部分关系的理解。在数学上，一与多的关系与整体与部分的关系是相同的，都是抽象的。对于现实世界来说，一与多的关系只是整体与部分关系的形式方面。也就是说，对于现实世界来说，一与多的关系是抽象的，整体与部分的关系是感性具体的。所以一般来说，一与多的关系是整体与部分关系的形式方面。泰勒斯提出的水是万物本原命题的其中一个含义就是部分是整体的本原，一物是万物的本原。从这里我们就可抽象出一与多的关系、不变与变的关系等。在以后的哲学史中，就不断地对一与多的关系进行抽象的讨论，即，既把一与多的关系与感性现实分割开来，又把一与多的关系与变与不变等其他抽象关系分割开来，这导致对问题的理解不断深入，但始终不能获得一个总体的根本看法。古希腊罗马哲学的一个典型看法是，一是一个感性事物，多是宇宙中的所有感

---

① ［德］莱布尼茨：《神义论》，朱雁冰译，道风书社2003年版，第286页。

性事物。莱布尼茨的总体看法是，一是唯一的精神实体上帝，多是宇宙中的精神实体单子或精神实体中心单子。在莱布尼茨那里，一与多的关系主要表现为原本与复本的理性关系和数学关系。莱布尼茨对一与多关系的理解是建立在数学知识基础上的思辨。而马克思主义认为，自然、他人、社会都是与我们自己不同的另一个自己。

第二，从不变与变的视角看最好世界的特征。

费尔巴哈说："世界按其存在而言是偶然的，按其本质而言是必然的；因为世界的本质包含在上帝的理性本身之中；从严格的形而上学意义来说，上帝的理性也就是世界自身的本质。"[1] 根据费尔巴哈的论述，在莱布尼茨那里，变化的最好世界的存在是从上帝不变的本质变来的，而不是最好的世界自己产生自己的本质，所以，从总体上说，最好世界是本质与存在的组合物，最好世界的不变与变化的关系是机械组合的关系。最好世界中的所有单子都是独立的，所有单子之间没有任何相互作用。最好世界中的所有单子的变化从本质来说是自主的，从存在来说，所有单子的变化是按照在先和谐逻辑在先地规定好了的，因此，最好世界中的所有单子的变化与不变的关系都是机械组合的关系。最好世界中的所有事物的中心单子各自必然与自己变化的形体结合在一起，因此，最好世界中的所有事物都是本质与存在的机械组合，进而，最好世界中所有事物的不变与变化的关系都是机械组合的关系。总之，在莱布尼茨那里，最好世界中的不变与变化的关系都是机械组合的关系。在我们看来，不变与变化的关系可表现为多个层次。比如，两个完全相同的东西直接相等，则变化与不变是绝对对立没有任何统一的关系。两个不同的东西直接相等，则变化与不变的关系是抽象的差别同一关系。两个对立的东西直接相等，则变化与不变的关系是抽象的对立同一关系。两个不同的东西在运动中相互转化而相等，则变化与不变的关系是具体的差别同一关系或对立同一关系。所有的变化与不变的关系都可以归结为在变化的具体过程之中保

---

① ［德］费尔巴哈：《对莱布尼茨哲学的叙述、分析和批判》，涂纪亮译，商务印书馆1997年版，第119页。

持不变。而在变化的具体过程之中保持不变又可看成是人类社会历史实践活动无限丰富的具体关系的一种具体关系。因此在变化的具体过程之中保持不变又可以还原为，自然是另一个自己，他人是另一个自己，社会是另一个自己，我们自己在向另一个自己具体的变化过程之中保持不变。

第三，从必然与偶然的视角看最好世界的特征。

费尔巴哈说："世界按其存在而言是偶然的，按其本质而言是必然的……道德的必然性恰恰就是那个借以使偶然性和必然性连结起来的中介概念，就是表象和思维之间的两栖动物。"[1] 现实的最好世界是存在与本质的组合。上帝必然要创造这个最好的世界。上帝创世的必然不是绝对的必然而是道德的必然，道德的必然的意思是说，最好的可能世界变成了现实的存在，其他的可能世界并没有变成不可能，其他可能世界不是绝对的偶然而是道德的偶然没有变成现实的存在。因此，现实的最好世界的被造在可能性上是必然与偶然的组合。道德的必然和道德的偶然两者都介于绝对的必然与绝对的偶然之间，因此，道德的必然与道德的偶然是同一个意思。道德的必然是相对于最好世界来说的，道德的偶然是相对于其他可能世界来说的，因此道德的必然与道德的偶然含义又是不相同的。在上帝创世的可能性上，道德的必然与道德的偶然既是机械分离对立的，又是机械组合在一起的。对于最好世界之中的物理必然性来说，物理的必然性是由非理性（无理性）的绝对必然性、道德的必然性、道德的偶然性三者机械组合而成的。对于最好世界之中单子或中心单子的自主活动可能性来说，都是道德的必然性与单子或中心单子自身的必然性基础之上的偶然性的机械组合。在我们看来，必然与偶然是对立同一的。向前看是偶然，向后看是必然，必然是对偶然的总结或总和，偶然因为是自己的偶然因而是必然，因而偶然与必然既是不同的又是同一的。必然与偶然相互转化的动态过程贯穿于自然，他人、自己、社会活动的过程

①　[德] 费尔巴哈：《对莱布尼茨哲学的叙述、分析和批判》，涂纪亮译，商务印书馆1997 年版，第 119 页。

之中，也是自然、他人、自己、社会活动过程的一个具体方面。从根本上说，必然与偶然的相互转化的动态过程是人类历史实践活动的一个具体方面。

第四，从推理的真理和事实的真理的视角看最好世界的特征。

莱布尼茨认为，最好世界中推理的真理是形而上学的必然的，逻辑的必然的与几何的必然的。实际上，在莱布尼茨那里，推理的真理不是绝对必然的而是几何的必然的，也就是说，推理的真理是有条件的必然的。因此，推理的真理的逻辑特征是必然与偶然的机械组合。针对最好世界中的单子来说，单子之间不发生任何相互作用，每个单子都是一个推理的真理，由于每个单子都是自主发展的，所以每个单子的发展都具有偶然性，所以，每个单子推理真理的逻辑特征是必然与偶然的机械组合。莱布尼茨认为，事实的真理是单子之间的共存共变关系。事实的真理从经验局部看是偶然的，从最好世界整体看是必然的，所以，事实真理的逻辑特征是必然与偶然的机械组合。在莱布尼茨那里，之所以会得到那样的结果，是因为莱布尼茨的最好世界里只有精神性存在没有物质性存在，从而把思维和存在的辩证关系变成了单一的精神层面的机械组合关系。在我们看来，推理的真理是建立在事实的真理基础之上的。事实的真理包含着根本的偶然性，但由于事实的真理是唯一真理的具体形态，所以推理的真理只是事实的真理的阶段性的总结。真理只有一个，那就是思维和存在的对立同一。但是只有马克思主义对思维与存在的对立同一具有正确的理解，那就是实践出真知，也就是说，人类的实践活动同时就是事实性的真理性的认识活动。在最初和后来的高级阶段人类的实践活动中人类的认识活动和实践活动是合一的，但在最初阶段和高级阶段却是对立的两种活动，认识活动总包含着脱离实践活动的倾向，实践活动总包含着深入感性实际的倾向。事实上，任何时候都同时存在着三种倾向，人类的实践活动同时就是事实性、真理性的认识活动，总包含着脱离实践活动倾向的认识活动，总包含着深入感性实际倾向的实践活动，同时，任何时候，人类的实践活动同时就是事实性的真理性的认识活动也是最根本的活动。

第五，从自主与和谐的视角看最好世界的特征。

上帝根据自身的圆满性原则绝对自由地创造了最好的世界。这里的圆满性原则与绝对自由是机械地组合在一起的。圆满性原则从本质上说就是对最好者的欲望，从存在上说就是对最好者欲望的实现，圆满性原则在内容上是本质与存在的机械组合。莱布尼茨说："经由这一方法将达到最大可能的多样性，但同时却具有最大可能的秩序，这就是说，由此而达到尽可能多的完美。"① 上帝创世的结果表现为"存在的最大量"。那么，作为上帝根据自身圆满性原则自由创世活动结果的最好世界就是具有最大多样性的存在与最单一秩序的机械组合。

在莱布尼茨那里，和谐的含义是指多样性的统一。由于最好世界中最大程度的完善和最大程度的和谐同时来自上帝理智之中的最好可能世界，而不是最好世界自身自己产生出最大程度的完善和最大程度的和谐，因此，最大程度的完善和最大程度的和谐之间的关系是没被论证而直接给出的。也因此，在莱布尼茨那里，最大程度的完善和最大程度的和谐之间的关系没有得到辩证的理解而是机械地组合在一起的。莱布尼茨认为，最大程度的完善和最大程度的和谐的机械组合是有规则的，他说："上帝不可能不提出法则和遵循规则，因为法则和规则产生秩序与美，因为没有规则而行动就是没有理性而行动；正是由于上帝使他整个的慈善运作起来，他的全能的实施才符合智慧为达到一切可能企及的善而提出的法则。"② 在莱布尼茨看来，任何世界都不可能没有规则和法则。而只有根据法则来安排的各种事物，才能成为既相互区别又相互联系、既有最单一的秩序又有最大多样性的事物。莱布尼茨这里的法则和规则不是辩证法的法则和规则，而是数学的机械法则和规则，因此，在莱布尼茨那里，最大程度的完善和最大程度的和谐是通过机械的法则和规则而组合起来的。

最好的世界就是既包括最大完善的存在又包括最大和谐秩序的世

---

① ［德］莱布尼茨：《神义论》，朱雁冰译，道风书社 2003 年版，第 490 页。

② ［德］莱布尼茨：《神义论》，朱雁冰译，道风书社 2003 年版，第 390 页。

界。在莱布尼茨那里，最大完善的存在就是无限数量的自主单子，最大的和谐秩序就是在先和谐。在莱布尼茨那里，自主与和谐是没有被论证的同一，是机械地组合为一个整体的。所有单子永远是分离的独立的，因而所有单子的自主是成立的。但是，所有单子永远不发生任何形式的相互作用，所以，所有单子的最大和谐秩序不是单子自己产生的而是外加的，莱布尼茨将其称为在先的和谐。因此，自主与和谐是机械地组合在一起的。在我们看来，只有自然、他人、社会都是另一个自己的前提下，才能有真正的自主自由。真正的自主和自由必然会自己建立起和谐的秩序，只不过真正的自主和自由必然会推动和谐秩序的层次发生不断改变。由于莱布尼茨主要是处于工具理性的层次上，所以莱布尼茨对现实问题的处理只能达到对对立面的机械组合的层次，从而进入了辩证法的形式层面。要想进入真正的辩证法，必须改变出发点。

二　最好世界中的恶

针对创世的上帝，人们一般都会问："既然有上帝，何以有恶？若说无上帝，何以有善？"[①] 这里表现出来的思路是，无论是善还是恶，我们都应从这个世界之外去找原因。由于这个世界是上帝创造的，进行简单的逻辑推理，就会把善或恶的原因指向创造了世界并在世界之外的上帝。莱布尼茨也认为一切结果的最终原因都应该在上帝那里。不过莱布尼茨又认为，上帝是一切完善存在的原因，被造物自己是一切恶的原因。上帝必然创造最好的世界，现实世界中存在恶，所以最好的世界中必然存在恶。

在莱布尼茨看来，最好世界中存在三种恶：形而上学的恶、道德的恶和形体的恶。

莱布尼茨说："人们可以将恶事理解为形而上学的、形体的和道德的。形而上学的恶事在于纯然的不完美性，形体的恶事在于痛苦，道德的恶事在于罪。虽然形体的恶事和道德的恶事并非必然，但它们

---

① ［德］莱布尼茨：《神义论》，朱雁冰译，道风书社2003年版，第119页。

藉助永恒真理却是可能发生的，这也就够了。由于这浩瀚的真理区域包含着一切可能性，所以，必然存在着无限数量的可能世界，恶事必然会进入其中的一些世界，甚至其中最好的世界也必然包含着一些恶事。这便是上帝所规定的：容许恶事。"① 除上帝之外现实的最好世界中的所有单子和所有事物（中心单子）都具有各自形而上学的善和恶，现实最好世界中只有心灵单子具有道德的善和恶以及形体的善和恶。形而上学的恶在于纯粹的不完善性或原初的局限性，道德的恶在于罪，形体的恶在于痛苦。

形而上学的恶。上帝具有没有局限性的绝对完全性。之所以上帝具有绝对的完全性就是因为上帝的本质就是上帝的存在，上帝的存在不含有任何质料，上帝的本质与上帝的存在不会相互局限。除上帝之外的可能性、本质、存在等都具有局限性、有限性，是不完全性的完全性。不完全性的完全性的意思是说每个被造单子的理智意志能力在量上是全知全善全能的，在质上是不完全的。除非上帝创造另一个自己，否则被造物就不具有绝对的完全性。被造物的本质与存在是不相等的，因此，被造物的本质与被造物的存在就会相互局限从而产生恶。但恶最终来源于被造物本质的原初局限性。被造物的本质必然具有的局限性、有限性与不完全性就是形而上学的恶。

道德的恶。道德的恶相对于最好世界以外的可能世界是偶然的，在最好世界中是必然的。道德的恶最终来源于被造理性存在自身的形而上学的恶。道德的恶直接来源于被造的理性存在自身的理性和自由意志。莱布尼茨说："最大的困难在于下述论断：上帝从道德上参与了道德的恶事，即罪，但却又并非罪的制造者，甚至也不是参与犯罪者。"② 莱布尼茨认为，上帝既参与了道德的恶又没有参与道德的恶，上帝绝不是罪的制造者。因为一切都是上帝创造的，所以上帝参与了道德的恶。因为恶最终不是根源于上帝的创造而是根源于被造物自身本质的局限，所以上帝没有参与道德的恶，上帝不是罪的制造者，理

① ［德］莱布尼茨：《神义论》，朱雁冰译，道风书社 2003 年版，第 120 页。
② ［德］莱布尼茨：《神义论》，朱雁冰译，道风书社 2003 年版，第 180 页。

性的被造存在自身才是罪的制造者。莱布尼茨说："人们往往因他人的邪恶行为而忍受痛苦；但是，如果我们没有参与犯罪，便可以确信，这痛苦将给我们造成更大的幸福。"① 最好的世界中之所以有恶，绝不会让恶减少善，最少是善有善报恶有恶报，更多是用恶来增加善。所以，在最好的世界中，如果我们无辜地遭受道德的恶必然会给我们带来更大的幸福。莱布尼茨说："道德上的恶事之所以是如此大的恶事，因为它是一个最富有为恶的力量和本领的创造物身上的形体之恶事的本原。"② 莱布尼茨认为，道德的恶是最大的恶，因为道德的恶是形体的恶的本原。在这里，道德的恶和形体的恶之间的关联必然是善有善报恶有恶报的结果，这里面暗含从一般到个别的转变。形而上学的恶、被造的理性存在自身的理性和自由意志都是道德的恶的来源，但道德的恶的最终来源是形而上学的恶。

形体的恶。形体的恶相对于最好世界以外的可能世界是偶然的，在最好世界中是必然的。形体的恶主要表现为：肢体不健全、痛苦的感受、不幸的状态、永罚等。形而上学的恶、道德的恶、被造的理性存在自身的形体都是形体的恶的来源，但形体的恶的最终来源是形而上学的恶。

形而上学的恶是其他一切恶的最终根源，当然也是理性的被造存在的道德的恶和形体的恶的最终根源，道德的恶又是形体的恶的直接根源。每一种恶都与另外的恶有关系。莱布尼茨通过抽象的方法讨论恶的问题，必然是不断地进行抽象的区分且不断地进行抽象的组合。在我们看来，必须要在社会历史实践活动中具体地讨论恶的问题。

那么最好的世界中为什么有恶呢？

首先要明确与恶相关的一系列问题。莱布尼茨在《神义论》前言中说："在论述与上帝相关的恶事之来源中，我将为他的完美性进行辩护，这一辩护不仅突出他的伟大、他的权力和他的独立性，而且同样强调他的神圣、他的正义和他的慈善。我将尽可能指出，为

---

① ［德］莱布尼茨：《神义论》，朱雁冰译，道风书社 2003 年版，第 306 页。
② ［德］莱布尼茨：《神义论》，朱雁冰译，道风书社 2003 年版，第 122—123 页。

什么所有一切都取决于他，他如何参与创造物的一切行动，他怎么
会——如果他愿意——不间断地制作着创造物，尽管如此却又不是
罪的创造者。同时，我将阐明应如何理解缺失恶事的自然。我还将
进一步指出，恶事如何有另外的来源，它并非来自上帝的意志。因
此，人们在论及道德上的恶事时可以有充足理由断言，上帝并非要
求而只是容许恶事。但最重要的是，我要指出，上帝容许罪和苦难，
甚至可能参与和促成了罪和苦难，却又不至因此而损害他至高的神
圣和至高的慈善，尽管他——从他自身来观察——本来可以避免所
有这恶事的。"① 莱布尼茨回答恶的问题的出发点是唯一的全知全善
全能的上帝创造了一个有恶的最好世界。莱布尼茨首先确定了理论
目标，也就是一系列的问题。例如，为什么世间有恶而上帝仍是全
知全善全能绝对正义的？为什么上帝创造了一切，并且不间断地创
造着被造物，而且参与了被造物的一切行动，上帝仍然不是恶的创
造者？为什么上帝能够避免一切恶而又没有避免一切恶？为什么上
帝容许恶？

　　用同时从先天和从后天出发两边夹的方法对关于恶的问题的回
答。莱布尼茨说："人们固然可以想象存在着没有罪和没有苦难的可
能的世界，可以由此创造出某种如虚构故事、乌托邦和塞瓦拉伯斯
（Sévarambes）之类的东西。但这种世界却远远不如我们的世界。对
此我无法详细表述，我怎么可能了解、描述和相互比较那些无限的东
西呢？人们必须 abeffectu（从实效出发）与我一起对此进行推断，因
为上帝选择的这个世界原本如此。"② 从先天出发，上帝必然创造最
好的世界。从后天出发，我们所处的这个世界中存在着恶，所以，最
好的世界中必然存在恶。虽然我们可以想象最好的世界中不存在恶，
同时，虽然我们不能知道最好世界中的每个细节，不能完全理解最好
世界中为什么有恶，但我们必须相信最好世界中必须有恶，而且我们
必须相信最好世界中有恶并不影响上帝的正义。换句话说，虽然本质

① ［德］莱布尼茨：《神义论》，朱雁冰译，道风书社 2003 年版，第 17—18 页。

② ［德］莱布尼茨：《神义论》，朱雁冰译，道风书社 2003 年版，第 109 页。

与存在之间的关系还有很多环节我们不清楚，我们必须相信上帝创造了有恶的世界而仍然是正义的。这里莱布尼茨运用了信仰和理性的双重标准，其中更深的逻辑标准是信仰与理性是一致的。但莱布尼茨并没有弄清楚信仰与理性一致的细节，所以在莱布尼茨那里，信仰促进了理性层次的提高。

从信仰出发对关于恶的问题的回答。莱布尼茨说："在宇宙（不多于一个数）中，不可能有任何东西发生变化，哪怕考虑到它的本质或者——如人们愿意——它的数值上的个体性（individualité numérique）。可以说，在这个世界上哪怕缺少最细小的，发生于其中的恶事，它便不再是这个世界，它便不再是——将一切考虑在内——为选择了它的创造者认定为最好者的世界。"① 莱布尼茨相信上帝是全知全善全能的理性神，所以莱布尼茨相信上帝必然创造这个最好的世界。上帝一定在创世之前就知道这个最好世界不变和变化的方面。不变的东西可以事先全知道。变化的东西是无限的，即使是上帝怎么可以事先全知道，这对上帝来说也是信仰的结果，因此，莱布尼茨只是相信上帝在创世之前知道最好世界之中的一切细节。又由于上帝是全善的，因此这个世界中的任何一个细节，哪怕是最大的恶也是这个最好世界中不可缺少的。莱布尼茨的信仰之中是包含着理性的，因为莱布尼茨信仰的全知全善全能的上帝是一个绝对正义绝对理性的上帝。

从理性出发对关于恶的问题的回答。莱布尼茨说："人的坏行为是与他不正义的程度相应的；而上帝却以巧妙的手段利用这些小世界的一切缺陷使之成为他的大世界较大的装饰。这犹如透视法的发明：一些图画看似杂乱无章，人们只能从正确视角或者透过一种玻璃或一面镜子观看才发现其美。只有当人们正确地放置它或者以适当的方式使用它的时候，才能使它成为房间的装饰。我们的小世界表面上的丑陋也以同样的方式在大世界中融为一体而成为美的，它们不含有任何与一个普遍的、无限完美的原则的统一性相对立的东西。相反，我们的小世界提高了对这一原则之智慧的景仰，因为它

---

① ［德］莱布尼茨：《神义论》，朱雁冰译，道风书社 2003 年版，第 109 页。

使恶服务于至高之善。"① 莱布尼茨认为,局部的恶是整体的善。恶服务于最高的善,善有善报恶有恶报。从小恶产生大善,例如,两种恶加在一起往往产生出大善,两种毒药加在一起可以成为治病的良药。一个没有罪恶和不幸的世界必然不是一个最好的世界,如果只有美德和幸福,那么这个世界必然是最贫乏、最不和谐的世界。由于我们的理智意志能力在质上的局限性,我们总是不能全部理解上帝在这个包含着罪恶和不幸的世界中所实现的最大的善和最大的和谐。莱布尼茨基于理性基础上关于恶的问题的回答终究是不完全的,因而最终还是基于信仰基础之上的。

从逻辑出发对关于恶的问题的回答。莱布尼茨说:"恶事的基础是必然的,但它的产生却又是偶然的;这就是说,恶事之可能存在是必然的,而恶事之现实存在则是偶然的;可是,按照事物的和谐说,恶事由可能性转变为现实性却并非偶然,因为恶事符合其部分为恶事的事物之最好的序列。"② 最好世界存在形而上学的恶是绝对必然的,因为形而上学的恶是一切被造物本质上原初的局限性,形而上学的恶存在于上帝的理智之中。最好世界中存在道德的恶和形体的恶是道德的必然的。道德的恶和形体的恶最终来源于形而上学的恶,因此,道德的恶和形体的恶之可能存在是绝对必然的。而道德的恶和形体的恶之现实存在则是道德的必然的,因为道德的恶和形体的恶是被造物自由的活动和结果,同时,也是上帝必然创造最好世界的结果,因此,最好世界中存在道德的恶和形体的恶是双重道德的必然的。恶的基础是必然的,恶的产生又是偶然的。恶的可能存在是必然的,恶的现实存在又是偶然的。恶的现实存在既是偶然的又是必然的。相对于上帝的创造和最好世界来说,恶是道德必然的,相对于其他可能世界来说,恶是偶然的。在莱布尼茨那里,从根本上说,道德的必然既是必然的又是偶然的,道德的必然与道德的偶然既是机械分开的,又是机械同一的,因而没有达到真正逻辑上的必然一致性。

---

① [德] 莱布尼茨:《神义论》,朱雁冰译,道风书社 2003 年版,第 227—228 页。
② [德] 莱布尼茨:《神义论》,朱雁冰译,道风书社 2003 年版,第 461—462 页。

从道德出发对关于恶的问题的回答。莱布尼茨说："如果说我们已知的宇宙部分与我们尚不知但仍可以设想其存在的部分相比几近于无，如果人们无可争议的一切恶事只是处在这种几近于无之中，那么，也可以说，一切恶事与宇宙中所存在着的善行相比也不过是几近于无而已。"①针对培尔说"到处都是监狱和医院，到处都是绞架和乞丐"，莱布尼茨反驳到，培尔在世界上只看到医院、刑场和监狱，可是住宅比医院、刑场和监狱多得多，自食其力的人比乞丐多得多。莱布尼茨认为，即使人类所遭遇的总的恶多于总的善行，但只要这使整个宇宙成了最好的世界，这不仅不是不道德的，反而是真正道德的。上帝通过容许最少的道德的恶和形体的恶而达到了宇宙的最大的完善和最大的和谐，因而上帝容许恶不仅不是不道德的，反而是真正道德的。上帝的全知全善全能是针对全宇宙的，我们所知的所遭受的所有的恶几乎等于无。莱布尼茨说："从严格的意义上讲，上帝向有能力享受永福的创造物所表示的善行以他们的幸福为唯一目的，这一说法并不真实（虽然似乎是可信的）。在自然中，一切都是相互联系的。如果一个有高超手艺的人、机械师、建筑师或者政治家经常将同一个东西用于多种目的，只要方便他便会以一举而两得，那么，人们可以说，其智慧与权力完美无缺的上帝总是这么做的。这就叫作节省时间、空间、场地和材料，可以说，这些东西便是他的开销。可见，上帝在制定他的计划时不止有一个目的。一切具有理性的创造物的幸福是他追求的目的之一；但这不是他的整个目的，更不是他的最终目的。因此，某些这类创造物的不幸可能是作为其他更大的善的伴生情况和后果出现的。"②宇宙的普遍和谐不仅没有损害任一创造物的幸福，而且使每一被造物都享受到了基于它们本质上的最大幸福和使每一被造物遭受了基于它们本质局限上最少的恶。上帝的全知全善全能是针对全宇宙的，所以上帝不可能对我们人类的美德和幸福给予任何特殊的照顾。莱布尼茨说："那么，这个宇宙秩序就是不可能比现在

① ［德］莱布尼茨：《神义论》，朱雁冰译，道风书社2003年版，第119页。
② ［德］莱布尼茨：《神义论》，朱雁冰译，道风书社2003年版，第188—189页。

更好的了，不但一般地对全体说是如此，就是特殊地对我们本身说也是如此。"① 根据多样性的统一，我们必须平等地对待被造的理性存在和被造的非理性存在，而且，被造的理性存在和被造的非理性存在可以相互促进并且使各自和总体都达到最大的善。莱布尼茨从善恶数量对比的角度，从恶的功利角度，从宇宙中万物平等的角度，从万物自主自由的角度，从上帝绝对正义的角度等道德的角度论证了上帝对恶的容许。在我们看来，任何行为都有正反两个方面，因此，恶不是被容许的，恶是必然具有的。因为从根本上说，只有通过对立面的相互转化才能成就发展。而通过对立面的相互转化成就发展在道德方面的表现就是恶与善的相互转化成就着越来越多的善。

第二节　人的自由与恶

一　人的自由与必然

在论述人的自由以前，我们要先认识在莱布尼茨那里的人是什么。从本质的视角看，莱布尼茨认为，单子系列是一个由各不相同的单子组成的无限系列，每个单子的等级都不相同。最高等级的单子是上帝单子，其次是心灵单子，再次是灵魂单子，最后是最低等级的单子。上帝单子只有一个，其余三类单子都有无数个且各自都是具有等级差别的系列。在莱布尼茨那里，从本质的视角看，人就是一个心灵单子。心灵单子具有知觉欲望能力。心灵单子的知觉不仅包含无意识、意识而且还包含察觉或自我意识或者理智，心灵单子不仅具有纯粹的冲动、动物本能，还具有自觉的欲望或意志，在最高层次上心灵单子具有的知觉欲望能力就表现为理智意志和理性能力。从存在的视角看，莱布尼茨认为，最好世界中的所有个体事物都是由一个中心单子与其形体结合而成的，其中中心单子决定了该个体事物是什么，形体则由低于中心单子的一些单子堆积而成，形体中的单子会经常更

① 北京大学哲学系外国哲学史教研室编译：《西方哲学原著选读》上卷，商务印书馆2003年版，第493页。

换。人是一种由无数单子所构成的复合实体。这种复合实体是心灵和形体的和谐统一体。心灵与形体都是由单子构成的。人作为个体像其他所有个体一样，它的本质或个体性不在于它比心灵单子低级的单子构成的形体，而在于其中占统治地位的作为中心单子的心灵。在莱布尼茨那里，从存在视角看，人就是身心和谐结合的整体。

在论述人的自由以前，我们先总结一下莱布尼茨主张的上帝的自由。在莱布尼茨看来，全知全善全能的上帝总能享有真正的自由、无限的自由、完全且完善的自由和绝对的自由。对上帝自身来说，上帝是绝对自由的，表现为：理智的绝对自由、意志的绝对自由、能力的绝对自由。对上帝的创世来说，上帝是道德必然性上绝对自由的，表现为：理智道德必然性上的绝对自由、意志道德必然性上的绝对自由、能力道德必然性上的绝对自由。

在论述人的自由以前，我们还需总结一下在莱布尼茨主张的必然的含义。莱布尼茨说："必须在一种绝对的必然性和一种假设的必然性之间作出区别。也必须区别这样两种必然性：一种必然性之所以成为必然性，是因为其对立面蕴涵着矛盾，它被叫做逻辑的、形而上学的或数学的必然性；另一种是道德的必然性，它使贤明者选择那最好的，并使一切心灵遵循那最大的倾向。"[1] 两种必然性：一种是绝对的必然性或者形而上学的必然性、逻辑的必然性、数学的必然性和自身必然性；另一种是假设的必然性（hypothetical necessity）或者推论的必然性（necessity of the consequence）。假设的必然性又分为两种：一种是道德的必然性；一种是物理的必然性。

绝对的必然性：也叫自身必然性，是指自身中便包含有其存在和真理性的理由的必然性，如同斯宾诺莎本质包含存在的必然性或者自因的必然性，比如，上帝存在的必然性、数学真理的必然性、逻辑规律的必然性等。

莱布尼茨说："假设的必然性是这样的必然性，即关于上帝的预

---

① ［德］莱布尼茨、［英］克拉克：《莱布尼茨与克拉克论战书信集》，陈修斋译，商务印书馆 1996 年版，第 54 页。

见和预先安排的假定或假设，把它强加在未来的偶然事物上的必然性。"①"如果 a，那么 b"有如下几种理解方式：（一）a 是必然的，b 是必然的，a 到 b 的推论也是必然的；（二）a 是偶然的，b 是偶然的，a 到 b 的推论也是偶然的；（三）a 是必然的，b 是偶然的，a 到 b 的推论是偶然的；（四）a 是必然的，b 是必然的，a 到 b 的推论是偶然的；（五）a 是偶然的，b 是必然的，a 到 b 的推论是必然的；（六）a 是必然的，b 是偶然的，a 到 b 的推论是必然的；（七）a 是偶然的，b 是偶然的，a 到 b 的推论是必然的。那么，第（五）（六）（七）三种情况就是推论的必然性或者假设的必然性。不是自身必然性或者不是自身偶然性，就都是假设必然性。假设的必然性适用于现实世界中单子内外各种关系以及由单子形成事物的内外各种关系，包括道德的必然性和物理的必然性。

道德的必然性（moral necessity）是适用于心灵单子及心灵事物的道德法则。道德的必然性通过自由选择而实现。

物理的必然性（physical necessity）以道德的必然性为基础，是上帝为自然万物及运动预知预选预定的自然法则。物理的必然性被选定之后不通过自由选择而实现。

在上帝的绝对自由意义上，整个宇宙的现实存在都为上帝所造，整个宇宙的普遍和谐为上帝所预知预选预定，各种必然条件下作为心灵单子的人和作为身心和谐结合的整体的人怎么可能是自由的呢？

因为理性的被造物（其中包括人）与上帝是相像的，所以，所有的理性被造物都应该具有自由。莱布尼茨说："一般的灵魂是反映创造物的宇宙的活的镜子，而心灵则又是神本身或自然创造主本身的形象，能够认识宇宙的体系，并能凭借建筑模型而模仿宇宙体系的若干点；每一个心灵在它自己的范围内颇像一个小小的神。"② 人是理性被造物的一种，所以人也应该具有自由。那么，在莱布尼茨那里，应

---

① ［德］莱布尼茨、［英］克拉克：《莱布尼茨与克拉克论战书信集》，陈修斋译，商务印书馆 1996 年版，第 54 页。

② 北京大学哲学系外国哲学史教研室编译：《西方哲学原著选读》上卷，商务印书馆 2003 年版，第 491 页。

当怎样理解人的自由呢？下面先论述莱布尼茨理论中作为心灵单子的人的自由。在莱布尼茨那里的作为心灵单子的人的自由包括以下几种情况：理智的自由，意志的自由和能力的自由，相关于理智和意志的自由，相关于理智、意志和能力的自由。

相关于理智的自由。心灵单子的能力就是心灵单子知觉变化的可能性，心灵单子的欲望就是心灵单子知觉变化的倾向，所以，心灵单子的能力和欲望都可归结为心灵单子的知觉。心灵单子的知觉不仅包含无意识、意识而且还包含察觉或自我意识或者理智。莱布尼茨说："因此照我看来理解力相当于拉丁文中叫做理智的东西，而这种功能的运用就叫做理智作用，是一种和反省的功能相结合的清楚的知觉，这是禽兽所没有的。一切和这种功能相结合的知觉是一种思想……当思想是清楚的时，就有了理智作用。"① 理智的作用是一种和反省的功能相结合的清楚的知觉，是清楚的思想，是禽兽所没有的。这种理智的作用是自由的。理智虽然不是绝对完善的，但是理智是绝对完全的且理智是有自我意识的，因此理智是自由的。理智的绝对完全是指理智在任何情况下都是独立地表象全宇宙且与全宇宙和谐共变的，理智的自我意识是指理智对自己的知觉是清楚的。理智不是绝对完善的是指理智的知觉不是像上帝的知觉一样绝对清晰而是总有些不清晰的，但理智不是绝对完善的并不影响理智的自由。上帝的理智自由是完全且完善的理智自由。从根本上说，心灵的理智总是自由的，只不过，心灵的理智自由总是完全且不完善的理智自由，即使理智受到情感的奴役，理智仍是自由的。从存在的角度说，影响理智自由的因素之一是情感。当理智受情感的奴役时，理智就不能深思熟虑，理智的知觉不能达到应有的清晰程度，因而理智就没有自由。从存在的角度讲，理智的知觉总不能达到绝对清晰的程度，因而理智是不自由的。所以，可以说相关于理智的自由是指自由同形而上学的必然相一致。莱布尼茨说："我们的认识（connaissance）是双重性的：清晰或者模

① ［德］莱布尼茨：《人类理智新论》上册，陈修斋译，商务印书馆 2002 年版，第165—166 页。

糊。清晰的知识或者洞观植根于理性之真正运用。而感官却只为我们提供模糊观念。我们可以说，我们只要是藉助清晰的认知行动便摆脱了奴役状态；如果我们的知觉是模糊的，我们便成为激情的奴仆。从这个意义上讲，我们还不享有所期待得到的完整的精神自由。"① 理智的自由摆脱情感的奴役提供清晰的知识。感官激起情感提供模糊的观念。我们的认识总是由理智和感官共同作用引起的，所以，我们的认识总是清晰和模糊双重性的。当我们的认识不受感官的影响只是清晰的时候，我们的认识就达到了理智的自由。当我们的认识只受感官激起情感的奴役时，我们就只能得到模糊的观念，不能达到理智的自由。在剩下的情况下，我们的认识都处于清晰和模糊的双重状态中。

相关于意志的自由。莱布尼茨认为，相关于意志的自由是意志与形而上学的必然对立时的自由。意志的自由是独立于理智的自由。莱布尼茨说："人们意欲理智呈现于意志之前的最强有力的理由或印象，也不阻止意志的活动成为偶然的，而不给它一种绝对的和可以说是形而上学的必然性。而正是在这种意义下，我习惯于说，理智能够按照占优势的知觉和理由来决定意志，其决定的方式是：即使它是确定无误的，它也只是使意志倾向于什么而不是必然地逼使它怎样。"② 莱布尼茨认为，这是一种纯粹的意志。这种与理智绝对分离开来的纯粹的意志是与形而上学的必然对立的，因而是一种纯粹的任意性。这种纯粹的意志既是与理智等分离开来的一种抽象意志，又是不能与理智绝对分离开的一种具体意志。

意志的自由在于意志本身的独立性。莱布尼茨说："当人们讨论意志自由或自由主宰（franc arbitre）问题时，他们所问的不是人是否能做他想做的，而是他的意志本身是否有足够的独立性。人们不是问他的四肢是否自由或是否有活动余地而无人掣肘，而是问他的心灵是否自由，以及这种心灵的自由是在于什么。在这方面，一个

① ［德］莱布尼茨：《神义论》，朱雁冰译，道风书社2003年版，第343页。
② ［德］莱布尼茨：《人类理智新论》上册，陈修斋译，商务印书馆2002年版，第168页。

心智是可以比另一个心智更自由的，而最高的心智将具有一种完全的自由，为被创造的生物所不能有的。"① 上帝的意志具有绝对的独立性，同时上帝的意志又与上帝的创世活动具有绝对的同一性。心灵的意志本身也通过自己与心灵内部的其他因素和心灵外部的其他因素既是绝对分离的又是和谐共存的，同时，也经过了上帝的理智提供处所，上帝的意志的选择和上帝的能力的创造。只有上帝的意志是只依靠自己具有绝对的独立性的，而心灵的意志的绝对独立性既来源于自己又来源于上帝，但上帝只创造心灵单子的存在，不影响心灵意志的独立性。

意志的自由又在于意志的选择。莱布尼茨说："我们的意志不仅摆脱强制，而且也不应受必然性制约。亚里士多德曾经注意到，自由中有两个东西，即自由的自决与选择，我们对于我们行动的控制便在于此。"② 莱布尼茨与亚里士多德一致认为，意志的自由在于意志的选择和意志的自决或自发性。下面先论述意志自由的意志的选择方面。莱布尼茨说："上帝从不犹豫地去选择最好者，但他并非被迫为之；在上帝选择的对象方面不存在必然性，因为事物的另一种结果也同样是可能的。正是由于这个缘故，选择才是自由的，是不受必然性制约的，因为它是在许多可能性之间进行的，因为意志完全是由对象之占优势的善确定下来的。"③ 上帝的意志在所有可能中进行选择，并且必然选择最好者，上帝意志的选择是绝对自由的。心灵意志的自由选择也是绝对的，但在两点上不同于上帝意志自由的选择的绝对性，一是心灵意志的自由选择不是绝对完善的，二是心灵意志的自由选择是由上帝的创造而变为现实的。因此，心灵意志的自由的选择也是在所有可能中选择，并且必然选择最好者。只不过心灵意志自由选择的所有可能中有些可能是清晰的，有些可能是不清晰的；心灵意志自由选择的最好者可能不是真正的最好者。但是心灵意志的自由选择

① ［德］莱布尼茨：《人类理智新论》上册，陈修斋译，商务印书馆 2002 年版，第175—176 页。

② ［德］莱布尼茨：《神义论》，朱雁冰译，道风书社 2003 年版，第 128 页。

③ ［德］莱布尼茨：《神义论》，朱雁冰译，道风书社 2003 年版，第 135 页。

必然在多种清晰的可能中选择意志所指向的最好者。如果没有多种清晰的可能只有一种清晰的可能，那么就只有绝对的必然性没有偶然性，因而就没有意志选择的自由。心灵意志的自由选择必然选择最好者的必然是道德的必然，也就是说，没有被意志选择的其他可能仍然是可能的，同时说明心灵意志的自由选择必然受圆满性原则的规定仍然是意志自由的选择。

意志的自由选择存在的错误倾向之一是认为意志的自由选择是不遵循任何原则的纯粹任意性。

意志的自由选择存在的错误倾向之二是认为"无差别状态"是意志自由的选择条件。所谓"无差别状态"是指两个事物没有不同的内外特点而只是空间上的不同状态，即所处空间不同的两个完全一样的事物状态。"无差别状态"有三种情况，一是被心灵的意志选择的对象处于"无差别状态"，二是心灵的意志进行选择时根据的理由处于"无差别状态"，三是心灵的意志进行选择时对象与理由处于"无差别状态"。一些人认为，只有处于"无差别状态"，心灵的意志才能进行自由的选择，心灵的意志才是自由的。而莱布尼茨认为，在"无差别状态"下，心灵的意志选择是最不自由的。根据差异律、不可辨别者的同一性原则和充足理由律，莱布尼茨认为任何情况下都不存在"无差别状态"。莱布尼茨通过"布里丹（Buridan）的驴"的故事来说明不存在"无差别状态"。他认为，"布里丹的驴"的故事"只是在宇宙和自然秩序中不可能出现的虚构故事，虽然培尔先生对此持有不同意见。假设这个例子可以成立，人们当然可以说，驴子将会饿死。但从根本上看，这个问题讨论的是不可能的情况……因为不论是宇宙的两个部分还是动物的内脏相互都不一样，它们的垂直平面的两边也不均匀。因此，在驴子之内和驴子之外有许多东西——尽管我们没有察觉到——将规定着驴子更多地转向此一侧而不是另一侧"①。假设驴子离两堆食料的距离完全相等，驴子饿死了，说明在"无差别状态"下，驴子是最不自由的。假设只有驴子离两堆食料的

---

① ［德］莱布尼茨：《神义论》，朱雁冰译，道风书社 2003 年版，第 137 页。

距离完全相等，驴子才不饿死，说明在"无差别状态"下，驴子是自由的。事实上，只要有能够接近的食料，驴子就不会饿死，因为驴子总是处在"有差别的状态"之下。"布里丹的驴"的故事只能说明"有差别的状态"才是意志的自由选择的条件之一。莱布尼茨说："但绝不存在一种均衡的漠然态度；这就是说，对两个方面持平，不特别偏向某一个方面。无数或大或小的内在和外在的动因在我们身上同时起着作用，人们对此往往并没有意识到。我曾说过，一个人在离开房间时，有某些理由使他首先迈出某一只脚，但他却并没有注意到这种情况。"① 我们总是处于有差别的状态之中。心灵与形体之间总是存在着差别或对立。形体与形体之间总是存在着差别或对立（原因），心灵内部各种理由之间总是存在着差别或对立（理由）。如果心灵认为这些差别或对立不存在，那只是因为我们的心灵没有意识到这些差别或对立，而不是因为这些差别或对立事实上不存在。假设存在"无差别状态"，当我们处于"无差别状态"之中时，心灵意志的选择就没有原因或理由选择其一或其他，心灵意志的选择就会处于一种犹豫不决状态或者一种保持平衡的漠然状态，如果认为在这种状态下心灵意志的选择是自由的，那是不符合充足理由律的。因为在"无差别状态"下，心灵意志的选择就会永远处于一种犹豫不决状态或者一种保持平衡的漠然状态，这时心灵意志的选择正好处于最不自由的状态。

意志的自由又在于意志的自发性。莱布尼茨说："亚里士多德给它下的定义是很正确的，他说，如果一个行动的开端寓于行动者身上，它便是自发的。"② 亚里士多德认为，行动的自发性就是行动者是行动的唯一开端。根据亚里士多德关于自发性的定义，莱布尼茨认为，意志的自由就是意志的自发性，而意志的自发性就是意志是意志活动的唯一开端。莱布尼茨说："这种自发性在某种意义上使灵魂在作出它的决断时不受其他一切创造物之形体上的影响。这种尽其可能

① ［德］莱布尼茨：《神义论》，朱雁冰译，道风书社 2003 年版，第 135 页。
② ［德］莱布尼茨：《神义论》，朱雁冰译，道风书社 2003 年版，第 351 页。

扩大我们对我们行动的主宰而迄今鲜为人知的自发性，是前定和谐体系的结果。"① 从感性存在的角度看，心灵的意志总会受到形体（躯体或其他形体）的感性作用。从本质的角度看，外部的形体也总会受到心灵的意志的作用。因此，我们通常认为，心灵的意志与外部形体是相互作用的。同理，我们通常认为，心灵的意志与其他意志、外部形体是相互作用的。按照通常的看法，心灵的意志活动的开端就不只是在于意志，因此，心灵的意志就不具有自发性，因而，心灵的意志就不是自由的。莱布尼茨说："没有任何一种手段可以解释，一个单子怎么能够经由某一别的创造物而在自己内部被激活或者发生改变，因为人们不可能把某种东西置入它的内部，也知道在它内部没有那种也许被促成、制导、增多或减少的内在运动，犹如那种在其部分当中可能产生改变的复合体那样的内在运动。单子没有使某种东西能够藉以进出的窗口。偶然的属性不可能脱离实体并游荡其外，如以往经院学者的感觉心象所做的那样。所以，不论实体还是偶然属性都不可能从外部进入一个单子之内。"② 莱布尼茨那里，所有单子（包括心灵）与单子或形体之间都不发生任何形式的相互作用，因此所有单子各自相互独立，所有单子自身便蕴含着自身的一切状态和一切变化，因此，所有单子都有一种严格的自发性。因此，心灵单子的意志自身拥有一种严格的自发性。莱布尼茨说："我们及一切单一的实体都有一种严格的自发性，它在理性的或者自由的实体中成为支配其行动的主宰。最能表述这一点者莫过于我多年前提出的前定和谐体系了。我在这一体系中指出，每一个单一实体自然地便有知觉，它的个体性在于造成它所得到的诸知觉之顺序的恒久法则，这些知觉是以自然的方式分别产生的，然后按照此一单一实体所固有的观点去感知实体所得到的形体，并通过此一形体去感知整个宇宙，而实体却一定不接受来自形体方面的任何形体上的影响，虽然形体从其自身方面应根据它自己的法则适应灵魂的意志，并按照这些法则的规定顺从灵魂的意志。由

① ［德］莱布尼茨：《神义论》，朱雁冰译，道风书社 2003 年版，第 144 页。
② ［德］莱布尼茨：《神义论》，朱雁冰译，道风书社 2003 年版，第 479—480 页。

此可见，灵魂自身拥有一种完美的自发性，所以，它在行动时只服从上帝和它自己本身。"① 莱布尼茨认为，其他心灵的意志和所有外部形体对我们心灵的意志只是表面看来有作用，实际上其他心灵的意志和所有外部形体对我们心灵的意志都没有任何形式的作用。之所以所有心灵的意志具有独立性和自发性而且又相互协调，是因为在先和谐的原因。意志自由的自发性是指意志不受其他意志或其他形体的规定，而在绝对必然意义上受心灵自身的规定。也就是说，意志的自由的自发性的原因或理由唯一地来自心灵自身。因此，心灵意志自由的自发性拥有一种不借助于理由和外物的绝对独立的力量。虽然心灵单子的存在是上帝创造的结果，但上帝的创造并不影响心灵意志自由的自发性。莱布尼茨说："由于经常是在几个决定之间作出决断，人们无法用天秤而只可用一种同时冲向不同方向的力量作比喻，但这种力量只有在遇到最大的退让或者最小的阻抗时，才会活动起来。譬如，空气被紧密地压缩在一个容器内，于是，它要逃出，就会冲破容器。它向各个部分压，最后冲向最薄弱的部分。同样，灵魂的所有倾向也针对着一切呈现于它的善，这是先行性的意志；但作为从这种种先行性意志产生的结果的后续性意志则作出决断，选择最引起注意的东西。"② 因此，心灵意志自由的自发性不仅在于受心灵的意志自身绝对必然意义上的决定，同时还在于受心灵的意志自身多种原因或理由之中最好原因或理由的道德必然意义上的决定。

相关于能力的自由。莱布尼茨说："能力一般就是变化的可能性。"③ 在莱布尼茨那里，因为上帝的能力不仅是完全的而且是完善的，所以上帝的能力是绝对自由的。心灵的能力是完全的但不是完善的，而且心灵变化的可能性完全取决于心灵自身，所以心灵的能力是自由的。

相关于理智和意志的自由。莱布尼茨说："亚里士多德已经很好

① ［德］莱布尼茨：《神义论》，朱雁冰译，道风书社2003年版，第344页。
② ［德］莱布尼茨：《神义论》，朱雁冰译，道风书社2003年版，第367—368页。
③ ［德］莱布尼茨：《人类理智新论》上册，陈修斋译，商务印书馆2002年版，第160页。

地指出过，要叫某些活动是自由的，我们要求它们不仅是自动的（spontaneés），而且是经过深思熟虑的（delibereés）。"① 莱布尼茨赞同亚里士多德的观点，认为心灵的自由包括意志方面和理智方面。心灵的理智为意志的对象提供知识。心灵的理智提供的知识的等级决定了意志自由的等级，心灵的最高理智与最高意志自由是一回事，心灵的理智与意志都包含着能力，这是理性主义的一个突出表现。因此，莱布尼茨认为，心灵的"自由是自发性加上理智"② 自发性是所有单子自主的充要条件，但只是心灵单子自由的必要条件，理智才是心灵单子自由的充分条件。心灵的理智使心灵的自发性自主上升为心灵的自由。理智加上意志才是心灵自由的充要条件。

相关于理智、意志和能力的自由。莱布尼茨说："上帝之完满与我们灵魂之完满是同一样的，只是他无限地拥有这种完满；他是大海，而我们只是从中领受了一滴水珠：在我们自身之内有一些力量、一些知识、一些慈善；但在上帝身上，这些东西并以其整体丰盈存在着。"③ 在莱布尼茨看来，上帝的自由是完全而且完善的自由，因此上帝的自由是绝对的自由。上帝的绝对自由表现为理智自由、意志自由、能力自由的三元同一。上帝的绝对自由就体现在上帝通过无限的智慧、无限的慈善和无限的权能的三元同一而使最好者存在。最好世界中的所有单子都是上帝的仿制品，因此，心灵单子的自由也表现为理智自由、意志自由、能力自由的三元同一。只不过心灵单子的自由不是完全而且完善的自由，心灵单子的自由只是完全的而不是完善的自由。莱布尼茨说："我曾经指出，人们在神学派别中所看到的自由是一种包括对观察对象之精确认识的理智（intelligence），此外，它还是我们以之作出决断的自发性（spotanéité），最后它也是偶然性（contingence），即排除了逻辑的和形而上的必然性。理智认识犹如自

---

① ［德］莱布尼茨：《人类理智新论》上册，陈修斋译，商务印书馆 2002 年版，第 168 页。

② ［英］罗素：《对莱布尼茨哲学的批评性解释》，段德智、张传有、陈家琪译，商务印书馆 2000 年版，第 234 页。

③ G. W. Leibniz, *Theodicy*, translated by E. M. Huggard, Oxford, 2007, p. 53.

由之灵魂，其余则是躯体和基础。自由的实体（la substance libre）是通过其自身作出决断的，即根据为理智所认识到的善之动机作出判断，这种动机激励它却并不强迫它。这几句话包含了自由的所有条件。不过，还要指出的是，存在于我们的认知和我们的自发性中的不完美性与我们的偶然性中所包含着的无谬误的确定性，既不取消自由也不取消偶然性。"① 虽然心灵的自由在完善性上不如上帝，但心灵的自由的原因或理由只来自心灵的自身理智意志能力而绝不受其他心灵及自身形体及其周围所有其他事物的影响。而且心灵的自由还表现为理智自由、意志自由、能力自由的三元同一，因为心灵的理智自由意志自由能力自由是各自独立的同时又是同一的。从较低的层次上说，心灵的自由包括理智意志能力三个条件，理智是心灵自由的灵魂，意志和能力是心灵自由的躯体和基础。由于理智的作用是认识，意志的作用是自发性，能力就是变化的可能性，因而能力也意味着偶然性，所以，从较低的层次上又可以说，心灵的自由包括理智的认识自发性偶然性三个条件。从根本上说，理智的认识、偶然性、对最好者的倾向都包含在心灵的完全自发性中，因而，心灵总是完全自由的。莱布尼茨说："奴隶的逆境及我们身处的情况并不妨碍我们（完全像他那样）进行选择，选择那种在我们所处的状况下和根据我们当前的力量与认识最使我们满意的东西。"② 由于心灵具有完全的自由，心灵与上帝一样也会结合心灵自身的力量、知识和慈善去创造最好者。由于心灵的自由是不完善的，心灵的力量、知识和慈善的有限性虽然不损害心灵的自由，但是却限制着心灵自由在完善性上的实现程度。因此，心灵所处的任何情况包括极端的逆境也不影响心灵自由地认识最好者选择最好者创造最好者。但是，即使心灵的理智为心灵识别出了最好者，心灵的意志为心灵选择了最好者，但如果心灵的能力不够，心灵还是不能实现最好者。这就是说，上帝能够为所欲为而不为，而心灵则想为所欲为而不能。

---

① ［德］莱布尼茨：《神义论》，朱雁冰译，道风书社2003年版，第342—343页。
② ［德］莱布尼茨：《神义论》，朱雁冰译，道风书社2003年版，第343页。

相关于作为心灵的人的自由和作为身心和谐统一体的人的自由。莱布尼茨说："有法权上的自由和事实上的自由。照法权上的自由来说，一个奴隶是毫无自由的，一个臣民也是不完全自由的，但一个穷人则是和一个富人一样自由的。事实上的自由或者在于如一个人所应当的那样去意愿的能力，或者在于做一个人想做的事的能力。……意志的自由又可以从两种不同的意义来看。一种意义是当我们把它和心灵的不完善或心灵的受役使相对立时所说的，那是一种强制或束缚，但是内部的，如那种来自情感的强制或束缚那样。另一种意义是当我们把自由和必然相对立时所说的。在第一种意义下……只有上帝是完全自由的，而被创造的心灵只有在他们超越情感的范围内才有一定程度的自由。而这种自由真正说来是相关于我们的理智的。但和必然相对立的心灵的自由，是相关于赤裸裸的意志，作为与理智区别开的意志来说的。这就是所谓的意志自由（franc-arbitre），而它就在于：人们意欲理智呈现于意志之前的最强有力的理由或印象，也不阻止意志的活动成为偶然的，而不给它一种绝对的和可以说是形而上学的必然性。"① 人的自由包括作为心灵的人的自由和作为身心和谐统一体的人的自由。从本质（精神）出发的作为心灵的人的自由（本质自由）包括：理智的自由、意志的自由、能力（表现于内）的自由。心灵单子具有完全但不完善的自由。灵魂单子及以下单子不具有理智，因此缺少了自由的一个必要条件，所以，灵魂单子及以下单子不具有自由。但灵魂单子及以下单子具有自主的充要条件，所以，灵魂单子及以下单子具有自主。从存在（最好世界）出发的作为身心和谐统一体的人的自由（存在自由）包括：人的法权上的自由和人的事实上的自由。人的法权上的自由就是人支配人的自由。人的事实上的自由包括人支配物的自由和人支配创造的能力（表现于外）的自由。莱布尼茨说："如果人们能够以最好的方式使用他的意志自由，并随时运用这种能力而又不为外在的强制力量或内在的激情——前者造成对

---

① ［德］莱布尼茨：《人类理智新论》上册，陈修斋译，商务印书馆 2002 年版，第167—168 页。

躯体的奴役，后者造成对灵魂的奴役——所阻挠，这便是真正的自由，同时又是最完美的自由。"① 在莱布尼茨那里，作为心灵的人与作为身心和谐统一体的人是不同的。作为心灵的人就是一个心灵单子。作为身心和谐统一体的人是由一个作为中心单子的心灵与形体组合而成，其中形体由比心灵低级的一些单子堆积而成，堆积形体的单子通过与宇宙中其他单子的不断交换而变化。作为心灵的人是本质的人。作为身心和谐统一体的人是感性存在的人，作为身心和谐统一体的人最终决定于心灵。所以，作为身心和谐统一体的人最终可以归结为作为心灵的人。所以，身心一体的人的自由最终归结为心灵的人的自由，也就是说，法权上的自由和事实上的自由最终可归结为心灵的自由。心灵的自由最终归结为意志的自由，也就是说，理智的自由和能力的自由都包含在意志自由之中。所以，法权上的自由、事实上的自由、理智自由、能力自由最终都包含在意志自由之中。所以，当人们以最好的方式使用他们的意志自由时，就能够使躯体摆脱外在形体的强制，同时能够使心灵摆脱内在激情的强制，从而使人们获得完全的自由。

从人的自由的最终根源来说，人是完全自由的。人的自由完全从自己内部而来，不受身体及其他任何事物的影响，上帝只是创造了个体的存在，绝没有改变个体本质在上帝理智之中就具有的自由本性。从人的自由的量上说，人是完全自由的，因为人在所有方面都是自由的。从人的自由的质上说，人的自由是不完善的，因为人的自由的任何一个方面都不是像上帝一样的绝对完善。所以，人的自由是完全的但不是完善的。而宇宙中其他非理性被造物都是自主的，非理性被造物的自主是完全的但不是完善的。所有被造物都是自主自由的，并且所有被造物自主自由实现的程度千差万别，从而使世界呈现无限的多样性、丰富性，同时由于在先和谐的缘故，所有的被造物虽然自主自由，但是都与自己的形体及周围所有事物相适应，从而我们的这个世界是上帝创造的最好世界。

---

① ［德］莱布尼茨：《神义论》，朱雁冰译，道风书社 2003 年版，第 446 页。

二 预知，预选，预定与上帝容许人滥用自由意志

上帝为什么能够预知？在上帝预知的情况下，人为什么有自由？上帝预知人滥用自由意志，上帝为什么允许人滥用自由意志？上帝为什么能够预选？在上帝预选的情况下，人为什么有自由？上帝为什么预选人滥用自由意志？上帝为什么能够预定？在上帝预定的情况下，人为什么有自由？上帝预定人滥用自由意志，上帝为什么要惩罚人的罪恶？人为什么要为所犯之罪恶负责？

上帝的理智中包含所有的可能世界，上帝的理智是全知的，所以上帝预知一切可能的世界，并且预知最好可能世界中的一切。上帝是全善全能的，上帝预选预定了现实最好世界中的一切，上帝选择并创造了唯一的现实的最好世界。

上帝预知预选预定了最好世界中的一切，那么最好世界中的人为什么是自由的呢？上帝的理智预知所有可能而不改变任何本质。上帝的意志预选最好的可能世界，而不使其他可能世界不可能，也不使最好世界中任一事物的其他可能不可能，也就是说，也不使最好世界中任一事物的偶然性全部变成必然性。上帝的能力预定最好的世界只是必然把最好的可能世界变成现实存在，而把最好可能世界中影响最好世界的任何事物的某些偶然性不变成现实。

第一，理智的预知与人的自由。

预知以真理的确定性为前提，却不会导致人的行动的确定性，即并不影响偶然性及人的自由。莱布尼茨说："这种规定性产生于真理之固有本性，它不可能有损自由；可是，也另有一些为人们从另一些方面推导而来的规定性，其中首先是从被认为是与自由相矛盾的上帝的预先认知中推导而来的规定性。他们说，凡是预见到的事便不可能不发生。……预知自身并没有给未来偶然真理之规定性添加甚么东西，所附加给它的无非是这种规定性由此而成为已知者。"[①] 上帝预知一切，既预知所有的可能世界，也预知我们生活于其中的这个唯一

---

① ［德］莱布尼茨：《神义论》，朱雁冰译，道风书社 2003 年版，第 129—130 页。

的最好现实世界。既预知一切必然的真理，也预知这个唯一的现实最好世界中的一切偶然真理。必然真理在所有的可能世界中都一样，必然真理的必然是一种绝对的必然性，因此，上帝对必然真理的预知并不会改变必然真理。如果上帝预知到现实最好世界中的一个偶然真理，那么偶然真理的发生便是必然的。不过，偶然真理的必然不是绝对的必然。偶然真理的必然是一种物理的必然或者道德的必然，物理的必然或道德的必然与偶然和自由并不矛盾。上帝的预知只是预知而不改变偶然和自由。

预先认识到的原因会使偶然真理成为确定的吗？反对者说："上帝的预知必然在事物的本性中有其理由。由于这种理由使真理成为一种前定的真理，因此，上帝会阻止此一真理具有偶然的和自由的性质。"[①] 一些反对者认为，上帝是通过事物本质中的确定理由来预知的。理由的确定性使偶然真理成为了必然的真理，从而损害了偶然和自由。反之，如果承认偶然和自由，上帝就不能进行全面的预知。莱布尼茨认为，这种反驳是不能成立的。莱布尼茨说："由于事物联系顺序的完美，上帝在宇宙的每一部分都看到了整个宇宙……人们不可以怀疑效果是以某种方式从其原因产生的，虽然也有偶然性、甚至自由，但它们始终是与确定性或者规定性并列存在着的。"[②] 莱布尼茨认为，由于最好世界中的事物是和谐共存共变的整体，上帝从最好世界中的任一事物都可以看到整个宇宙。上帝的全知预见到宇宙中确定的部分，但偶然性和自由是建立在确定的原因和理由之上的，偶然性和自由与确定性并列存在，所以，上帝对确定的原因和理由的预见并不损害偶然性和自由。上帝的全知预见到宇宙中不确定的部分和自由，上帝的预见并不会改变不确定性和自由。上帝的全知预见到宇宙中偶然性和无限的宇宙。上帝的全知必然能够预见宇宙中的偶然而不改变宇宙中的偶然。上帝的全知必然能够预见无限的宇宙而不是只能预见无限宇宙中的有限部分，上帝的全知必然能够预见无限的宇宙而

---

① ［德］莱布尼茨：《神义论》，朱雁冰译，道风书社 2003 年版，第 130 页。
② ［德］莱布尼茨：《神义论》，朱雁冰译，道风书社 2003 年版，第 390—391 页。

不是只能跟在无限宇宙的后面来认识，上帝的全知必然逻辑在先地预见无限的宇宙。因此上帝的全知的预见并不改变最好世界中的偶然性和自由。

第二，意志的预选与人的自由。

意志的预选与理智的预知的关系。莱布尼茨说："上帝由于预见到祈祷、善行、恶行及其余一切，他便预先一劳永逸地为一切事物规定了秩序；每一个事物在它的此在以前便在观念上参与了为一切事物之此在所作出的决定。"① 上帝预见到了所有不完善的完善性，比如，所有本质的完善性、偶然性的完善性、自由的完善性。具体表现为：祈祷、善行、恶行等。上帝的全善意志从所有本质的善、偶然性的善、自由的善中选择出无限的部分组成最好的可能世界，并由上帝的全能实现为存在。上帝的理智预知所有的善，上帝的意志选择分割出最大的善，上帝的能力实现最大的善，所以，本质、偶然性、自由仍然保持原样。上帝做了一切又与没做一样。

意志的预选自身。莱布尼茨说："既然上帝在对一切可能的世界作了比较以后，他的旨意仅在于决定选择其中最好的一个，并通过Fiat（同意）这个全能的词将它与它所包含着的一切呼唤到此在之中，那么，这便表明，这个旨意并没有改变事物的本质，它容许事物像以往处在纯然可能状态中那样存在……凡是偶然的与自由的东西，在上帝的旨意之下像在他的预见之下一样都保持不变。"② 全善意志的选择就在于选择最好的可能世界。所有的可能世界有的全是善没有恶，有的全是恶没有善，有的既有善又有恶；有的只有必然本质没有偶然，有的只有偶然没有必然本质，有的既有必然本质又有偶然；有的只有必然本质没有自由，有的只有自由没有必然本质，有的既有必然本质又有自由，等等。上帝全善的意志选择的最好世界中既有善又有恶；既有必然本质又有偶然；既有必然本质又有自由，等等。上帝全善意志的预选并没有把偶然变为必然，也没有把自由变为必然，而

---

① ［德］莱布尼茨：《神义论》，朱雁冰译，道风书社2003年版，第109页。
② ［德］莱布尼茨：《神义论》，朱雁冰译，道风书社2003年版，第138—139页。

是保持偶然性和自由的原样。

莱布尼茨说:"因为当上帝(举例言之)选择那最好的时,那他未选中的和在圆满性上较次的,仍然不失为可能的。"① 上帝全善的意志在预选最好的可能世界时,其他未选中的可能世界仍然是可能的而没有变成不可能,最好的可能世界也在本质没有被改变的情况下变成存在。

莱布尼茨说:"他就选出了那些他预见到其存在最适合他的智慧的东西。因此,善来自上帝,而恶则由于创造物的原始的不圆满。心灵是完全自由的,实体只依赖上帝和它自己。"② 上帝的全善意志根据圆满性原则预选了最好的可能世界。圆满性原则体现的是上帝全善的意志实际上把上帝全知的智慧包含在自身之中了。心灵的存在之善来自上帝,心灵是完全且不完善的自由,恶来自心灵自由的不完善性。

意志的预选与能力的预定之间的关系。莱布尼茨说:"上帝在种种可能性的观念中注意到亚当是出于自由意志而犯罪的,于是上帝决定让亚当像他瞥见他时那种样子进入此在。这一决定丝毫没有改变事物的本性;他并没有使本身为偶然者的东西成为必然者,也未使可能者成为不可能者。"③ 上帝全能的预定既没有改变上帝预选中事物的本质、偶然性、自由等,也没有把没有预选的可能者变成其他的任何东西,而只是把上帝预选的可能事物毫无改变地变成了存在,或者,上帝的预定只是把上帝的预选从可能变为存在而不改变可能事物的本质。莱布尼茨说:"上帝预先要求善者,随后要求最善者。至于谈到恶事,可以说,上帝根本不要求道德上的恶事,同样也并非绝对要求形体上的恶事或者痛苦;因此,不存在对判罚之绝对的预先规定。"④ 上帝全善的意志只是预选最好者,上帝全能的预定只是预定最好者。

① [德]莱布尼茨、[英]克拉克:《莱布尼茨与克拉克论战书信集》,陈修斋译,商务印书馆1996年版,第55页。
② [德]莱布尼茨:《新系统及其说明》,陈修斋译,商务印书馆2002年版,第30页。
③ [德]莱布尼茨:《神义论》,朱雁冰译,道风书社2003年版,第298页。
④ [德]莱布尼茨:《神义论》,朱雁冰译,道风书社2003年版,第121页。

最好者包含着理性的被造物因自由而应遭受的判罚等，这是上帝按照事物自身本质的预选，上帝的预定没有改变事物自身的本质，因此上帝也没有预定判罚等，而只是预定按照事物本质自身的原样变成存在。

第三，能力的预定与人的自由。

如果偶然真理是没有原因的或者绝对偶然的，上帝的能力预定是否损害了偶然和自由？莱布尼茨说："莫林纳派由于这种均衡的漠然态度的错误观念而陷入进退维谷的境地。人们不仅要求他们回答，怎样才能够知道一个完全不确定的原因将作出什么决定，而且还质问他们，最后怎么会从中产生一个没有来由的决断。……自由原因究竟是怎么作出决定的。他们将永远逃不出困境，除非他们承认，在创造物的先行状态中包含着一种推动着它作出决断的前定因素。"① 如果处于无差别状态或绝对偶然的状态中，人是无法作出任何决断的，因而人就处于最不自由的状态。根据充足理由律，没有任何原因或者没有任何理由人是无法作出任何决定的，就是上帝也无法作出任何决定，也就是说在这种无差别状态或绝对的偶然状态中，既不存在人的自由，也不存在上帝的预定。

如果偶然真理是有原因的或不是绝对偶然的，上帝的能力预定是否损害了偶然和自由？莱布尼茨说："从原因产生的结果之绝对必然性不会提高假定的必然性之真实无妄的确定性。"② 由原因形成的预定正好说明人是自由的：首先，这个原因或理由既不来自上帝也不来自形体和其他事物，而是来自心灵自身；其次，由原因或理由形成的预定是一种物理的必然性而不是绝对的必然性，并没有给人的自由添加什么，这是人身心和谐的结果，也没有增加偶然事物的确定性；最后，这种原因或理由并不是单一的而总是有多种原因或理由并存的，人必然根据圆满性原则对多种原因或理由进行自由的决断。由多种原因或理由形成的预定是一种道德的必然性，并没有

---

① ［德］莱布尼茨：《神义论》，朱雁冰译，道风书社2003年版，第136—137页。
② ［德］莱布尼茨：《神义论》，朱雁冰译，道风书社2003年版，第149页。

给人的自由添加什么，也没有增加偶然事物的确定性，是上帝自由选择的结果。

如果偶然真理是偶然性自己建立起来的必然联系，自由是自己遵守自己建立起来的必然，这种情况就不需要上帝的预知预选预定，也不需要上帝的选择创造，因而也就不需要上帝，这是莱布尼茨反对的观点。

上帝的能力预定既不会破坏偶然性也不会损害自由。莱布尼茨说："围困基伊拉城的个案属于一个可能的世界。这个世界只是通过所有一切与那一假设相联系的东西而与我们的世界区别开来，关于这个可能世界的观念包含着在这一个案中所可能出现的一切。我们由此而获得一个对未来偶然事件来说是可靠知识的原则……即被想象为偶然的、自由的事件。……即便在理性创造物之自由行动中产生的未来的偶然事件真正不受上帝的决定和外在原因制约，也仍然有预见它的手段，因为上帝在他决定容许它的此在之前，便看见了它在可能性领域中的境况。"[①] 预定的前提是预见和预选。上帝的全知预知所有的可能世界并预知最好的可能世界中的一切。组成所有可能世界的事物都是不一样的，任何事物的不受上帝的决定和外在原因制约的自我变化都是一个无限的可能世界，上帝的全善意志只是预选了最好的事物整体和事物变化中的最好变化组成最好可能世界。上帝的全能预定了最好的可能世界。莱布尼茨说："他借此已一劳永逸地使一切事物都确定了，而并不因此损害这些创造物的自由：这一单纯的选择命令，并不改变而只是实现了上帝在他的观念中所看到的这些创造物的自由本性。"[②] 上帝全知的理智比较所有可能的世界，全善的意志决定选择其中最好的一个可能世界，并通过全能把最好的可能世界变为现实的最好世界。上帝的预定只是把最好的可能世界与其他可能世界分割开来并没有改变事物的本质、偶然性、自由，上帝的预定让事物像以

---

① ［德］莱布尼茨：《神义论》，朱雁冰译，道风书社2003年版，第133页。

② ［德］莱布尼茨、［英］克拉克：《莱布尼茨与克拉克论战书信集》，陈修斋译，商务印书馆1996年版，第54—55页。

往处在可能世界状态中那样进入存在。因此,上帝的预知预选预定并不改变事物的本质、偶然性和自由。

第四,上帝的先行性意志、中间意志、后续性意志与预知预选预定及容许人滥用自由意志。

上帝持续创造着被造物的实在性,被造物自身创造着自己的有限性、偶然性、自主与自由。上帝只是预知预选预定事物的本质、偶然、人的本质和人的自由。

既然上帝是全知的,那么上帝一定预见到人会滥用自由意志;既然上帝是全善的,那么上帝一定希望人不滥用自由意志;既然上帝是全能的,那么上帝就应该阻止人滥用自由意志。既然如此,上帝为什么容许人滥用自由意志呢?

上帝的先行性意志以孤立的每一种善自身和恶自身为对象,上帝的先行性意志追求的是最大最纯的善和阻止所有的恶。莱布尼茨说:"上帝的至高之善使它的先行意志拒绝每一种恶事,拒绝道德上的恶事更甚于其他任何一种恶事。"① 如果上帝的唯一目的是使理性被造物幸福,那就既没有罪恶也没有不幸了,因此也就没有自由了,进而也就没有理性的被造物了,这是自相矛盾的。或者,世界之中只有理性的被造物,精神便缺少任何区别和联系,缺少时间和空间的秩序,理性也就成为无了。或者,如果上帝不给予理性被造物以自由意志,这恰恰是在要求这种被造物不存在。或者,如果上帝阻止人滥用自由意志,这便是创造了一个利用自由意志为善的机器。或者,如果上帝只阻止人滥用自由意志,人只利用自由意志为善,每个人就都成为了上帝,这违背了差异律。莱布尼茨说:"然而,上帝所关心的是整个宇宙,他绝不疏忽,他绝对选择最好者。如果某个人因天性恶而遭不幸,这恰恰属于他的存在。"② 人之所以滥用自由意志并遭受恶是人的天性所致和最好世界的整体所要求的,不能因为任何个别特殊的目的而改变。

---

① 〔德〕莱布尼茨:《神义论》,朱雁冰译,道风书社2003年版,第184页。
② 〔德〕莱布尼茨:《神义论》,朱雁冰译,道风书社2003年版,第199页。

　　莱布尼茨说:"在一个完全纯粹的和本来先行的意志与一个后续的和最终的意志之间还存在一个中间层面。本来的先行性意志以脱离任何联系的每一种慈善和恶事自身为其对象,它所追求的目的是促进善和阻止恶;而中间意志的目的则在于联系,如人们把一种善与一种恶相联系那样。于是,一旦善在其中超过恶事,这种意志便会产生建立这种联系的倾向;但是,决定性的最终意志却是对我们的思考中所注意到的一切善和一切恶事进行权衡的结果:它产生于一种总体联系。……上帝给予人类以理性:由此作为伴生情况产生了恶事。他的纯粹的先行意志要求理性作为巨大的善阻止相关的恶事;但是,如果这是与上帝藉理性赐予我们的礼物伴生的恶事,那么,这种由理性与这种恶事的联系所构成的复合体,将成为上帝之中间意志的对象,中间意志将视善与恶事何者在其中占优势而决定是创造还是阻止这种复合。不过,即便证明理性带给人的恶事多于善(我不承认会如此),因而在这种情况上帝之中间意志会在这种联系中拒绝复合,但是,给予人理性却可能更加符合宇宙的完美性,不论这种给予对于人可能产生什么恶果;所以,上帝的最终意志或者决定——作为他可能进行的全部权衡的结果——是决定给予人理性。……这种善与由于对这种善的滥用而产生的恶事的结合——从那些因此而遭受不幸的人们方面看——却并非善。不过,这只是作为伴生情况出现的,因为从宇宙方面看这会促成更大的善……上帝既然在可能的生命中发现了一些具有理性而滥用其理性的创造物,并给予这些创造物以生存,因为它们已经包含于最好可能的宇宙计划之中了。所以,我们不妨认为,上帝创造着善,这善由于人的罪过而成为恶事,这往往使他们为他们藉他的恩宠滥用善而遭到正义的惩罚。"① 上帝的先行性意志只要求人用自由为善,而阻止人滥用自由意志。但上帝的先行性意志不等于中间意志,也不等于后续性意志。而中间意志的目的则只在于联系。比如把善与恶相联系,如果善超过恶,中间意志便会倾向建立这种联系。上帝给予人自由意志,由此作为伴生情况即人滥用自由意志而产生了

---

　　① ［德］莱布尼茨:《神义论》,朱雁冰译,道风书社 2003 年版,第 189—190 页。

恶。由于先行性意志只要求善而阻止恶，所以会拒绝人滥用自由意志，而中间性意志则会视善恶之对比选择人滥用自由意志。不过，如果自由意志带给人的恶多于善，上帝的中间意志会拒绝自由意志从而避免人滥用自由意志。但是，如果给予人自由意志因而不阻止人滥用自由意志却可能更加符合宇宙整体最大的完全性和最大的完善性，这种情况下，不论给予人自由意志会给人带来什么恶果，作为追求最善者的后续性意志必然决定给予人自由意志并容许人滥用自由意志。因为在上帝理智之中存在的最好的可能世界之中包含着一些具有自由意志而又滥用其自由意志的被造物。上帝预知人出于自由意志而可能做的一切，即使上帝已经预见到人可能滥用自由意志去犯罪，上帝仍然会为了秩序、为了普遍的和谐、为了最好世界的整体而容许人滥用自由意志。莱布尼茨说："对最好者的爱从整体上超过其他一切特殊的偏好和厌恶。这种爱是唯一的爱，其活动甚至是绝对无限的，因为没有什么东西能够阻止上帝宣布他支持最好者，如果某种罪恶与可能计划中之最好的计划联系起来，上帝便对它表示容许。"[①] 上帝容许人滥用自由意志不是从任何个别特殊的目的出发，而是因为人的自由意志本身和追求最好者的要求。如果单从上帝的慈善出发，上帝会阻止人滥用自由意志。然而，理性被造物往往滥用自由意志，这是由于理性被造物存在于上帝理智之中的本质的原初局限的结果。但从上帝的全能出发，上帝的全能必然能阻止人滥用自由意志。莱布尼茨说："上帝虽然是权力无限的，但他的权力是不确定的，慈善与智慧共同决定着他的权力，使他创造出最好者。"[②] 上帝的能力是全能的，但上帝的全能是不确定的，不确定就不能实现出来，上帝的全能要实现出来就必须要有确定性和必然性，而上帝的全能的确定性来自上帝的理智和意志。在道德必然性的意义上，上帝的全能必然遵循上帝的理智和意志，因此，即使上帝是全能的也不能阻止人滥用自由意志。

---

① ［德］莱布尼茨：《神义论》，朱雁冰译，道风书社 2003 年版，第 187 页。
② ［德］莱布尼茨：《神义论》，朱雁冰译，道风书社 2003 年版，第 206 页。

莱布尼茨说："上帝这么做了，他以正义方式容许罪并以其智慧将罪引向善。"[①] 上帝之所以容许人滥用自由意志是因为上帝是全知全善全能的。上帝的全知预见到最好世界中的人滥用自由意志为恶，上帝的全善为了选择最好世界而选择了滥用自由意志为恶的人，上帝的全能把包含滥用自由意志为恶的人的最好世界变成了现实存在。总之，上帝容许人滥用自由意志正好证明上帝是正义的，因为上帝的正义就表现在上帝和谐的全知全善全能创造出包含滥用自由意志的人的最好世界（上帝的自身正义和上帝的创世正义）；上帝的正义就表现在上帝的全善意志容许罪恶，上帝全知的智慧指出把罪引向善的道路，上帝的全能实现罪向善的转变；上帝的正义就表现在上帝让最好世界中的每一个事物自主自由而又普遍和谐共存共变而不单从任何个别特殊事物出发来作任何决定；上帝的正义就表现在上帝不专门为任何事物考虑而让任何事物的本质都得到各自最好的存在或最圆满的存在；上帝的正义在人这里就表现为上帝从不专门为人考虑任何事情却让人的正义和幸福达到最好。

第三节 人的正义与人的幸福

一 人的正义

人的正义集中地体现了上帝的创世正义。

理智的完全性是全知。理智的完善性是智慧。理智的德性就是"根据智慧行动的习惯"[②]。意志的完全性是全善。意志的完善性是慈善。意志的德性就是按照慈善行事的习惯。能力的完全性是全能。能力的完善性是创造存在。能力的德性就是按照完善性创造存在行事的习惯。那么上帝和人的正义就是理智的德性意志与德性能力的德性的和谐，正义是从属于智慧博爱完善行动的习惯。

---

① ［德］莱布尼茨：《神义论》，朱雁冰译，道风书社 2003 年版，第 180 页。

② ［美］帕特里克·赖利编：《莱布尼茨政治著作选》，张国帅、李媛、杜国宏译，中国政法大学出版社 2014 年版，第 109 页。

　　心灵的正义就是理智意志能力所具有的完善性的和谐。根据智慧发现所有的善，根据慈爱选择最好的善，根据能力的完善性创造最好的善，根据正义使这些善和谐，并且自由地使创造这些善最大化和谐化成为习惯。上帝的德性最重要的部分是正义。理性心灵德性的最重要部分也是正义。

　　在这个最好的世界中最根本的正义是善有善报恶有恶报。与这一根本正义紧密相关的是心灵不灭和心灵具有自由意志。由于心灵的智慧的不完善性，在心灵活动的某一阶段总是不能达到德福相配，由于心灵单子都是不灭的，所以心灵都有达到德福相配的无限可能。心灵有自由意志，心灵才应该对善恶负责。这一正义观对康德的至善理论产生了重要的影响。

　　上帝的正义是完全性且完善性的正义。而人的正义是完全但不完善的正义。也就是说，人能够知道所有的正义，但人不能做到所有的正义。莱布尼茨认为"正义是从属于智慧的博爱或爱的习惯"①。莱布尼茨认为人的正义具有三个等级：遵循不伤害别人原则的正义；遵循施予每人应得原则的正义；遵循诚实地生活原则的正义。不伤害别人的正义就是不要自由地去作恶，就是通过不伤害别人的自由去尊重别人的自由，人人都能够做到不伤害他人的正义，社会中的人也能做到和平和谐相处，也能够做到人人自由。但总有人会自由地去作恶，同时最终善有善报恶有恶报，人们自由地作恶反而使得最大的善和最大的和谐得以显现，也给了每个人增进自己的德性的无限空间。施予每个人应得的正义就是要自由地为善，就是按照别人自由的方式去尊重别人的自由。不仅给予每个人应得的善，而且给予每个人应得的恶，将会在现实达到完善的正义，这是好事，但应得毕竟可能不是出于德性的动机，而且极有可能经常出现偏差。由于每个人智慧、慈善、能力的不完善性，总会在应得上出现偏差，因此显现出无限的正义层次、自由层次。由于根本正义的缘故，应

---

　　① ［美］帕特里克·赖利编：《莱布尼茨政治著作选》，张国帅、李媛、杜国宏译，中国政法大学出版社 2014 年版，第 109 页。

得的偏差同样会使得最好的世界成为最好的，其中的幸福、德性、形而上学的善、存在的多样性、秩序层次的多样性、普遍和谐达到最大，同时也给予了每个人无限自由发展的可能。诚实地生活的正义就是像上帝一样绝对自由地使这个世界具有最大的善和最大的和谐，就是像上帝一样竭尽自己的智慧和能力去普遍地施行理性的爱或者理性化了的情感的爱或者理性的慈爱或者无私的爱，以使这个世界的完善性无限增长。

费尔巴哈说："世界按其存在而言是偶然的，按其本质而言是必然的；因为世界的本质包含在上帝的理性本身之中；从严格的形而上学意义来说，上帝的理性也就是世界自身的本质。"① 世界本身的本质是上帝的理性，在这一条件之下，一切差别、对立都可以统一起来。别人别物都是自己，因而每个人达到了真正的自由。每个人因为智慧的不完善性而自由地犯错而达到自由的无限性。每个人因为慈善的不完善性而自由地为恶而达到自由的无限性。每个人因为爱的不完善性而自由地错爱而达到自由的无限性。每个人因为能力的不完善性而自由地变得不自由而达到自由的无限性。从而，这个世界的一切不完善性都是扩展这个世界的善和和谐的动力，从而使这个世界的最好性得以显现。因而体现了人和上帝的完全德性，显现了人和上帝的完全正义。在上帝全知全善全能和善恶终有报的完全且完善正义的前提下，不灭而又自由的理性心灵的不完善性反而促成了人的德性的无限提高、人的正义的无限彰显，从而显现这个世界是最完善、最和谐，因而是最好的世界。这个最好的世界一开始就是最好的世界，由于这个世界中包括人在内的万事万物的自由发展，将使这个世界的最好性得以无限展开，在这个过程中任何时候这个世界都是最好的世界。一开始就是最好的世界，这个最好的世界仍然可以在无限展开的过程中总是最好的世界。因此，这个世界可以无限展开并可以无限的好，这才是最好世界的意思。

---

① ［德］费尔巴哈：《对莱布尼茨哲学的叙述、分析和批判》，涂纪亮译，商务印书馆1997 年版，第 119 页。

二 人的幸福

上帝不专门为人考虑却让人达到了人应有的最大幸福，这一点集中体现了上帝的创世正义。

快乐是幸福的外在表现，愉悦是幸福的内心状态。快乐是"一种对圆满性的感觉"①。这是一种感官的快乐，是一种对圆满性的混乱感觉，表现出了通向理解圆满性的起点、通向幸福的起点。混乱的感觉是因为肉体的原因引起的，不是幸福。通过理性理解了的感觉快乐是心灵的原因引起的，这才是幸福。莱布尼茨认为，"幸福是一种持续的快乐"②。幸福是一种圆满的持续愉快状态。上帝是全知全善全能的，是圆满性的根源和目的。人越理解上帝及其永恒真理就越幸福，人越理解自然秩序以及自然中的和谐，人就越幸福。莱布尼茨说："幸福可以说是通过快乐的一条道路，而快乐只是走向幸福的一步和上升的一个阶梯，是依照当前的印象所能走的最短的路，但并不始终是最好的路……是理性和意志，引导我们走向幸福，而感觉和欲望则是把我们引向快乐。"③ 幸福就是感官的快乐与理性心灵的快乐自由和谐的快乐。身体与宇宙的和谐以及感官快乐与心灵快乐和谐的快乐状态才是幸福。人的幸福不仅是所有快乐的普遍和谐而且是人自由追求这种快乐普遍和谐的过程。理性内在于一切存在的事物之中，也内在于肉体之中。因此，这个最好的世界具有无限多样性同时成为了我们理性存在者具有最大幸福的条件之一。无限层次秩序的单一和谐，也为我们理性存在者的幸福提供了无限的源泉。被造存在的无限性和秩序的无限性一致、和谐也同时导致了人的持续快乐、人的最大幸福。被造存在的无限性、秩序的无限性、和谐的无限性从根本上说

---

① ［德］莱布尼茨：《人类理智新论》上册，陈修斋译，商务印书馆 2002 年版，第 193 页。

② ［德］莱布尼茨：《人类理智新论》上册，陈修斋译，商务印书馆 2002 年版，第 193 页。

③ ［德］莱布尼茨：《人类理智新论》上册，陈修斋译，商务印书馆 2002 年版，第 193 页。

都是一种理性知识。莱布尼茨的幸福观是一种理性主义的幸福观。

莱布尼茨理性主义的幸福观把爱和善都统一在真之内。真是一种认识的结果，善是意志指向的一种目标，爱是一种情感。哲学就是爱智慧，其中爱智慧的爱是最高的爱。最低的爱就是爱自己，最低的爱是最有力的、最普遍的。在莱布尼茨那里，最低的情感也就是爱自己，最高的情感也就是理性化了的情感，上帝具有最高的情感，因此就好像没有情感，因为上帝的情感被理性化了。理性化了的情感不是没有情感，而是普遍的情感、无私的爱。理性化了的情感把真和善统一在爱之中。也就是说，人的幸福就是理性的慈爱。

理性化了的情感就是像爱自己一样爱别人，就是像爱自己一样爱别物。这是怎样做到的呢？根本上是因为别人别物就是我们自己，而且就是因为有别人别物才使得我们的幸福得以有无限增长的可能。当我们理解到别物的本质、规律、秩序、和谐时，就会无限增进我们的爱。对另一个人各方面德性的理解也会无限增进我们的爱。只有通过别人别物才能实现这个世界最大的完善性和最大的和谐，才能实现每一个人最大的私人幸福，根源就在于每一个人的私人幸福都建立在这同一个理性世界的基础之上。

第五章　对莱布尼茨神义论思想的评价

第一节　莱布尼茨神义论思想的局限

一　乐观主义

单子论和在先和谐论是莱布尼茨哲学的一个中心学说，也最能表现莱布尼茨哲学的特征。莱布尼茨不仅利用单子论和在先和谐论来证明上帝的存在，证明上帝的全知全善全能，还由此来证明我们居于其中的这个现实世界是一切可能世界中最好的世界，因为否则上帝就不是全知全善全能的了，从而形成了莱布尼茨的乐观主义。既然这个世界是最好的世界，为什么这个世界里存在许多的恶呢？莱布尼茨认为，恶的存在可以衬托出善，也可以使善显得更善，恶可以转化为善，从小恶可以引出大善。这个世界是一切可能的世界中最好的世界，并不表示这个最好世界中没有恶，只是这个最好世界中的善超过恶的程度比任何其他可能的世界都高，没有恶的世界肯定不是最好的世界。罗素说："这套道理明显中了普鲁士王后的心意。她的农奴继续忍着恶，而她继续享受善，有一个伟大的哲学家保证这件事公道合理，真令人快慰。"[①] 这种乐观主义典型表现了为当时德国那种最落后、最反动的现实状况进行粉饰的意向，有讨王公后妃们的嘉赏之嫌。

人们抱怨罗马被洗劫是罗马人改信基督教的结果。奥古斯丁著书反驳说，一切都是人们利用自由意志犯罪的原因。上帝给人自由意志

---

① ［英］罗素：《西方哲学史》下卷，马元德译，商务印书馆2001年版，第117页。

是让人正当地生活，这是上帝给人的善，人却利用自由意志作恶，这是人自己的原因。那么，上帝是怎样区分自由意志的善恶，又怎样把自由意志的善恶结合在一起的呢？托马斯认为，本质是人自己的，存在是上帝给的，罪恶归结于人自己的本质。上帝是怎样把本质与存在结合在一起，又怎样把本质和存在分开的呢？奥斯威辛的毒气室是人们自己的罪恶，上帝给我们的只有善。我们又怎样把上帝作的善与人们作的恶分开呢？莱布尼茨看来，1755 年里斯本大地震是对人们作恶的惩罚。我们怎么知道里斯本大地震中的受害者都是罪人呢？莱布尼茨的《神义论》问世不久就受到了理性主义者内部和外部多种思想家的激烈批判。伏尔泰说："邦葛罗斯教的是一种包括玄学、神学、宇宙学的学问。他很巧妙地证明天下事有果必有因，又证明在此最完美的世界上，男爵的宫堡是最美的宫堡，男爵夫人是天底下好到不能再好的男爵夫人。显而易见，事无大小，皆系定数；万物既皆有归宿，此归宿自必为最美满的归宿。岂不见鼻子是长来戴眼镜的吗？所以我们有眼镜。身上安放两条腿是为穿长裤的，所以我们有长裤。石头是要人开凿，盖造宫堡的，所以男爵大人有一座美轮美奂的宫堡；本省最有地位的男爵不是应当住得最好吗？猪是生来给人吃的，所以我们终年吃猪肉；谁要说一切皆善简直是胡扯，应当说尽善尽美才对。"[1] 莱布尼茨认为这个世界一切都是最好的，上帝自有上帝的理由，我们人不一定能够弄清楚。在伏尔泰看来，我们人应该弄清楚这个最好的世界为什么是最好的世界。黑格尔说："莱布尼茨的《神正论》对于我们来说已经不再是完全可以接受的了；这是一种在尘世的罪恶方面为神所作的辩护。其结论是一种以偏颇的思想为依据的乐观主义，认为神要使一个世界产生的时候，就在许多可能的世界里面挑选了尽可能最好的——最完满的世界，因为这个世界在它所包含的有限物方面可以是完满的。"[2] 莱布尼茨从上帝的视角出发，认为上帝

---

　① ［法］服尔德（伏尔泰）：《老实人》，傅雷译，安徽文艺出版社 1999 年版，第 9—10 页。

　② ［德］黑格尔：《哲学史讲演录》第四卷，贺麟、王太庆译，商务印书馆 1997 年版，第 167 页。

不只是关心人的幸福，上帝关心的是整个宇宙的普遍和谐共存共变，因此上帝没有任何的特殊偏好，结果却是让所有的被造物都达到了各自本质基础之上最大的完满性，并让被造物达到了最大的丰富性，这是一种理性的乐观主义。黑格尔从理性的视角出发，认为莱布尼茨所说的有恶的世界是最好的世界的根据是不充分的，因而，莱布尼茨面对世间的恶为神的正义所作的辩护是不成立的。莱布尼茨认为，在最好的世界中一切总会有好的结果，即使每个明显的邪恶也会有好的结果。也就是说，在最好的世界中，每个理性被造物都获得了基于他们本质之上的最大自由与幸福，而遭受了基于他们本质的原初局限之上应有的恶，这就是莱布尼茨乐观主义的本质。莱布尼茨的乐观主义是以自然科学式的理性主义为基础的。莱布尼茨生活的时代是一个理性主义的时代，近代自然科学的巨大成绩铸就了这个时代理性主义的乐观心态，甚至可以说，自然科学式的理性主义者是通向乐观主义的。因此，莱布尼茨思想中乐观主义的哲学根源在于自然科学式的理性主义。

二 内在矛盾

莱布尼茨从信仰的角度无理由地断定最好的可能世界中必然包含恶，包含恶的现实的世界必然是最好的世界。莱布尼茨又从理性的角度面对世间的恶为上帝的正义作了多方面的辩护。莱布尼茨认为，理性与信仰是一致的。在我们看来，在莱布尼茨那里，理性与信仰之间还有很多中间环节没有讲清楚，或者说，理性与信仰之间还存在着很多对立的地方。信仰相信这个包含恶的世界是最好的世界，但我们的理性却要从经验出发，即使这个最好的世界中必然要包含恶，为什么这个最好的世界包含的恶不可以少一些呢？为什么不可以阻止饥饿、疾病、贩毒、谋杀、战争等这部分恶呢？但是，如果真有可能减少这个世界任何一点恶，上帝就没有创造出所有可能世界中最好的世界。如果这个世界是上帝创造的最好世界，那么这个世界中的恶就一点也不能减少，而对于这其中的理由我们人的理性却始终不能弄清楚。因此，这很容易招致神秘主义的指责。也受到了莱布尼茨同时代科学家的直接批评。克拉克说："认为世界是一架大机器，无需上帝的插手而继续运转，就像一架时钟不用钟表匠的协助而继续在走一样，这样的概念是唯物主义和定命的概念，并且倾向于（在使上帝成为超世界的心智的借口下）把天道和上帝的统治实际上排在世界之外。"① 上帝所做的一切实际上使人失去了自由。克拉克还说："说灵魂应该并不作用于身体，而身体，仅仅由于物质的机械地推动，却在无穷多样的一切自发的动物运动中自行符合灵魂的意志，这是一种持续不断的奇迹。"② 一次性的奇迹与持续性的奇迹都是不可理解的信仰。把上帝抬到最高就是把上帝贬到最低。

莱布尼茨一方面根据信仰断定，即使可以想象一个没有罪恶和不幸的可能世界，或者想象少一些罪恶和不幸的可能世界，也必然不如我们生活在其中的这个现实世界好；另一方面又根据理性认为，这种想象的情况在细节上不能完全弄清楚，因为要给可能世界中的无限的可能作比较需要无限多的考虑，上帝一定能够达到完全的理解，我们人的理性永远达不到完全的理解。这是一种理论逃避。黑格尔说："在莱布尼茨看来，思想前进到什么地步，宇宙就前进到什么地步；理解在什么地方停止了，宇宙就在那里停止了，神就在那里开始了……理解是从特定的东西出发的：这个和那个东西是必要的，但是我们并不理解这些环节的统一；于是这个统一就落到了神身上。因此神就仿佛是一条大阴沟，所有的矛盾都汇集于其中。这样一个通俗观点的总汇就是莱布尼茨的《神正论》。在这部书里总是可以搜索出形形色色逃避矛盾的遁词：当神的正直与善发生矛盾时，就没法把这两者调节一下；对于神的预知和人的自由如何相容这个问题，就想出形形色色的综合来，这些综合根本没有深入到根据，也没有指出这两者都是环节。"③

---

① ［德］莱布尼茨、［英］克拉克：《莱布尼茨与克拉克论战书信集》，陈修斋译，商务印书馆 1996 年版，第 5 页。

② ［德］莱布尼茨、［英］克拉克：《莱布尼茨与克拉克论战书信集》，陈修斋译，商务印书馆 1996 年版，第 49 页。

③ ［德］黑格尔：《哲学史讲演录》第四卷，贺麟、王太庆译，商务印书馆 1997 年版，第 184 页。

莱布尼茨每一个闪光思想的内部总隐含着一个矛盾，但所有这些矛盾在神义论问题上都归结为一个矛盾，那就是信仰与理性的矛盾。在信仰内部表现为信仰与理性的矛盾，在理性内部表现为理性与自由的矛盾。莱布尼茨认为理性与信仰是一致的，而莱布尼茨解决问题的方法却是，在问题不能解决的时候，把信仰与理性机械地捆绑在一起，把理性和自由机械地捆绑在一起，提出一个硬性捆绑的调和方案。一方面，莱布尼茨是理性主义的集大成者，作为自然科学家中的一员，因受科学成功的影响十分推崇理性；另一方面，信仰的时代刚刚过去，莱布尼茨还对上帝怀有历史大环境留下的信仰，更多是因为上帝对莱布尼茨理论体系的建构有巨大的帮助，因此，莱布尼茨反对信仰与理性对立的观点，竭力论证理性与信仰的一致。莱布尼茨在论证信仰与理性一致的同时，由于经常采取机械调和的方法，因此反而加深了信仰与理性的矛盾。第一，在莱布尼茨那里，从理性的角度看，在先和谐只能是一种假设，而从信仰的角度看，对于全知全善全能的上帝来说，在先和谐必然是绝对真实的，这显然是信仰与理性矛盾，而莱布尼茨却用信仰证明理性假设的真实性，又用理性假设证明信仰的真实性，这是典型的循环论证或机械调和。第二，莱布尼茨认为这个世界之所以是最好的世界，在上帝那里有最终的充足理由，这仅仅是信仰。莱布尼茨又认为，上帝创造这个世界的充足理由就是因为这个世界是最好的世界，这是让我们的理性放弃理性自我弃权去相信信仰，其充足理由究竟是什么，始终没有给出理性的回答，其实是只有理性的愿望，答案始终是信仰。第三，上帝根据圆满性原则在所有的可能世界中选择最好的可能世界，表现出上帝偏向最好者整体，这是理性把握不了的，这是意志选择的结果，上帝在创造的最好世界中不偏向任何一个被造物，又表现出上帝不偏向任何一个被造个体的最好，这是理性的要求，从而产生了理智与意志的矛盾，或者说产生了理性与自由的矛盾。第四，上帝预知一切，预选一切，预定一切，而又不改变任何事物的本质、自由和偶然属性；上帝创造这个世界之后，不再干预这个世界中的一切，我们是否可以说，这个世界及世界中的事物本来就是自我生成的，从而从理性的角度看上帝是多余的，莱布尼茨竭力证明的上帝仅仅只是一个弥补理性不足的信仰。问题不在于从神秘主义的立场去辩护这个世界因为是上帝选择和创造的这个世界，所以它是最好的，问题仅仅在于如何去改变我们这个不尽完善世界的不完善性。正如马克思所说："哲学家们只是用不同的方式解释世界，而问题在于改变世界。"① 上帝是抽象的，上帝是一般的，上帝怎样才能创造感性的宇宙始终是一个难以解答的问题。全知、全善、全能实际上是全不知、全恶、全不能，或者说，全知、全善、全能实际上是无所谓知与不知，无所谓善与恶，无所谓全能全不能。全知、全善、全能也是相互矛盾的。在理性基础上的自由最终归于必然。在自由基础上的理性才是可能的，自由基础上的理性最终建基于人类社会历史总的感性实践活动之上。也就是说，解释世界必须建立在改造世界的基础之上而不是相反。

第二节　莱布尼茨神义论思想的影响

莱布尼茨的思想受到了法国百科全书首领狄德罗（Diderot）和德国古典哲学家康德、黑格尔和费尔巴哈等的高度重视。虽然莱布尼茨的神义论思想存在乐观主义倾向和一些内在的理论困难，但我们不得不承认，莱布尼茨关于神义论问题的讨论比起教父哲学家奥古斯丁和经院哲学家托马斯来显示出新的特点来看，人的观点中体现了上帝逐步从我们的世界中退隐，信仰更加从属于理论的逻辑需要，理性更加自由。莱布尼茨关于人的自由意志虽然可能导致罪恶，却不能被上帝所剥夺的思想表现出对自由和人本主义的呼唤。莱布尼茨认为，即使上帝也必须遵循理性法则，只能在上帝也不能改变的上帝的理智容许的范围内进行选择，表现出了对理性的尊崇。

一　莱布尼茨之后德国近代宗教的人本主义化
路德发动宗教改革的艰难探索所取得的成果就是精神自由，进而

---

① 《马克思恩格斯选集》第一卷，人民出版社 1976 年版，第 19 页。

开启了德国哲学蓬勃发展的历程。德国哲学从此就把实现精神自由当作自己最高的目标。莱布尼茨通过单子论把个体性原则提升为哲学的一项根本原则，着重论证了人的自由独立性，极大地促成了莱布尼茨以后近代宗教由外向内、由神向人的转化。莱布尼茨也通过他终生关注的第二迷宫向德国古典哲学提出了解决自由与必然这一二律背反的哲学任务。

如果说文艺复兴的时代精神是以感性意义上的人性来反对抽象的神性，那么在莱布尼茨的推动下，近代德国哲学则是以理性意义上的人性来反对抽象的神性。康德在上帝存在的道德证明里得出结论说："在这个目的秩序中，人（与他一起每一个有理性的存在者）就是自在的目的本身，亦即他永远不能被某个人（甚至不能被上帝）单纯用作手段而不是在此同时自身又是目的，所以在我们人格中的人性对我们来说本身必定是神圣的：这就是从现在起自然得出的结论，因为人是道德律的主体，因而是那种自在地就是神圣的东西的主体，甚至一般说来，只是为着道德律并与此相一致，某物才能被称之为神圣的。因为这个道德律是建立在他的意志的自律之上的，而他的意志乃是一个自由意志，它根据自己的普遍法则，必然能够同时与它应当服从的东西相一致。"① 康德认为，以往关于上帝存在的证明都可归结为本体论证明，而本体论证明是不成立的。因此，康德认为，关于上帝存在的证明是不可能的。因此，在康德看来，上帝就不是最终的决定力量。康德认为，最终的决定力量是人的自由意志。康德在这种意义上就实现了神学领域的哥白尼式革命。从某种意义上说，上帝在康德那里成了实现道德理想的工具。从根本上说，人是自由的，就是说，上帝也不能把任何一个人只当作手段而不总是同时当作目的。同时，从根本上说，人也是道德的。人是自由的与人是道德的只有在人是自律的基础上才能一致起来。人的自律要靠上帝才能保证，上帝是通过保证人的至善来保证人的自律的。因此，上帝只是人性两面性中的根本性、理想性的一面，对上帝的信仰也就是对人的道德性的信

---

① ［德］康德：《实践理性批判》，邓晓芒译，人民出版社 2012 年版，第 180 页。

仰。康德上帝存在的道德证明实现的是从神向人的转变。

　　费希特认为，我们的思想是自由的，只有我们的思想自由是不可出让也出让不了的。他说："你们自己不是上帝的所有，而是上帝用他那神圣的印章将自由深深地盖入了你们的胸膛，使你们只属于你们自己。"① 在思想自由这一点上，上帝把自由完全彻底地交给了我们，上帝就跟不存在一样，上帝即使存在，也完全不干涉我们的思想自由。如果我们的思想不自由，要么是因为我们懒惰，要么是因为我们不成熟，而不会是因为别的什么。费希特说："他胸中深藏着一粒神圣的火花，这粒火花使他君临于动物之上，成为一个世界的公民，这个世界的第一位成员就是上帝，即人的良心。良心无条件地命令他要做这样的事情，而不要做那样的事情；这是自由的和自动的，而不受任何在他之外的强制。"② 在费希特看来，上帝已不是世界之外的永恒存在，上帝也不是人的道德的保证，上帝就是人的良心。良心不受任何自身之外的强制，良心永远是自由的。人自己良心的自由同时也永远决定了自己的思想自由。费希特还说："任何把自己看作是别人的主人的人，他自己就是奴隶。即使他并非总是果真如此，他也毕竟确实具有奴隶的灵魂，并且在首次遇到奴役他的强者面前，他会卑躬屈膝。"③ 费希特重提并强调人是社会的动物和人是政治的动物的命题，因而比以往的思想家更加强调要积极参加社会政治活动。在费希特看来，人必然要在社会中生活，但在社会中人如果被他人奴役就是不自由的，人如果奴役他人同样也是不自由的。因为只有让他人自由的人才是自由的，在社会中，只有人人自由了，自己才能真正自由。在费希特看来，只有按照真理和正义行动才能在社会中真正自由，而且只有人真正自由了，人才能按照真理和自由行动。但从根本上说，

---

　　① ［德］费希特：《费希特文集》第 1 卷，梁志学编译，商务印书馆 2014 年版，第 142 页。

　　② ［德］费希特：《费希特文集》第 1 卷，梁志学编译，商务印书馆 2014 年版，第 143—144 页。

　　③ ［德］费希特：《费希特文集》第 2 卷，梁志学编译，商务印书馆 2014 年版，第 21 页。

自由是真理和正义的前提。

在谢林（Schelling）看来，上帝不是莱布尼茨所认为的在世界之外的创世者，而是谢林自己哲学体系的出发点和终点。谢林说："一切单个的理智都可以被视为上帝或道德世界秩序的一个组成部分。"① 在谢林看来，上帝不是至善的外在保证，上帝就是理智或道德秩序本身。谢林还说："如果法律制度因其近似于自然界而变得更加威严，那么，在一种制度中不是法律占支配地位，而是法官的意志和专制主义占支配地位，专制主义把法律当作洞见玄机的天意，在不断干预法律的自然进程的情况下加以执行，这种制度的景象就是深信法律神圣性的感情所能遇到的最可鄙的和最令人愤慨的景象。"② 在谢林看来，在社会中，法律制度的必然性与自然界中的必然性是一样的。法律制度的必然性是通过人的自由在偶然中形成的，但法官的意志和专制主义却不能任意地改变它，否则，法律制度就不能保证所有人的自由。谢林说："普遍的法治状态是自由的条件，因为如果没有普遍的法治状态，自由便没有任何保证。"③ 在谢林看来，自由不是上帝赐予的，普遍的法治状态是自由的保证，普遍的法治状态又是我们自由地建立起来的，因此自由是人的本质。

在黑格尔那里，宗教和哲学是互化的，上帝与自由是互化的，但根本上一切都是哲学化的。黑格尔说："上帝是最完善的'存在'，所以他只能够支配他自己——他自己的'意志'。他的'意志'的'本性'——就是他'本性'的自身——假如我们把宗教的概念在思想中来了解，它便是我们所谓'自由'的'概念'。"④ 在黑格尔看来，宗教不应该是扼杀人类自由的，而应该是用来尊崇人类自由的。上帝不是外在于世界的全知全善全能的人格神，上帝是用圣父圣子圣

---

① ［德］谢林：《先验唯心论体系》，梁志学、石泉译，商务印书馆 2006 年版，第277 页。

② ［德］谢林：《先验唯心论体系》，梁志学、石泉译，商务印书馆 2006 年版，第265 页。

③ ［德］谢林：《先验唯心论体系》，梁志学、石泉译，商务印书馆 2006 年版，第274 页。

④ ［德］黑格尔：《历史哲学》，王造时译，上海世纪出版集团 2011 年版，第 18 页。

灵的三位一体表达哲学上正反合的概念辩证法的比喻和象征，上帝就是绝对精神，上帝就是人的理想精神，上帝就是自由的概念。人的自由就是上帝理想自由的具体表现，因此，人的善良意志自身之内必然包含恶。恶是人的自由意志的前提，也是人的自由意志的结果，在奥古斯丁那里作为道德恶之根源的自由意志在黑格尔这里被提高到绝对精神、自我实现和人类道德、历史发展演进的根本动力的高度上。正如黑格尔所说："罪恶生于自觉，这是一个深刻的真理：因为禽兽是无所谓善或者恶的；单纯的自然人也是无所谓善或者恶的。自觉却使那任性任意、具有无限自由的'自我'，离开了'意志'的、离开了'善'的纯粹内容——'知识'就是取消了'自然'的统一、就是'堕落'；这种'堕落'并不是偶然的、而是永恒的'精神'历史。因为那种天真的状态、乐园的生活状态，乃是禽兽的生活状态，'天堂'是禽兽，不是人类能勾留的园囿。因为禽兽仅仅在自己和'上帝'为一。只有人类才是精神，那就是说，只有人类才是为自己。这种为自己的存在、这种自觉，同时又是从那个'普遍的和神圣的精神'的分离。假如我守着我的抽象的'自由'，我便违背了'善'，而选择了'恶'，所以这种'堕落'乃是永恒的'人类神话'——事实上，人类就靠这种过渡而成为人类。"① 与善相比较而言，恶是历史进步的一个必然前提，这一点表现在从动物界产生出人来的过程中。在黑格尔看来，作为动物的人因食禁果而丧失其自然的幸福，并堕落下来，但作为动物的人就靠这种堕落而成为真正的人类。同时，作为动物的人也因堕落与普遍而神圣的上帝、抽象的自由、抽象的善分离开来，而成为通过恶而追求具体善的真正人类。作为动物的人从自然状态中分裂出来，同时，作为动物的人也从抽象的状态中分裂出来，靠的是通过恶的自我否定，因此，恶是人类精神中首先出现的意志，也是人之为人的标志，即推动作为动物的人走出自然状态和抽象状态的动力。人作为道德主体，既有从善的自由，同时也必然有作恶

---

① ［德］黑格尔：《历史哲学》，王造时译，上海世纪出版集团2011年版，第300页。

的自由。黑格尔说："唯有人是善的，只因为他也可能是恶的。"① 道德与历史只能是对立的同一而且必然是对立的同一，这是由恶的作用决定的。因为人的堕落不仅使他获得了关于善与恶的认识，更重要的是，使恶不再是善的意志的外在因素而成了善的意志的内在因素。历史就是从人有了这种区分善恶的能力，人的善的意志同时具有了内在的恶的因素时开始的，同时，人要扬弃自身的恶，向至善迈进，还得依赖这种区分善恶的理智和自由地选择善恶意志的能力。借助这种能力反观自身，认识到人作为自然人所具有的一切活动都是他应该扬弃的。借助这种能力改造自身，自然人应当突破自然的束缚成为社会人而求得道德上的完善，推动历史进步。所以恶既是历史发展的动力，又是促进道德完善的动力。

费尔巴哈把上帝归结为以自然为基础的现实人，从而终结了路德以来近代德国宗教人本主义化思想的发展。费尔巴哈说："并非神按照他的形象造人……而是人按照他的形象造神。"② 古希腊爱利亚学派的克塞诺芬尼也提出了人按照自己的形象创造了神的思想，但克塞诺芬尼通过论证存在唯一一个理性的神，从而为基督教论证上帝的存在提供了最早的理论资源。相反，费尔巴哈提出人按照自己的形象创造了神的观点恰恰是为了证明上帝不存在，从而在近代德国第一次达到了无神论。相应地，上帝的创世说也被费尔巴哈颠倒过来了。在费尔巴哈看来，上帝创世的本质无非是一般创造个别，或者说是本质创造存在。真实的情况是：不是上帝是自有的，而是自然界是自有的，人是自然界的一部分。因此，个别创造一般，存在创造本质。费尔巴哈说："我的第一个思想是上帝，第二个是理性，第三个也是最后一个是人。神的主体是理性，而理性的主体是人。"③ 上帝拥有一切，人就成了虚无的总和。上帝拥有全善，人拥有原罪。上帝拥有全知，

---

① ［德］黑格尔：《法哲学原理》，范扬、张企泰译，商务印书馆 2010 年版，第 144 页。
② ［德］费尔巴哈：《费尔巴哈哲学著作选集》下卷，荣震华、王太庆、刘磊译，生活·读书·新知三联书店 1962 年版，第 691 页。
③ ［德］费尔巴哈：《费尔巴哈哲学著作选集》上卷，荣震华、王太庆、刘磊译，生活·读书·新知三联书店 1962 年版，第 247 页。

人就拥有无知。上帝拥有全能，人就拥有无能。上帝所拥有的都是人所失去的。费尔巴哈认为，自然宗教中的神就是神化的自然物，基督教中的上帝就是神化的人本身，就是自我异化的人，就是人的本质的对象化。因为人存在，上帝才存在。因为人有理智，上帝才全知。因为人有意志，上帝才全善。因为人有能力，上帝才全能。对上帝的信仰就是对人本身的信仰。对上帝的认识就是对人本身的认识。在费尔巴哈看来，上帝是不存在的，存在的只有自然，当然包括自然中的人。上帝只是人的理性抽象的形式，理性只是人的本质抽象的形式，真正存在的主体只有自然的人。

马克思的实践人学认为，1. 只有一门科学，"我们仅仅知道一门唯一的科学，即历史科学"①。这一门科学就是自然科学和人文科学相统一的科学或者从根本上说是自然和人相统一的历史科学。2. 只有一个主义，"作为完成了的自然主义，等于人本主义，而作为完成了的人本主义，等于自然主义"②。这个主义就是自然主义和人本主义相统一的实践唯物主义。3. 一切都归结为人：人是自然的最高部分、自然的目的。神不过是人类本质的异化，"宗教把人的本质变成了幻想的现实性，因为人的本质没有真实的现实性"③。不是上帝创造了人，而是人创造了上帝。"当你提出自然界和人的创造这一问题的时候，你从而也就把人和自然界抽象掉了。你认为人和自然界是不存在的，然而你却希望我向你证明人和自然界的存在。"④ 离开了具体的人、人的感性和感性的自然，从抽象的、孤立的自然界和抽象的、孤立的人出发，人类自身必然虚构出一个上帝来。而事实是，"从外延上（抽象自然科学上）看，人是自然界的一部分；但由于他是最高本质的部分，所以从内涵上（哲学上）看，全部自然都成为

---

① 《马克思恩格斯选集》第一卷，人民出版社 1976 年版，第 21 页。

② ［德］马克思：《1844 年经济学哲学手稿》，刘丕坤译，人民出版社 1979 年版，第 73 页。

③ 《马克思恩格斯选集》第一卷，人民出版社 1976 年版，第 1 页。

④ ［德］马克思：《1844 年经济学哲学手稿》，刘丕坤译，人民出版社 1979 年版，第 84 页。

了人的一部分，成为了人的实践的一部分"①。这样，一切都归结为了实践的人、人的实践。4. 人的一切都归结为实践：人的本质包括两个方面，一方面人的本质是自由自觉的生命活动；另一方面人的本质是社会关系的总和，人的本质的两方面合起来就是人的实践。"人也按照美的规律来塑造物体。"② 认识自然是为了改造自然，改造自然的同时也就会认识自然，一切理论最终都根源于并同一于实践。5. 实践的原则和目标就是共产主义社会，"将是这样一个联合体，在那里，每个人的自由发展是一切人的自由发展的条件"③。共产主义社会就是自由人的联合体。综上所述，马克思的实践人学是无神论的实践人学，马克思的实践人学，在信仰与理性的结构中，去掉了对上帝的信仰，只信仰社会的实践。在马克思这里，是信仰的实践化；是信仰和理性互化中对信仰和理性双方的极大提升；是信仰和理性在互化中同一的集中体现；是对人的实践的信仰；是对共产主义的信仰。

二 莱布尼茨之后德国近代宗教的理性主义化

莱布尼茨既是近代欧洲理性主义哲学的集大成者也是近代欧洲理性与信仰互化思想的集大成者。作为人类两大思想的理论体系，哲学和宗教、理性和信仰的对话从来就没有停止过。信仰寻求理性的理解，理性也从信仰中获得支持，信仰提升理性，理性论证信仰，信仰与理性总是处在对立同一的互化过程中。宗教和哲学一致的地方并不少于矛盾的地方，即使宗教和哲学矛盾的地方也促进了宗教和哲学的发展，宗教和哲学也总是处在对立同一的互化过程中。

安瑟尔谟提出上帝存在的本体论证明的初衷是让理性为信仰服务。随着理性不断深入信仰和理性自身的不断强大，理性最终取代了信仰，信仰变成了对理性的信仰，信仰就是信仰思想自由。海涅说：

---

① 邓晓芒：《实践唯物论新解：开出现象学之维》，武汉大学出版社 2007 年版，第195 页。

② ［德］马克思：《1844 年经济学哲学手稿》，刘丕坤译，人民出版社 1979 年版，第51 页。

③ 《马克思恩格斯选集》第一卷，人民出版社 1976 年版，第273 页。

"自从路德说出了人们必须用圣经本身或用理性的论据来反驳他的教义这句话以后，人类的理性才被授予解释圣经的权利，而且它，这理性，在一切宗教的论争中才被认为是最高的裁判者。这样一来，德国产生了所谓精神自由或有如人们所说的思想自由。思想变成了一种权利，而理性的权能变得合法化了。"① 路德宗教改革的实质是，信仰的是上帝、圣经、恩典和预定，合法的是理性。后来的哲学家、思想家，特别是莱布尼茨之后近代德国的哲学家们，紧紧抓住信仰与理性的关系之中的理性，并使理性不断掏空信仰，进而把理性发展到极端，最终在费尔巴哈那里达到了无神论。

在康德那里，人是一个双重的存在者。一方面人是感性的存在者，属于现象界；另一方面人又是理性的存在者，属于本体界。作为感性存在者的人，受自然规律的支配、追求幸福。作为理性存在者的人，受自由规律的支配、追求德性。虽然幸福与德性在世俗阶段没有必然的关系，但还是必须把幸福与德性完满结合起来才能达到至善，至善才是人追求的最终目标。幸福与德性有两种结合方式：第一种是根据幸福分配相应的德性；第二种是根据德性分配相应的幸福。第一种方式必然会导致人利用德性谋私利，人虽然不至于退回动物界，却必然会成为魔鬼。邓晓芒说："没有它，自由意志就成了神的意志，勿须在感性和理性之间作选择，也就无所谓自由了。所以对于人来说，自由意志永远为人在善与恶之间作自由选择留下了余地。即人虽然有选择善的自由意志，但时时也有选择恶的自由，自由本身则意味着有双重的可能性，而这正是'自由'的本意。"② 由于人是自由的，所以人既可为恶，也可为善。人的自由意志即自由地选择善是以人自由地选择善恶（自由的任意）为据点的。为了不至于丧失理性退回动物界，也为了不至于利用理性为恶变为魔鬼，人应该以追求德性作为自己的努力方向，自由地弃恶扬善以提高自由的层次以不断逼近善

①　［德］亨利希·海涅：《论德国宗教和哲学的历史》，海安译，商务印书馆 2000 年版，第 42 页。

②　邓晓芒：《徜徉在思想的密林里》，重庆大学出版社 2012 年版，第 67 页。

良的自由意志，时刻以善良的自由意志为标准，哪怕我们在现世生活中永远做不到。由于人是有限的，人的德性总是不必然得到相应的幸福，所以必须假定灵魂不朽，从而使人可能得到与德性相配的永福，正因为如此，为了保证德福相配至善的实现就必须还要假定知人心的绝对正义的上帝存在。在康德的道德神学中，上帝是从纯粹实践理性推出来的有根据的假设，信仰表面上高于理性，实际上低于理性。但是，对假设的上帝和假设的灵魂不朽的信仰，给了我们人提高自由的层次、提高理性的层次、提高道德的层次的无穷可能性。因此在康德那里，神学被道德化了，信仰被理性化了。

在费希特那里，人类作为被动的理性存在物所敬重的上帝，正是人类作为主动的理性存在物创造的一个完全服从理性的道德理想。上帝的存在只是人类自由行动的一个固定理性的终极目标。费希特说："他的理性的规定就是不承认有绝对的界限；理性因此才是理性，他因此才是有理性的、自由的、独立的存在者。因此，对无限的不断探索是人的不可出让的权利。"① 在康德那里，为了德福一致的至善还要假定灵魂不朽和上帝的存在。在费希特那里，就认为只有无限的理性了。只有理性是没有界限的，人类才是独立的、自由的和真正理性的。费希特说："除了自由地服从真理和正义，就再没有任何办法能使人成为值得尊敬的了。"② 真理和正义是上帝的化身、是理性的化身。真理和正义是人类的自由不得不服从和追求的目标，因为，真理和正义不是外加给人类自由的必然力量，而是人类自由本身必然的理性力量。费希特说："人应当仅仅被视为理性存在者，就这一点而言，绝对存在的这种特性，为他自己而存在的这种特性，就是他的特性或他的使命。"③ 在费希特那里，人只是理性的存在者，因此，每个人

----

① ［德］费希特：《费希特文集》第 1 卷，梁志学编译，商务印书馆 2014 年版，第 156 页。

② ［德］费希特：《费希特文集》第 1 卷，梁志学编译，商务印书馆 2014 年版，第 166 页。

③ ［德］费希特：《费希特文集》第 2 卷，梁志学编译，商务印书馆 2014 年版，第 7 页。

都是为自己的绝对存在，每个人自身都必然包含着与自己的和谐，同时每个人自身都必然包含着与他人的和谐。费希特说："在这种结合中，谁也不能不为其他所有人工作，而只为自己工作，或者说，谁也不能只为别人工作，而同时不为自己工作，因为一个成员的成就就是所有成员的成就，一个成员的损失就是所有成员的损失；这种景象通过我们在复杂纷纭的现象中发现的和谐，就会给我们带来由衷的喜悦，使我们的精神大为振奋。"① 费希特把上帝化为理想的理性，把人化为理性的存在。在费希特那里，独立、自由、真理和正义都根源于理性，因此，人作为理性的存在者，必然追求我为人人、人人为我的和谐社会生活。费希特的理论虽然不能使人类的社会生活真正达到自由和正义，但毕竟把社会的自由和正义变成了理性人类自己的事情。

　　谢林与费希特对理性的不同态度正好表明：人类对真理的探索多数情况下习惯于在两个极端之间摇摆，很难总是走在正确的道路上。即使如此，从总体上看，人类总是围绕着真理顽强地前行。费希特对理性持有主观唯心主义的态度，而谢林对理性却持有客观唯心主义的态度。谢林说："人虽然在行动本身是自由的，但在其行动的最后结局方面却取决于一种必然性，这种必然性凌驾于人之上，甚至于操纵着人的自由表演。"② 费希特努力把理性和自由从根本上合在了一起，谢林又把理性与自由分裂开来。在谢林那里，理想的理性不再是假设，理想的理性也不是人的自由的理想，理想的理性是哲学体系的起点和终点，理想的理性是凌驾于人的自由之上的绝对同一。谢林说："从这里终归可以看出，历史既不能与绝对的规律性相容，也不能与绝对的自由相容，而是仅仅存在于这样一种地方，在这种地方，唯一的理想实现于无穷多的偏离活动中，结果个别历史事件虽然不符合这个理想，但全部历史事件却符合这个

---

　　① ［德］费希特：《费希特文集》第 2 卷，梁志学编译，商务印书馆 2014 年版，第 34 页。

　　② ［德］谢林：《先验唯心论体系》，梁志学、石泉译，商务印书馆 2006 年版，第 276 页。

理想。"① 在谢林看来，个别历史事件既是自由的又是必然的，自由与必然并不是对立的同一，自由与必然是绝对同一不同级次的表现，因而总是偏离理想。现实的历史过程既不是绝对必然的也不是绝对自由的，而是不断趋向理想的过程，这个理想就是作为客观理性的绝对同一。

黑格尔的辩证"理性神学"则认为，上帝即绝对精神。绝对精神是不同于谢林的"绝对无差别的同一"的自身包含差异的同一。绝对精神是绝对自由的绝对实体，通过自我异化、自我认识，然后实现自我回归。理性是信仰的自我认识，信仰是理性的起源和归属，理性和信仰是辩证同一的。正如黑格尔所说："哲学本身也就是对上帝的事奉，也就是宗教，因为它无非是在其对待上帝方面对主观臆说和评断之屏弃。因此，哲学与宗教相等同；其差异在于：哲学诉诸自己的方法，即不同于通常称之为名副其实的宗教方法者。"② 也就是说，哲学与宗教、理性与信仰是辩证同一的。

费尔巴哈的人本主义无神论认为，首先，自然宗教必然是多神教。自然宗教必然要以自然物和自然力为中介，因此自然宗教中的每一个神都有自己的势力范围和局限，而不会成为全知全能全善的唯一神，这是因为自然宗教中神的本质是人的物理、生理、心理本质借助自然物和自然力的对象化。其次，基督教必然是一神教。基督教中人的想象力和幻想不受自然物和自然力的限制，这种情况下人幻想出的神必然是无限的，因此基督教中的神是能够满足人无限想象的全知全善全能唯一的神——上帝。这是因为上帝的本质是人的理性、意志、心力等精神本质的直接对象化。费尔巴哈说："当它站在有神论或人本学的立场上时，便把人的本质当作神的本质来崇拜，因为人的本质在它看来是个与人不同的本质，是个非人的本质，而反过来当它站在自然主义的立场上时，却又把非人的本质当作神的本质来崇拜，因为

---

① ［德］谢林：《先验唯心论体系》，梁志学、石泉译，商务印书馆 2006 年版，第269 页。

② ［德］黑格尔：《宗教哲学》（上），魏庆征译，中国社会出版社 1999 年版，第17 页。

非人的本质在它看来是一个人的本质。"① 因此，在费尔巴哈那里，在宗教中，人只是和他自身发生关系，上帝、自然物等只是他自身的本质或被想象为他自身。这样，在费尔巴哈那里就排除了人格神，只剩下自然的人、有肉有灵的人，进而，在信仰与理性的结构中排除了对人格神的信仰，只留下了理性。这实际上是理性对信仰的转换，理性与信仰的互化进入到了理性内部。

在我们看来，自由是根本的，自由是具体的，自由是不可定义的，等等。理性是对自由的表述，理性是抽象的，理性是对自由的定义，等等。正义是对各自自由的一种状态的表述，正义是对各自自由行动标准的一种抽象，正义是对不自由状态的一种纠正行为的定义，正义是社会性的理性，等等。要理解理性和正义必须返回到自由。从根本上说，自由、理性、正义是一回事。

---

① ［德］费尔巴哈：《宗教的本质》，王太庆译，商务印书馆 2003 年版，第 35 页。

附录一　西方宗教哲学中信仰与理性的互化

西方宗教哲学与科学、宗教、哲学有比较紧密的关系，应该从宗教哲学与科学、宗教、哲学关系的角度及宗教哲学本身给宗教哲学下定义。本书不准备给出宗教、哲学和宗教哲学的一般定义，只是指出宗教一般都包含信仰的维度；哲学一般都包含理性的维度；宗教哲学一般都应包含信仰与理性的关系问题这一核心内容，在此基础上主要通过理性与信仰的区别和联系的外在表现论证信仰与理性的互化。

一

宗教的定义林林总总，宗教的真义就隐于其中。这就是说我们要从多中找一，从个别中寻找一般。有人认为宗教的本质是情感，有人认为宗教的本质是意志，有人认为宗教的本质是直觉，有人认为宗教的本质是理性，有人认为宗教的本质是信仰，有人认为宗教的本质是终极追求……这些观点说明宗教是植根于人性的。那么，这些关于宗教本质的看法究竟哪一个是正确的呢？恐怕不能简单地说哪一个完全正确，哪一个完全错误。

宗教既不属于自然科学，也不属于社会科学，而是属于人文学科。自然科学和社会科学的命题和理论在一定条件下被证实的叫真理，在一定条件下被证伪的叫谬误，暂时没有被证实和证伪的叫假说，从终极的意义上说，自然科学和社会科学的命题和理论既不能被证实也不能被证伪。人文学科作为非经验的命题及理论永远既不能被证实也不能被证伪。现代和后现代一些思想家认为本质纯属虚构，不同的宗教之间并不具有共同的特征，一种宗教与另一种宗教之间只是部分的相似，多种宗教之间只具有交叉的相似性，即，维特根斯坦（Wittgenstein）所说的"家族相似"。也就是说各种宗教形成了家族，各种宗教之间并没有一个相似之处是共同的，各种宗教没有共同的本质，各种宗教的"本质"不过是一个开放性的家族整体。

宗教的本质是开放的整体，宗教的本质也就难以确定，也就是说宗教是不可定义的。宗教也不是宗教史，虽然宗教关涉自然、社会、个人生活的广阔领域，但从根本上说，宗教主要是关涉社会性个人的信仰活动。

从某种意义上说，宗教没有科学的定义是对宗教真正科学的定义。即使是这样，还是要给宗教下定义，一个开放性的定义：宗教是与个人信仰有关的教义和社会实践。同时，我们可以从多视角、多层面来比较研究各种宗教，在相同的视角或相同的层面下，比较研究各种宗教。对宗教下定义不是本书的主题。本书只是从宗教的定义中引出一个共识：宗教包含信仰的维度，进而论证信仰与理性的互化不仅发生在宗教哲学中，而且还发生在宗教中。

哲学就是爱智慧；哲学就是形而上学（是以超验存在为研究对象的形而上学，不是作为思维方式的形而上学）；哲学就是哲学史；哲学是系统化、理论化的世界观和方法论等。总之，哲学一方面是对感性世界的超越；另一方面又是对感性世界的深入，而这两方面实际上是一回事，正如赫拉克利特所说："上升的路和下降的路是同一条路。"[①] "而哲学上的问题，每每涉及全体、根本，难于得到解答，更难于得到有定论的解答。"[②] 所有哲学问题都是对思维与存在关系问题的终极追问，正因为如此，哲学无定论。又因为哲学是对同一个感性世界的追问，因而哲学又是有定论的。何以哲学既有定论又无定论

---

① 北京大学哲学系外国哲学史教研室编译：《古希腊罗马哲学》，商务印书馆 1961 年版，第 24 页。

② 贺麟：《文化与人生》，上海人民出版社 2011 年版，第 269—270 页。

呢？主要是因为哲学的自由、理性特征，哲学对象和哲学问题的终极性等。举例说，"一千个人就有一千个哈姆莱特"。有多少个人就有多少个康德，但毕竟康德只有一个。有多少个人就有多少个哲学史，但毕竟只有一个哲学史，只有一个哲学。哲学有标准，但哲学的标准是隐藏在每个人的理解之中的。谁也不能像黑格尔那样自称得到了终极的哲学。只有通过每个人的不同理解，才能更好地展示那唯一的哲学。特别突出哲学的这一特征，是为了给以下论证提供方法论指导。对哲学下定义也不是本书的主题。本书只是揭示哲学的理性维度。一般认为，信仰与理性的互化只发生在宗教哲学中。本书认为信仰与理性的互化也发生在哲学中。

西方宗教哲学不是宗教，但毕竟包含宗教的维度。西方宗教哲学也包含哲学的维度。西方宗教哲学的核心问题是信仰与理性的关系问题。宗教包含信仰的维度，哲学包含理性的维度。西方宗教哲学中信仰与理性互化的外在表现包含三个阶段：唯独信仰；信仰与理性的共存；唯独理性。在唯独信仰阶段中论证的是宗教中信仰与理性的互化，同时也是西方宗教哲学中信仰与理性互化的一个阶段。在唯独理性阶段中论证的是哲学中信仰与理性的互化，同时也是西方宗教哲学中信仰与理性互化的一个阶段。

二

以上从宗教、哲学、宗教哲学的角度引出了信仰与理性互化的问题，之所以这样引出问题，是为了从起源处同时找到方法论的来源，以便指导以下研究。从宗教、哲学、宗教哲学的角度说，唯独信仰中的信仰与理性的互化；唯独理性中的信仰与理性的互化；信仰与理性共存中的信仰与理性的互化是分别属于宗教、哲学、宗教哲学的三种情况。从哲学史的角度说，唯独信仰中的信仰与理性的互化；唯独理性中的信仰与理性的互化；信仰与理性共存中的信仰与理性的互化却是宗教哲学内部的三个阶段。下面就从哲学史的角度论证信仰与理性的互化。

黑格尔说："哲学的对象与宗教的对象诚然大体上是相同的。"①
在黑格尔看来，哲学和宗教的对象都是"绝对""绝对精神"。从某
种意义上说，哲学通过理性追求"绝对""绝对精神"，宗教通过信
仰追求终极关怀，宗教哲学通过理性与信仰追求"终极""绝对"，
这是我们认为信仰与理性的关系问题是宗教哲学核心问题的原因之
一。宗教、哲学、宗教哲学通过信仰或理性追求相同的对象是信仰与
理性互化的表现之一。这里通过研究信仰与理性关系的静态方面以及
动态方面来研究信仰与理性的互化。由于宗教、宗教哲学、哲学有相
同的一面，信仰与理性的互化是可能的，信仰与理性互化的根本原因
将在下面论述。

　　与信仰有关的问题有：上帝存在的证明；上帝（神）的概念及属
性；关于上帝与世界、人的关系的教义问题；恶的问题；宗教体验问
题；宗教语言问题等。与理性有关的问题有：本体论、逻辑学、认识
论、伦理学、美学、科学、道德和艺术等。宗教哲学的不同发展阶
段表现出对信仰与理性的关系问题的不同回答：第一，宗教哲学中的信
仰主义；第二，宗教哲学中的理性与信仰共存；第三，宗教哲学中的
理性主义。在宗教、哲学、宗教哲学相区别的意义上说，在宗教哲学
中的信仰主义阶段要论证的是宗教中的信仰与理性的互化；在宗教哲
学中的信仰与理性共存阶段要论证的是信仰与理性互化的多种形式；
在宗教哲学中的理性主义阶段要论证的是哲学中的信仰与理性的
互化。

　　从广义上说，宗教产生之时就是宗教哲学产生之时，或者，哲学
产生之时就是宗教哲学产生之时。在从启示神学向理性神学、自然神
论、泛神论、无神论发展的过程中，理性的地位逐渐升高。但这并不
是说启示神学中没有理性的因素，无神论中没有信仰的因素，只不过
启示神学中理性因素是潜在的，无神论中信仰因素是内在的。人类精
神中的信仰因素和理性因素永远交织在一起，任何一方也不会完全消
失。因为信仰与理性的一致、同一并不是机械的、静态的、形而上学

---

　　① ［德］黑格尔：《小逻辑》，贺麟译，商务印书馆1980年版，第37页。

的同一，而是矛盾的、动态的同一，即信仰与理性互化的一致、同一；或在一致、同一基础上的信仰与理性的互化，任何一种情况都离不开信仰与理性的互化。启示神学内部的理性推动着信仰的层次不断提高并推动信仰理性化和理性的信仰化，无神论内部的信仰推动着理性的层次不断提高并推动理性信仰化和信仰的理性化，信仰与理性的共存不断推动着信仰的理性化和理性的信仰化。

第一，信仰主义的宗教哲学中的信仰与理性的互化。德尔图良的信仰观可概括为"正因为其荒谬，所以我才相信"。在德尔图良看来信仰是反理性的。因此也就不存在上帝存在的证明和神义论等问题，也就是说，上帝存在的证明不会帮助我们获得信仰，上帝存在的否证也不会导致我们失去信仰。那么，怎样才能拥有信仰？保罗认为"由于恩典，你已通过信仰得到拯救，这并非你自己之所为，它是上帝的礼物"。① 除非上帝恩赐，我们不能获得信仰。克尔凯郭尔（Kierkeg-aard）则认为，我们不能用理性把握上帝，所以我们才需要信仰。因原罪而被败坏的理性和自由意志不能导致信仰，恰恰相反，只有通过跳出理性之外的致命一跃才能获得信仰。而对于维特根斯坦来说，理性对于信仰完全无能为力，信仰超越于理性之外，但理性的某些运作却要以信仰为前提。

对反理性的信仰主义者来说，人的能力和作为（理性和善功等）都不能使人获得信仰，信仰只是上帝的恩赐。信仰是从上帝而降的，在人这里，没有支点或跳板。在这一点上，马丁·路德、加尔文、奥古斯丁、德尔图良、保罗是一致的。对超理性的信仰主义者来说，信仰不从上帝来，也不从理性来，但要获得信仰，必须以理性为跳板超出理性之外。这两种信仰主义者的人生目标都是贬抑此岸指向彼岸的。对维特根斯坦来说，并不是只有一部分人有信仰，而是应该人人都有信仰。对于人为什么拥有信仰的问题，维特根斯坦认为，我们应该保持沉默，因为信仰是一个神秘之域，是不可说的。海德格尔来说，"还只有一个神能救渡我们"，最终承认了超越知性的神秘之域

---

① 保罗：《圣经新约·以弗所书》，2：8。

的神秘。

信仰主义宗教哲学的根本特征是它包含否定神学的因素。所谓否定神学就是对上帝只能作否定的描述，不能作肯定的描述，对上帝的任何肯定描述都是无意义的。否定神学思想在柏拉图的理念论中就有表现。柏拉图声称人的灵魂（理念）因堕落而囚禁于人体，人死后，人的灵魂才能重新回到理念世界，从而见到各种理念（其中包括作为最高理念的善）。在人的有生之年，只有在理性的迷狂（出神）状态的瞬间，才能见到各种理念。而新柏拉图主义者普罗提诺的"太一"作为神不可定义的思想直接启示了基督教中的否定神学。而否定神学的思想更早可追溯到奥尔弗斯宗教的灵魂轮回转世的神秘主义思想和克塞诺芬尼不可定义的"一"或神的思想。信仰是对不可认识的无限、绝对他者等的确信，具有否定性和神秘主义的特征。

信仰主义宗教哲学的反理性、超理性特征和对信仰的神秘主义态度表明它是宗教思想。但是，即使是极端的信仰主义者也必然用语言表达不可表达的信仰和信仰对象，也就是说，信仰主义与理性不可分离，就此而论，信仰与理性是互化的。这种不可表达的信仰和信仰对象：一方面，激励理性对不可表达的信仰和信仰对象的终极理解和表达，从而促进理性的提高和信仰的理性化；另一方面，不可表达的信仰和信仰对象将会影响极端信仰主义者的理性生活领域，从而促进理性的信仰化并提高信仰。退一步说，反理性的信仰主义者认为，除了信仰和信仰的对象以外，上帝和世界及人的关系的教义问题、与恶有关的神义论问题、宗教体验问题等还是要用理性来讨论的。更不用说，超理性的信仰主义者只是认为，信仰只是一部分人的人生最高阶段，大部分人将处于与理性有关的审美阶段或道德阶段，对于获得信仰的人来说，理性内在于信仰之中，对于没有获得信仰的人来说，信仰潜在于审美阶段或道德阶段之中。神秘主义的信仰主义者则认为，人人都拥有的信仰目的在于帮助人们理性地处理此岸和彼岸的问题。信仰主义者只是独断地认为理性无法把握信仰及信仰的对象。事实上，宗教中的信仰无论在什么情况下都不能与理性相分离，即使是非理性的信仰也不能与理性相分离，无论是信仰、非理性的信仰，还是理性都不能单独、孤立地存在。"西方的一切非理性哲学其实都是理性的"①，这就是说，非理性与理性最终是一致的、同一的。但前提是，非理性与理性是有区别的。也就是说，非理性与理性是有区别和对立的，非理性与理性正是通过外在的区别与对立来表现非理性与理性的一致或同一，非理性与理性正是在互化的过程中保持一致或同一的。"苏格拉底和柏拉图首次在哲学本身里面建立起了理性主义和非理性主义的统一的模式，就是把逻各斯和努斯结合为一体。在阿那克萨哥拉那里还没有结合为一体，还是两个外在的东西，但是经过苏格拉底之后，这两个东西成了一个东西。"② 理性和非理性是两个外在的东西就是说，理性中没有非理性，非理性中也没有理性，但这种情况只是理性和非理性是同一个东西的外在表现。也就是说，信仰主义中的信仰是信仰与理性互化过程中在信仰一极的外在化。理性在信仰内部推动着信仰理性化和理性信仰化。

第二，理性与信仰共存的宗教哲学中理性与信仰的互化。对信仰主义者来说，信仰是理性的拯救力量或运作前提，而理性对信仰的理解和获得却绝对无能为力，理性被无理地压抑到了信仰的内部。作为"最后一个教父和第一位经院哲学家"的安瑟尔谟遵循奥古斯丁的"信仰寻求理解"的原则，提出了上帝存在的本体论证明。安瑟尔谟建立在信仰基础之上的从信仰到信仰的理性对信仰的论证开始了对启示神学所信仰的上帝的理性证明，对上帝存在的本体论证明使理性突进到信仰的领域（理性还不是上帝的本质）。总之，安瑟尔谟宗教哲学的核心是在信仰基础之上理性与信仰的一致。阿伯拉尔的"理解导致信仰"表面上与安瑟尔谟的"信仰寻求理解"相反，实际上，安瑟尔谟更偏向信仰，阿伯拉尔更偏向理性，但从根本上说，阿伯拉尔与安瑟尔谟是一致的，即两者都认为在信仰基础上理性与信仰一致。在托马斯·阿奎那那里，"哲学是神学的婢女"；通

---

① 邓晓芒：《邓晓芒讲演录》，长春出版社 2012 年版，第 110 页。
② 邓晓芒：《邓晓芒讲演录》，长春出版社 2012 年版，第 113—114 页。

过信仰获得启示真理，通过理性获得理性真理；理性可证明一部分启示真理，并因此提出了与安瑟尔谟上帝存在的本体论证明不同的上帝存在的宇宙论证明和目的论证明。托马斯·阿奎那在信仰的旗帜下开始了对上帝的创造物（自然和人）的理性探索，安瑟尔谟用理性探索了上帝的概念，阿伯拉尔在信仰基础上探索理性，但他们三者都认为在信仰基础上理性与信仰有一致的方面。这在一定层次上揭示了信仰与理性的互化，也就是说，在理性与信仰互化的过程中表现出一致。

在自然神论者那里，理性从上帝之外进入上帝之内成了上帝的本质，因此，理性必然是上帝创造物的本质。牛顿的经典力学体系把一切归结为机械物，一切运动都符合被牛顿发现的规律而成为必然的机械运动。因此，牛顿一方面把上帝形而上学地、机械地排除到宇宙之外；另一方面又必须把作为"第一推动力"的上帝请出来作为宇宙开始运动的外在保证。霍布斯认为宇宙是由广延物体组成的，宇宙中的万事万物都可用机械运动来解释。霍布斯的哲学体系表面上不需要上帝，而从霍布斯理论的内在逻辑上说还需要解释机械运动的最终来源。如果认为第一推动力是上帝，则霍布斯就是一个自然神论者；如果认为机械运动来源于自然本身，则霍布斯就是一个无神论者，而霍布斯的确曾被指控为是一个"无神论"者。牛顿认为上帝是机械运动的来源，因此，牛顿是一个自然神论者。而伏尔泰、孟德斯鸠、卢梭则分别从道德、政治与社会的层面丰富了自然神论的思想。莱布尼茨认为全知全善全能的上帝创造了一个最好的世界，上帝一次性地预定了宇宙中万事万物的和谐，从此再不插手宇宙中的任何事情。莱布尼茨认为一方面信仰高于理性；另一方面又认为"理性与信仰一致"①。莱布尼茨虽然主要是从静态的方面论证理性与信仰的一致，实际上却使对宗教哲学问题的探索成了通过信仰对理性的审判不断提升理性的过程。这样莱布尼茨就从各个层面丰富了自然神论的思想。"这和'自然神论'肯定上帝作为世界的最初原因或'第一推动力'

---

① G. W. Leibniz, *Theodicy*, translated by E. M. Huggard, Oxford, 2007, p. 75.

产生或推动世界万物之后，世界万物按其本身规律而运动变化，不再受上帝的干预的主张，至少是相似的。"① 可以说，莱布尼茨的自然神论是客观唯心主义基础上的自然神论。但不管哪一种形式的自然神论里面都包含着信仰和理性两个方面的互动与相互促进。总之，自然神论者都认为在理性基础上理性与信仰有一致的方面，它在不断推动着信仰与理性互化的过程中保持信仰与理性的一致。

在康德那里，人是一个双重的存在者。一方面人是感性的存在者，属于现象界；另一方面人又是理性的存在者，属于本体界。作为感性存在者的人，受自然规律的支配，追求幸福。作为理性存在者的人，受自由规律的支配，追求德性。虽然幸福与德性在世俗阶段没有必然的关系，但还是必须把幸福与德性完满结合起来才能达到至善，至善才是人追求的最终目标。幸福与德性有两种结合方式：第一种是根据幸福分配相应的德性；第二种是根据德性分配相应的幸福。第一种方式必然会导致人利用德性谋私利，人虽然不至于退回动物界，却必然会成为魔鬼。"没有它，自由意志就成了神的意志，无须在感性和理性之间作选择，也就无所谓自由了。所以对于人来说，自由意志永远为人在善与恶之间作自由的选择留下了余地。即人虽然有选择善的自由意志，但时时也有选择恶的自由，自由本身则意味着有双重的可能性，而这正是'自由'的本意。"② 由于人是自由的，所以人既可为恶，也可为善。人的自由意志即自由地选择善是以人的自由地选择善恶（自由的任意）为据点的。为了不至于丧失理性退回动物界，也为了不至于利用理性为恶变为魔鬼，人应该以追求德性作为自己的努力方向，自由地弃恶扬善以提高自由的层次以不断逼近善良的自由意志，时刻以善良的自由意志为标准，哪怕我们在现世生活中永远做不到。由于人是有限的，人的德性总是不必然得到相应的幸福，所以必须假定灵魂不朽，从而使人可能得到与德性相配的永福，正因为如

① 陈修斋著，段德智编：《陈修斋论哲学与哲学史》，人民出版社 2009 年版，第331 页。

② 邓晓芒：《徜徉在思想的密林里》，重庆大学出版社 2012 年版，第 67 页。

此，为了保证德福相配的至善的实现就必须还要假定知人心的绝对正义的上帝的存在。在康德的道德神学中，上帝是从纯粹实践理性推出来的有根据的假设，信仰表面上高于理性，实际上低于理性。但是，对假设的上帝和假设的灵魂不朽的信仰，给了我们人提高自由的层次、提高理性的层次和提高道德的层次的无穷可能性。因此在康德这里，神学被道德化了，信仰被理性化了。所以康德宗教哲学的核心是在理性基础上信仰与理性的一致，并表现在信仰与理性互化的过程之中。

帕斯卡（Pascal）认为，我们无法用理性对上帝是否存在作出判断，但从实践的角度我们必须信仰上帝，上帝存在有实践的合理性。"假如你赢了，你就赢得了一切，假如你输了，你却什么都不会输掉。因此你就毫不犹豫去赌上帝存在吧。"① 为了永福，根据情感和意志，我们必须信仰上帝。詹姆斯（James）认为："当我们考虑某些事实时，似乎我们的情感本性和意志本性乃是我们一切信念的基础。"② 也就是说，我们在面对道德和宗教方面的事情时，证据是不充足的，人类的理性无法帮助我们决断。但是，正如帕斯卡所说"人心有理性所不了解的理由。"③ 人的理性所不了解的理由就是人心的情感和意志的理由。也就是说在道德和宗教方面我们靠情感和意志来决断。情感和意志也有它的规律性，也就是某种意义上的实践合理性，因此作为非理性的情感和意志也是某种意义上的理性。可以说，帕斯卡和詹姆斯坚持认为在非理性基础之上信仰与理性有一致的方面，并表现在信仰与理性的互化过程之中。

阿威洛伊（Averroes）的"双重真理"说认为，理性的真理与启示的真理相互独立，即使两种真理相互违背也不损害各自的真理性。

---

① 胡景钟、张庆熊主编：《西方宗教哲学文选》，尹大贻等译，上海人民出版社 2002 年版，第 337 页。

② 胡景钟、张庆熊主编：《西方宗教哲学文选》，尹大贻等译，上海人民出版社 2002 年版，第 256 页。

③ 胡景钟、张庆熊主编：《西方宗教哲学文选》，尹大贻等译，上海人民出版社 2002 年版，第 270 页。

理性真理的获得靠理性，启示真理的获得靠信仰，因此理性和信仰相互独立。斯宾诺莎的泛神论认为，神即自然，神与自然、信仰与理性是无区别的同一。黑格尔的辩证"理性神学"则认为，上帝即绝对精神。绝对精神是不同于谢林的"绝对无差别的同一"的自身包含差异的同一。绝对精神是绝对自由的绝对实体，通过自我异化、自我认识，然后自我回归。理性是信仰的自我认识，信仰是理性的起源和归属，理性和信仰是辩证同一的。正如黑格尔所说："哲学本身也就是对上帝的事奉，也就是宗教，因为它无非是在其对待上帝方面对主观臆说和评断之屏弃。因此，哲学与宗教相等同；其差异在于：哲学诉诸自己的方法，即不同于通常称之为名副其实的宗教方法者。"①也就是说，哲学与宗教、理性与信仰是辩证同一的。在黑格尔这里，信仰与理性的互化达到高峰；信仰与理性是对立同一的；信仰与理性在互化的过程中保持同一。

信仰与理性的关系要么是不对称的，要么是相互独立的，要么是无差别的同一，要么是既有区别又有联系，要么是辩证的同一。那么，是否存在只有理性没有信仰的情况呢，如果存在这种情况，那就是无神论。

第三，理性内部信仰与理性的互化。克利福德（Cliffod）认为："相信任何没有充分根据的东西无论在何时何地对何人都是错误的。"② 如果谁没有时间调查研究取得正确的证据，那么，谁同时也没有时间信仰。任何人也不能取得完全正确的证据，也就是说人不是全知的。如果全知是行动的前提，那么任何人就不能有任何行动。克利福德极端经验主义的信仰观必然把信仰经验化，这其实是以经验理性审判信仰，同样在推动信仰与理性的互化。

费尔巴哈的人本主义无神论认为，首先，自然宗教必然是多神教。自然宗教必然要以自然物和自然力为中介，因此，自然宗教中的

---

① ［德］黑格尔：《宗教哲学》（上），魏庆征译，中国社会出版社1999年版，第17页。
② 胡景钟、张庆熊主编：《西方宗教哲学文选》，尹大贻等译，上海人民出版社2002年版，第348页。

每一个神都会有自己的势力范围和局限，而不会成为全知全能全善的惟一神，这是因为自然宗教中神的本质是人的物理、生理和心理本质借助自然物和自然力的对象化。其次，基督教必然是一神教。基督教中人的想象力和幻想不受自然物和自然力的限制，这种情况下人幻想出的神必然是无限的，因此基督教中的神是能够满足人的无限想象的全知全善全能唯一的神——上帝。这是因为上帝的本质是人的理性、意志、心力等精神本质的直接对象化。"当它站在有神论或人本学的立场上时，便把人的本质当作神的本质来崇拜……当它站在自然主义的立场上时，却又把非人的本质当作神的本质来崇拜，因为非人的本质在它看来是一个人的本质。"① 因此，在费尔巴哈那里，在宗教中，人只是和他自身发生关系，上帝、自然物等只是他自身的本质或被想象为他自身。这样，在费尔巴哈那里就排除了人格神，只剩下自然的人、有肉有灵的人，进而，在信仰与理性的结构中排除了对人格神的信仰只留下了理性。这实际上是理性对信仰的转换，理性与信仰的互化进入到了理性内部。

科学与上帝之间的搏斗几经波折，到了达尔文那里，上帝即使不败也至多是与科学打一个平手。康德一方面通过对上帝存在的本体论证明、宇宙论证明和目的论证明的批判，用理性杀死了作为理性典型形象的上帝，另一方面又通过道德神学的证明假设上帝的存在。在康德那里，上帝死了，但又从道德情感的需要出发供奉着上帝。与康德相反，尼采恰恰是为了人的道德而杀死了上帝。尼采认为，上帝的道德是奴隶的道德，只有在"上帝已死""重估一切价值"的前提下，才能实现从奴隶道德向主人道德的转换，才能把人从末人提升为超人。超人就是无限发挥权力意志的人，就是超越人。尼采为了超人，在信仰与理性的结构中杀死了对上帝的信仰，通过理性留下了对权力意志的信仰。在尼采这里，理性与信仰的互化被迫进入了非理性之中。

马克思的实践人学认为，1. 只有一门科学，"我们仅仅知道一门

---

① ［德］费尔巴哈：《宗教的本质》，王太庆译，商务印书馆 2003 年版，第 35 页。

唯一的科学，即历史科学"①。这一门科学就是自然科学和人文科学相统一的科学或者从根本上说是自然和人相统一的历史科学。2. 只有一个主义，"作为完成了的自然主义，等于人本主义，而作为完成了的人本主义，等于自然主义"②。这个主义就是自然主义和人本主义相统一的实践唯物主义。3. 一切都归结为人：人是自然的最高部分、自然的目的。神不过是人类本质的异化，"宗教把人的本质变成了幻想的现实性，因为人的本质没有真实的现实性"③。不是上帝创造了人，而是人创造了上帝。"当你提出自然界和人的创造这一问题的时候，你从而也就把人和自然界抽象掉了。你认为人和自然界是不存在的，然而你却希望我向你证明人和自然界的存在。"④ 离开了具体的、感性的自然界和具体的人、人的感性，从抽象的、孤立的自然界和抽象的、孤立的人出发，人类自身必然虚构出一个上帝来。而事实是，"从外延上（抽象自然科学上）看，人是自然界的一部分；但由于他是最高本质的部分，所以从内涵上（哲学上）看，全部自然界都成为了人的一部分，成为了人的实践的一部分"⑤。这样，一切都归结为了实践的人、人的实践。4. 人的一切都归结为实践：人的本质包括两个方面，一方面人的本质是自由自觉的生命活动，另一方面人的本质是社会关系的总和，人的本质的两方面合起来就是人的实践。"人也按照美的规律来塑造物体。"⑥ 认识自然是为了改造自然，改造自然的同时也就会认识自然，一切理论最终都根源于实践。5. 实践的原则和目标就是共产主义社会，"将是这样一个联合体，在

---

① 《马克思恩格斯选集》第一卷，人民出版社 1976 年版，第 21 页。

② ［德］马克思：《1844 年经济学哲学手稿》，刘丕坤译，人民出版社 1979 年版，第 73 页。

③ 《马克思恩格斯选集》第一卷，人民出版社 1976 年版，第 1 页。

④ ［德］马克思：《1844 年经济学哲学手稿》，刘丕坤译，人民出版社 1979 年版，第 84 页。

⑤ 邓晓芒：《实践唯物论新解：开出现象学之维》，武汉大学出版社 2007 年版，第 195 页。

⑥ ［德］马克思：《1844 年经济学哲学手稿》，刘丕坤译，人民出版社 1979 年版，第 51 页。

那里，每个人的自由发展是一切人的自由发展的条件"①。共产主义社会就是自由人的联合体。综上所述，马克思的实践人学是无神论的实践人学，马克思的实践人学在信仰与理性的结构中去掉了对上帝的信仰，只信仰社会的实践。在马克思这里，是信仰的实践化；是信仰和理性互化中对信仰和理性双方的极大提升；是信仰和理性在互化中同一的集中体现；是对人的实践的信仰；是对共产主义的信仰。

按照休谟的"归纳问题"学说，我们永远也不可能得到我们行动的完全充足的证据，而克利福德在有正确证据的条件下才能行动的要求将使我们不能行动，除非把人提升为上帝。而事实上我们每天都在行动，所以，克利福德一方面把信仰贬低到经验的层次；另一方面又把经验提升为信仰，把有限的人提升为无限的神。在克利福德这里，经验对信仰的质疑很好地促进了信仰与经验的互化。费尔巴哈一方面把上帝等同于人的本质；另一方面又把人的情感和想象力提升为上帝。尼采杀死了作为理性、道德典型形象的上帝，又把权力意志提升为上帝。在马克思那里，由于共产主义社会是自由人的联合体，我们因为各自的自由而各不相同，我们又因为同样的自由而个个相同。我们每个人都成了"多位一体"② 的人。"感性的自然界则是人的'生命活动的材料'、是人的'无机的身体'，同时也是人的'精神的无机自然界'或'精神食粮'。"③ "自然界是自己的身体，至于他人，则是另一个自己。"④ "在这种意义上的'社会'，就绝不是通常所理解的与个人相对立的社会或经验实证的、社会学意义上的社会，而是哲学意义上的个体的人。"⑤ 把以上引用的三句话的意思综合起来得

---

① 《马克思恩格斯选集》第一卷，人民出版社1976年版，第273页。

② 侯忠海：《论多位一体是莱布尼茨宗教哲学的基础》，《哲学研究》2012年第3期。

③ 邓晓芒：《实践唯物论新解：开出现象学之维》，武汉大学出版社2007年版，第194页。

④ 邓晓芒：《实践唯物论新解：开出现象学之维》，武汉大学出版社2007年版，第197页。

⑤ 邓晓芒：《实践唯物论新解：开出现象学之维》，武汉大学出版社2007年版，第198页。

到一个结论，从根本上说，自然、他人和社会都是另一个我自己，同样，我自己也是自然、他人和社会。我们每个人通过实践都成为了"多位一体"的有血有肉的人，信仰、理想和现实在每个人那里达到了完美的合一。马克思清除了与人异在的上帝，而最终目标是把我们每个人自己通过实践提升为自由人。所以，无神论是信仰与理性的互化进入到了理性内部。

三

从信仰与理性的相互独立到信仰与理性的相互共存，信仰与理性都表现出某种意义的统一：形而上学基础上有差别的统一、形而上学基础上无差别的统一、辩证法基础上有差别的统一，而这些情况都是实践基础上有差别的同一的外在表现、机械方面、静态方面、形式逻辑方面。而理性与信仰的各种意义上的统一最终是在实践基础上在信仰与理性互化的动态过程中实现的。从启示神学到无神论，从多神论到一神论，自始至终都贯穿着"神"。神要么是机械唯物主义的必要假设，要么是唯心主义的出发点，这说明神是人类认识过程中必然出现的虚构。而马克思的实践唯物主义不需要神，只需要人的实践就能证明一切。在马克思这里，信仰不再是对神的信仰，而是实践基础上理性内部的动力。在马克思之后，信仰与理性的各种关系、各个方面在信仰与理性的互化中得到了不断深化。

凯利·詹姆斯·克拉克（Kelly James Clark）指出："有神论者不必非要拿出一个成功的神正论，单纯地相信上帝有充分理由允许恶存在，这就是有神论者的理性。"[1] 克拉克从神正论（或神义论）的视角说明了信仰即理性。这样一种观点阻止了有神论者对上帝的怀疑，同时促使有神论者专注于对恶的存在的分析和理解。从某种意义上说，这种信仰观既通过信仰促进了理性的提升又是信仰的理性化。"对基督徒来说，信仰与理性的完善统一只是在末日才可实现（哥林

---

① ［美］凯利·詹姆斯·克拉克：《重返理性》，唐安译，北京大学出版社 2008 年版，第 70 页。

多前书 13：12f)。"① 从神学的角度说，信仰与理性的完善统一不仅在末日，而且在始日，即在作为起点和终点的上帝那里信仰和理性才是真正统一的。而有始有终的万物在堕落或上升的过程中，理性和信仰则是通过对立或并存的关系在信仰与理性互化过程中实现统一。唐·库比特（Don Cupitt）说："神学在其全盛期与哲学和伦理学关系都很密切。这三门学科都是神学化的：它们都以略微不同的方式表明，一个人如何能够找到并遵循通往终极的或'永恒'的快乐的道路。"② 这就是说，在神学的全盛期，在某种意义上，神学、哲学与伦理学三者以各自的角度表达着同一个真理，神学、哲学、伦理学相互之间无法分离并统一于通往终极的道路。现代西方宗教哲学中，一般来说，信仰的并不是人格神，而是理性中终极方面的神秘化或神化。信仰与理性的关系主要表现为理性与信仰无法分离、理性与信仰处于互化的过程之中、信仰与理性的层次不断提高。

四

从理性与信仰关系的角度说：宗教是与信仰相关的教义与社会实践；哲学是通过理性对智慧的无尽探索；宗教哲学是通过信仰与理性对宗教教义、宗教活动等的哲学式探索。在宗教那里，有各种各样的信仰状态，但不管哪种信仰，其中一定包含理性，理性的迷狂同时也是非理性。在哲学那里，一切通过理性来判断、推理、检验，直接就是以只信仰理性为前提的。而在宗教哲学那里，信仰与理性的关系成为了核心问题。信仰与理性关系的静态方面表现为信仰与理性的区别和联系。信仰与理性关系的动态过程表现为信仰与理性的互化。信仰与理性的区别和联系是信仰与理性互化的外在表现。自从有宗教以来，信仰对理性的审判逐渐加强，莱布尼茨的宗教哲学是信仰审判理性的高峰。自从有了哲学，理性对信仰的审判逐渐加强，在法国哲学

---

① ［美］迈尔威利·斯图沃德编：《当代西方宗教哲学》，周伟驰、胡自信、吴增定译，北京大学出版社 2001 年版，第 28 页。

② ［英］唐·库比特：《后现代宗教哲学》，朱彩虹、王志成译，浙江大学出版社 2008 年版，第 4—5 页。

那里，理性对信仰的审判达到高峰。在黑格尔那里，理性与信仰的互化达到高峰。在信仰主义阶段，理性与信仰的互化表现于信仰之内。在理性与信仰共存阶段，理性与信仰的互化表现于外。在理性主义阶段，理性与信仰的互化表现于理性之内。通过上文的论述可以得到以下两方面的结论。第一，信仰与理性关系的历史演变方面。信仰与理性的关系纷纭复杂，但主要经历了三个大阶段，即信仰主义阶段，信仰与理性共存阶段及理性主义阶段。每个阶段内各自包含多种情况。信仰与理性关系的历史演变都是在信仰与理性互化的过程中完成的。第二，信仰与理性关系的逻辑方面。真正的信仰就是无论什么干扰因素都不能使信仰者改变的信仰，就是在怀疑中保持信仰，就是通过理性支持的信仰，就是信仰的理性化。真正的理性就是信仰理性，就是信仰从有限追求无限，就是信仰对永远也追求不到的东西的永远追求，就是理性的信仰化。信仰产生理性，理性产生信仰，信仰逐渐深入，理性逐渐成长，在信仰与理性矛盾的推动下信仰与理性的关系在历史中表现出不同的层次和阶段，但信仰与理性的互化最终产生于实践，并由于实践的推动信仰与理性的互化不断深入。

附录二　自启发是启发式
教学方法的前提

　　什么是自启发？即教授者或学习者在自问自答地提出问题，解决问题，再提出问题，再解决问题，并且不断实践并总结实践经验的情况下，不断自我探索主动求知的过程。自启发的过程总是同时遵循着三个标准：以自己为标准，以别人为标准，以超出自己和别人之外和深入自己和别人之内的标准为标准。教授者的自启发与学习者的自启发最终在不断对立化的同时不断同一化，从而合为对同一问题的共同之解的过程。启发式教学活动，既不是征服的过程，也不是说服的过程，而是各自自由探索的自启发过程。

　　教学活动发生在懂得某种知识的教授者与想获得这种知识的学习者之间。教学活动的基本目标是传递知识。教学活动的高级目标是更新知识和增长知识。因为人是自由的，因此，多种多样的教学方法从根本上都可归结为启发式教学方法，而启发式教学方法的前提是自启发。

　　教授者只有在自启发的前提下才能启发学习者，而学习者只有在自启发的前提下才能接受教授者的启发。

　　教授的过程、学习的过程和教学互动的过程都可以归结为问答过程。教授者在教的过程中总在自问自答，学习者在学的过程中也总在自问自答。在教与学的互动过程中，至少有以下几种情况：学习者问，教授者答；教授者问，学习者答；教授者自问自答；学习者自问自答。学习者问，教授者答，只有变成学习者与教授者各自自问自答的情况下，才能使知识得到传递、更新和增长。教授者问，学习者答，也只有在教授者与学习者各自的自问自答的情况下，才能使知识得到传递、更新和增长。

一　自启发是孔子式教学方法的前提

从某种意义上说，孔子是中国的教师之父。从一般意义上说，孔子的教授方法是灌输式教授方法。孔子推崇克己复礼。孔子长期学习研究周朝的礼制，认为周朝的礼制是万古不变的原则。因此，孔子认为，教师不是要发现知识，而是把已经具备的知识传授给更多的人们，把知识永久地传递下去。孔子的这种做法必然会忽视对自然科学的研究，而把社会知识与宗教相等同，但也没有使社会知识成为真正意义上的宗教，孔子这种做法的后果更多地是导致社会历史的倒退复古。

孔子的教授方法之所以被称为灌输式教授方法主要有以下几点：（一）知识是被历史确定下来不再改变的一些内容；（二）这些外在知识的确定性是不能怀疑的；（三）这些知识既是外在于教授者又是外在于学习者的。

孔子的教授方法虽然从总体上说是灌输式教授方法，但对孔子本人来说，却是在自启发的前提下才学得知识的。孔子对学生使用的是灌输式教学方法，但灌输式教学方法是建立在启发式教学方法基础之上的，而且最终要通过学习者的自启发才能起作用。在孔子的这种灌输式教授方法的引导下，学习者的自启发导致的不是对知识的不断探索，而是更多地深入社会历史活动。

孔子在教授过程中一般是只答不问。孔子回答学生问题时，不讲道理，以圣贤自居，直接给出不容辩驳的答案，因而是一种灌输式教学方法。而孔子灌输知识的前提却是学生要主动提问。学生自己先问了自己，自己不知道问题的答案，学生才会接受老师从外部的启发，因而最终是学生自启发的结果。

孔子的意志是无自由的意志。因为原则已经被规定好了，只要自己去执行就可以了。但是为了获得传统已经规定好了的知识，就必须依靠自己的意志自由。先学而后教，先问而后学，教与学的前提都是自启发。教授者自觉地接受传统规定好了的知识，学习者自觉地接受教授者的灌输。一方面，传统不断限制人们的自由，另一方面，起决定作用的自启发必然导致知识的更新和发展。

二 自启发是苏格拉底式教学方法的前提

苏格拉底式教学方法就是一般意义上的启发式教学方法。苏格拉底认为，知识是确定不变的，每个人的灵魂中都拥有全部的知识，即知识已先验地存在于人的灵魂内部，只是由于肉体的遮蔽总不能达到完全的清晰明白。因此，苏格拉底作为教授者只是从外部启发，最终要靠学习者的自启发从自己内部获得知识。

苏格拉底认为，在来到人的肉体之中以前，人的灵魂与神在一起，并知道所有的知识。但人的灵魂堕落到肉体中以后，由于肉体的遮蔽使得灵魂忘记了知识。苏格拉底认为，死亡是灵魂与肉体的分离，如果要获得知识，人就必须不断地练习死亡。学习哲学就是练习死亡，就是不断地学习把灵魂与肉体分离开来。人活着毕竟做不到灵魂与肉体的分离，因此，智慧是属于神的，人只能爱智慧。也就是说，人永远得不到智慧，但正因为如此人要不断地追求知识，才能在死后得到真正的知识和自由。所以，在苏格拉底看来，教授者只能从外部启发，因为教授者也不能认为自己获得了智慧，教授者更应自知其无知。因而，教授者从自知其无知出发，通过自觉示范自启发的学习过程，从而与学习者一起自启发，共同追求那同一个属于神的智慧。而对智慧追求的前提就是教授者和学习者各自在自知其无知的基础上，各自认识自己，因此，最终是通过各自的自启发才能获得知识。

苏格拉底认为，美德即知识。在苏格拉底那里，美德不是指个别的美德，而是指美德本身或者说一般的美德，美德也不是指分离的智慧、勇敢、节制和正义等，而是指智慧、勇敢、节制和正义等构成的唯一的整体，也就是说，真正的智慧同时也是勇敢、节制和正义等，真正的勇敢同时也是智慧、节制和正义等，真正的节制同时也是智慧、勇敢和正义等，真正的正义同时也是智慧、勇敢、节制等。在苏格拉底那里，美德即知识这一命题的意思是，美德是关于善的概念的知识。也就是说，美德就是要知道什么是智慧本身、什么是勇敢本身、什么是节制本身、什么是正义本身等；或者，什么是作为中道的智慧、什么是作为中道的勇敢、什么是作为中道的节制、什么是作为中道的正义等；或者，什么是正确的智慧、什么是正确的勇敢、什么是正确的节制、什么是正确的正义等。在苏格拉底那里，这些问题的答案没有人能完全知道，因此任何人也不能通过别人完全知道这些问题的答案，每个人只能通过自启发而接近这些问题的正确答案。

在我们看来，美德是人们乐于按照正确的方案行善的习惯。什么是正确的乐呢？什么方案是正确的呢？什么是正确的善呢？什么是正确的习惯呢？这些问题的答案没有人能够完全知道，因此任何人也不能通过别人完全知道这些问题的答案，每个人只能通过自启发而接近这些问题的正确答案或者与这些问题的正确答案相联系而存在。

如果一个人认为自己是正确的，要么就是曾经自启发过，要么就是直接自以为是，无论是哪一种情况，他都会停止自启发，从而就会停止对知识的探索。任何一个人也不能直接知道任何一个问题最终的正确答案，因此每一个人都要保持自我怀疑，从而只能通过自启发而接近任何问题的正确答案。

不论是社会科学的知识、自然科学的知识，还是人文学科的知识人们最终都只能通过自启发才能接近正确的答案。

所有的教学方法都可以归结为启发式教学方法，而启发式教学方法的前提是自启发。

自启发首先是自我怀疑，自我怀疑首先是对自我当下所持观点的怀疑，自启发其次是通过怀疑一切不断接近正确的答案。

三　自启发是启发式教学方法的前提的一个实例

一次关于哲学与逻辑关系的讨论。

甲说："哲学与逻辑的关系是一个始终困扰着我们的问题。"

我说："我能够证明矛盾可以推出一切。"（我内心是想通过这个逻辑问题引出我对哲学与逻辑关系问题的个人看法）

乙说："矛盾不能推出一切。"

我说："什么是矛盾？"

丙说："矛盾就是 A 且非 A"。"矛盾是事实"。

我说："根据这个矛盾的概念立即就可推出一切。"

丁说："你能推出某某人下一步将做什么事吗？"

我说："根据邓晓芒老师的论述，这个问题最终要通过实践才能说清楚。"

戊说："这只不过是实践论的情结。"

我发现大家都认为我的观点是错误的，大家也不想听，我不断地被打断，我无法完整地表达我自己的看法，我也就停止了对矛盾可以推出一切的证明。因为我知道，如果一个人认为自己正确或认为别人错误就不会怀疑自己，因此就不会处于自启发状态，当然也就听不进去别人从外部的启发了。

但我却处于十分活跃的自启发状态。我不仅从别人简短的看法中获得了很多外在的启发，而且通过不断自我启发获得了对矛盾可以推出一切命题的越来越深入的认识。

甲说："哲学与逻辑的关系是一个始终困扰着我们的问题。"亚里士多德说，哲学是一切科学的总汇。哲学包含本体论，逻辑学，认识论，伦理学，美学，宗教学，科学哲学……逻辑学在根本上是属于哲学的。而逻辑学在根本上只有一个，那就是辩证逻辑，因为形式逻辑是从辩证逻辑的形式方面分离出来的结果。逻辑学总是向两个方面发展，一方面远离辩证逻辑，一方面指向辩证逻辑，而辩证逻辑也总是向两个方面发展，一方面远离实践，一方面指向实践。从远离辩证逻辑的方向就形成了形式逻辑的学科，那些包含内容并被称为非形式逻辑的逻辑仍然是形式逻辑，因为这些逻辑已经从根本上脱离了现实。为什么总是不能证明 $a = b$ 呢？因为从形式上是不能证明 $a = b$ 的，因为我们只能体验性地理解 $a = b$，因为事物只能通过变化才能保持同一。黑格尔为什么提出历史的与逻辑的一致的命题呢？一方面是因为，黑格尔发现了历史与逻辑的联系，另一方面又没有从逻辑在先的思想传统中摆脱出来。马克思以前，逻辑学是在时间之外的，逻辑学是无时间性的，而历史是在时间之中的，历史是具有时间性的，这种情况下，历史与逻辑怎么一致呢？只有马克思才解决了这一问题，也就是说，逻辑是与历史一致的，逻辑是具有时间性的。从某种意义上说，哲学就是形而上学。而形而上学就是关于超越所有感性事物存在的学说，超越所有的感性事物当然就与所有的感性事物相联系，因此，哲学也就只有一个。从某种意义上说，只有一个本体论，只有一个逻辑学，只有一个认识论，只有一个伦理学，只有一个美学，只有一个宗教学，只有一个科学哲学等，因为所有这些分支学科都是哲学的一个方面。

乙说："矛盾不能推出一切。"我在不久前就听过两个学者关于矛盾不能推出一切的讲演，而且两个讲演者都知道我听过。我就是在听了矛盾不能推出一切的讲演后开始思考矛盾是可以推出一切的。我虽然没能完全听懂矛盾不能推出一切这个命题所包含的主要含义，但我马上可以确定以下几点：这是讲演者在介绍别人的观点；这个命题一定有它正面的一些道理：这个命题一定有它的不足之处；这是一个形式逻辑范围内的命题等。但同时，一方面，我有一个问题没有想明白，我肯定矛盾不能推出一切是形式逻辑范围内的命题，但形式逻辑怎样理解辩证逻辑的矛盾当时我还不是很清楚。另一方面，我也有了充分的理由认为矛盾可以推出一切。从形式上说，既然矛盾不能推出一切有道理，相应地，矛盾能够推出一切也一定有一定的道理，而且我认为，矛盾能够推出一切更根本。从哲学史的角度说，很多哲学家的思想中都或明或暗地包含着矛盾可以推出一切的命题，我甚至发现矛盾可以推出一切的命题贯穿于哲学史之中。从人类历史的实践活动入手也可以说明矛盾可以推出一切的命题。我的关于矛盾可以推出一切的想法还没有跟任何人讲过，我一提出矛盾能够推出一切的想法就被打断了至少说明了以下一些问题：打断我的老师认为，矛盾不能推出一切的命题是正确的；矛盾能够推出一切的命题是错误的或者是没有意义的；不想听我讲下去；我预料到我讲的内容都不会被认为有半点道理，从而我的讲话会不断地被打断，因为此时听者处于怀疑他人同时不怀疑自己的状态。怀疑他人是正确的，但总得先听别人把话说完。不怀疑自己就远离了自启发状态，别人说什么也就听不进去了。我再说也没有意义，但我还是抑制不住自己的自启发状态，想弄清楚形式逻辑是怎样定义辩证逻辑矛盾的，因此我还是多说了一句，什么是矛盾？

丙说："矛盾就是 A 且非 A。""矛盾是事实"。"矛盾就是 A 且非 A" 是对辩证逻辑矛盾概念从形式逻辑出发的形式化定义。形式逻辑对辩证逻辑某些内容的形式化定义还有：比如，对说谎者悖论的形式化定义是这样的，这句话是假的当且仅当这句话是真的，这句话是真的当且仅当这句话是假的，等等。我肯定这种形式化的定义对研究辩证逻辑是有价值的，但也存在一些问题，因为形式化脱离实际，从而失去矛盾的自发的动力性特征。从形式逻辑的视角看，"矛盾就是 A 且非 A" 中的 A 且非 A 就是一个全集，矛盾的形式化定义中就包含着一切，当然根据矛盾的形式化定义就可推出一切，因为形式化的矛盾失去了动力，所以不能推出现实中的任何事物，因而就没有明显的现实意义，但这种形式化的研究仍然具有巨大的理论意义和现实意义，恰恰是按照辩证逻辑来研究矛盾好像意义不大或没有意义。当把矛盾定义为 "A 且非 A" 时，是 "A 且非 A" 之外的我们根据前提（"A 且非 A"）在逻辑范围之内进行推理，而前提是静态的矛盾（"A 且非 A"），所以不能推出静态矛盾之外的事物，因而矛盾不能推出一切。当把矛盾定义为矛盾就是自相对立，矛盾就是自否定时，矛盾是最后的根据，矛盾也是运动的根据，矛盾也是任何事物的根据，所以矛盾能够推出一切。矛盾（"A 且非 A"）不能推出一切是矛盾（自否定）推出一切的静态形式方面。从形式逻辑的视角看，"矛盾是事实" 中的矛盾应该是矛盾而不应该是矛盾是事实。从辩证逻辑的视角看，矛盾是事实又是成立的。如果令 A 表示矛盾能够推出一切，令非 A 表示矛盾不能推出一切，那么，根据 "矛盾就是 A 且非 A"，"矛盾是事实"，就可以推出："矛盾能够推出一切" 且 "矛盾不能推出一切" 是事实，也就是说，直接从形式上就可判断，"矛盾能够推出一切"，"矛盾不能推出一切" 都是有道理的，而且还可以立即推出，任何相对立的命题都是有道理的。终极的对错是我们不能立即得到答案的，因此应该关心的是任何一个命题在哪些地方有道理，哪些地方没有道理，命题之间的关系是怎样的。形式逻辑是辩证逻辑的形式方面，因此，"矛盾能够推出一切"，"矛盾不能推出一切"都是有道理的，而且，"矛盾不能推出一切"只是"矛盾能够推出一切"的形式方面。下面从辩证逻辑的角度简单地说明一下矛盾能够推出一切。辩证逻辑对矛盾的定义是矛盾是同一个东西自己跟自己对立，矛盾是自否定，矛盾是自己走向自己的反面，矛盾是万物最终的根据，形式逻辑的"矛盾就是 A 且非 A"是辩证逻辑关于矛盾定义的形式方面。从哲学史上说，泰勒斯认为的水是万物本原的命题之中就包含着矛盾能够推出一切的命题，莱布尼茨明确说过世间的一切可以通过逻辑推出来，黑格尔也认为矛盾可以推出一切等。从本体论上说，一元论的体系之中一定包含矛盾能够推出一切的命题，而二元论、多元论的体系是很少的，二元论、多元论从根本上说都是蕴含一元论的，因此矛盾是能够推出一切的。从本体论、逻辑学和认识论三统一的视角来说，我们能够认识到矛盾能够推出一切根本上是因为本体论上一元论的原因，矛盾能够推出一切只是万物都是自己产生自己和宇宙是自己产生自己的逻辑方面，因为一切都是自己产生自己的，所以才有矛盾能够推出一切，因为从根本上说一切都是自相矛盾的。

丁说："你能推出某某人下一步将做什么事吗?"先比较一下："矛盾能够推出一切"与"你能推出某某人下一步将做什么事吗"，两者说的不是一回事，矛盾推出一切意思是自己推出自己的一切，"你能推出某某人下一步将做什么事吗"，说的是一个人不是自己对自己的推理而是对他人的推理。每个人都是自由的，所以，每个人从本体论上自己产生了自己的一切，所以，从逻辑上说，自相矛盾推出了一切，也许有些地方没有被自己和他人认识到，但最终会被全部认识到，将产生什么没有被认识到并不构成对矛盾推出一切的反驳。更进一步说，从本体论上说，矛盾向前推出一切。从认识论上说，矛盾向后推出一切，必然要发生的事情也是在发生的同时或之后才知道。从逻辑学上说，矛盾向前向后都可以推出一切。别人是另一个自己，所以，从本体论、认识论、逻辑学上，也可以得到矛盾推出一切的结论。矛盾能够推出一切只是自发和自由的逻辑方面。万物都有自己的逻辑，每个人都有每个人的逻辑，但最终只有一个逻辑。

戊说："这只不过是实践论的情结。"宇宙是自有自发的，人是自由的。那么什么是自己呢？从身体上说，自己就是整个宇宙，马克思说过整个宇宙都是人的无机身体。这也可以通俗地理解，人们离不开水，人们离不开空气，人们离不开太阳，等等，即人们离不开整个宇宙。水、空气和阳光等能够区分成你的我的他的吗？只有一个水、只有一个空气、只有一个阳光、只有一个宇宙。所以从身体上说，只有一个人，自然是另一个自己，他人是另一个自己，社会是另一个自己。从精神上说，自己都是处于超越整个宇宙过程中的无化。所以，从整体的自己上说，每个自己都是深入着的全宇宙也是超越全宇宙的无化。从历史的自己的角度看，社会历史实践活动的动态总和是每个自己的本质。社会历史实践活动的动态总和创造着一切。自由只是社会历史实践活动的动态总和创造着一切的形式方面。矛盾推出一切只是自由的逻辑方面。地球会毁灭，太阳会毁灭，但人的实践活动是宇宙的本质，宇宙任何时候都是一个人，只是所处的状态不同。也就是说，即使地球毁灭了，太阳毁灭了，宇宙会重新产生出地球、太阳和人等。新一轮的展示可能会后退，可能会向前，但最理想的状态一定会出现，同时，最理想的状态一定是任何一轮展示的标准。

因为哲学都没有经验的证据，我不认为我的论述是绝对正确的。不是为了征服，也不是为了说服，我只是进行自启发式的自由探索。没有自启发的前提，一切交流都不能正常进行。每个人都是自觉或不自觉地在进行自启发式的自由探索，因为无论如何我们都逃脱不了我们是人的命运。人的心比宇宙广大，但人的心却不能总是清楚宇宙的最深处。喜欢别人的观点与自己相同，这是第一种境界。喜欢别人的观点与自己不同，这是第二种境界。喜欢追求正确的观点，这是第三种境界，身处这种境界必有明确的自启发意识。

四　自启发是启发式教学方法的前提的理论证明

究竟什么是正确的？究竟以什么为标准？对个人来说，自信——

主观的确定性，自由的基本形式；自疑——对主观确定性的否定，指向客观的确定性，自由的高一级形式；自由，主观确定性与客观确定性的对立同一。科学追求客观的确定性。宗教追求主观的确定性。哲学追求确定性本身。追求客观的确定性离不开主观的确定性，追求主观的确定性离不开客观的确定性，所以确定性的根本问题是什么是确定性本身。

　　科学以重复出现的外在经验效果为标准。无论什么理论、什么方法只要能使同一经验效果重复出现就是科学。科学就是寻找在一定条件下使同一经验效果重复出现的原因。在个别与一般的关系这一问题上，科学从个别出发寻找一般，又从一般到个别，个别与一般不断循环，但循环的起点和终点始终是个别。数学的研究对象是数、点、线、面和体等。数学上的数、点、线、面和体等只有从个别到一般才能被理解，也只有从一般到个别才能被应用，如果脱离个别，数学上的数、点、线、面和体等就是个别事物的某一方面的纯粹抽象。物理学的研究对象是粒子、场、波和波粒子等。微观粒子具有波粒二象性。从根本上说，物理学研究的对象都具有波粒二象性，极端情况都是忽视了另一端的抽象。哥德尔（Godel）的不完全性定理认为，数学是无法完全形式化的，数学具有不确定性。数学从根本上说，既具有确定性又具有不确定性。当我们认为数学只具有确定性的时候，只是我们没有发现数学确定性之中所包含的不确定性。测不准原理说明微观客体某些成对的物理量不可能同时被确定精确的数值，因为实际情况是微观客体成对的物理量既是对立的又是同一的。其实任何成对的物理量既是对立的又是同一的。也就是说，所有的物理量既是确定的又是不确定的，当我们认为物理学只具有确定性的时候，只是我们没有发现物理学确定性之中所包含的不确定性。元素周期律是唯物辩证法从量变到质变规律的一个科学例证。经典力学认为，同时性具有绝对性，相对论认为，同时性具有相对性。经典力学的同时性只是相对论力学的同时性的分离式的绝对化。任何同时既是同时的又是不同时的，任何同时既具有确定性又具有不确定性。为什么没有百分之百的黄金？无论怎么细分黄金也不能得到百分之百的黄金，黄金在任何时候与整个宇宙都是普遍联系的。任何事物本身既是确定的又是不确定的。分形理论认为，分形内部任何一个相对独立的部分，在一定程度上都是整体的再现与缩影。宇宙之中任何事物都是宇宙的缩影，宇宙之中任何事物既是确定的又是不确定的。亚里士多德的自由落体理论包含伽利略关于自由落体的论述，只是伽利略关于自由落体的论述的限定条件更多，因而也就具有更多的确定性。牛顿力学可认为是相对论力学在低速情况下的特例。狭义相对论是广义相对论在引力场很弱时的特殊情况。科学只有一个。科学就是不断深入宇宙又不断超越宇宙的过程。科学的成果就包含在不断返回过去又不断走向未来的过程之中。科学的发展水平就展示在科学的发展过程之中。

宗教以内在的主观信仰为标准。无论什么理论、什么方法如果只以维护信仰为目标就是宗教。宗教就是寻找主观确定性的终极原因。在个别与一般的关系这一问题上，宗教从一般出发推导或创造个别，又从个别返回到一般，个别与一般不断循环，但循环的起点和终点始终是一般。佛教认为，现实的人生具有无常、无我、苦等特性。佛教的目标是超出生死的轮回达到涅槃或解脱。熄灭生死轮回后获得的精神境界就是涅槃或解脱。佛教认为，现实的人生是不确定的，超脱生死轮回后才能获得确定性。基督教认为，上帝创造并主宰世界，人类从始祖起都犯了原罪，人类都因原罪而受苦，人们因信仰上帝获救而进入天堂，人们因永不信仰上帝而受到下地狱的永罚。基督教认为，人间是变化无穷的苦。全知全善全能的上帝是永恒不变的，天堂的幸福是永恒不变的幸福，地狱的惩罚是永恒不变的惩罚。伊斯兰教的主要教义是：信安拉，信《古兰经》，信死后复活，信末日审判，信一切都由安拉预定。伊斯兰教认为，信唯一的主宰安拉的人们将获得和平。在伊斯兰教看来，人生表面上的变化由我们定，人生从根本上早已被安拉确定了。佛教、基督教与伊斯兰教并称为世界三大宗教，而世界三大宗教所认为的主观确定性是各不相同的，从某种意义上我们可以说，主观确定性既是确定的又是不确定的。

罗素关于科学、宗教和哲学关系的论述。罗素说："哲学，就我对这个词的理解来说，乃是某种介乎神学与科学之间的东西。它和神学一样，包含着人类对于那些迄今仍为确切的知识所不能肯定的事物的思考；但是它又像科学一样是诉之于人类的理性而不是诉之于权威的，不管是传统的权威还是启示的权威。一切确切的知识——我是这样主张的——都属于科学；一切涉及超乎确切知识之外的教条都属于神学。但是介乎神学与科学之间还有一片受到双方攻击的无人之域；这片无人之域就是哲学。思辨的心灵所最感兴趣的一切问题，几乎都是科学所不能回答的问题；而神学家们的信心百倍的答案，也已不再像它们在过去的世纪里那么令人信服了。"① 在罗素看来，科学是确定的，神学在过去是确定的，现在人们认为神学已是不确定的了，哲学的问题是科学不能回答的，因而哲学也是不确定的。哲学与科学一样诉之于理性，神学诉之于信仰。在我们看来，科学、宗教和哲学都既是确定的又是不确定的。罗素主要强调了科学、神学和哲学之间的外在区别。科学从经验中虚构出有限绝对的框架再去解释或创造经验，科学寻找有限的原因。哲学从经验中虚构出无限绝对的框架再去解释或创造宇宙或人，哲学追求终极的原因。宗教从经验中虚构出无限绝对的框架再去解释或创造神以及宗教信仰确定的终极原因。实际上是，科学和宗教既在哲学之外又在哲学之内。从根本上说，科学和宗教只是哲学某一方面的极端化、分离化和独立化，科学和宗教最终是在哲学之内的，正如亚里士多德所说，哲学是科学的总汇。那么，哲学的本性是什么呢？

　　哲学无定论。哲学有定论是哲学既有定论又无定论中的哲学无定论方面。哲学无定论是指哲学向前不断产生出来的过程。哲学无定论表现为有多种哲学，表现为各个具体哲学的差别，最终是因为哲学的自怀疑、自否定。中国有多位学者发表论文论证哲学无定论。例如：贺麟的《论哲学纷无定论》、陈修斋的《关于哲学本性问题的思考》、邓晓芒的《哲学无定论　理性有自由》、李维武的《关于"哲学无定论"问题的探讨与陈修斋先生的阐释》、吴根友的《简论陈修斋先生

---

　　① ［英］罗素：《西方哲学史》上卷，何兆武、李约瑟译，商务印书馆 2001 年版，第11 页。

的"哲学无定论"》等。无原则的批判也是哲学无定论的表现。西方怀疑论派的哲学家可以说都是赞同哲学无定论的。一般来说，被称为后现代派的哲学家也是赞同哲学无定论的。在我们看来，有无哲学也是一个问题。中外哲学史上都有很多哲学派别。各个哲学派别甚至每一个哲学家对同样哲学问题的回答也是各不相同的。哲学被分为许多哲学部门，比如，本体论、逻辑学、认识论、伦理学、美学、科技哲学、政治哲学、艺术哲学和宗教哲学等。而且，不同的哲学家对哲学部门的划分也是不一样的。随着时代的变化，哲学探讨的主题不断变化，哲学本身也在不断变化。针对变的逻辑是辩证逻辑。针对真来说，如果以主观为标准，就会信以为真、自以为真，就会停留于伪真。针对善来说，如果以个人的意志为标准，就会把追求个人利益当成是道德的，就会认为利己主义是合理的，就会停留于伪善。针对美来说，如果以主观为标准，美就是主观以客观为手段表达出来的情感意象，美就是艺术，也可能是伪美。伪自尊、伪科学、自知其无知也是哲学无定论的表现。总之，哲学无定论指的就是哲学的个别性、偶然性、不确定性和多元性。

哲学有定论。哲学有定论是哲学既有定论又无定论中的哲学有定论方面。哲学有定论是指哲学向后反思的过程。哲学有定论就是指只有一个哲学。哲学有定论就是各个具体哲学在相互对立中得到确定，最终是因为哲学的自确定。西方独断论派的哲学家可以说都是赞同哲学有定论的。黑格尔的哲学是一个向后封闭的体系，从这一意义上说，黑格尔也是赞同哲学有定论的。在我们看来，什么时候产生了哲学什么时候就有了哲学，哲学的本质就是哲学的起源。只有一个哲学。哲学的基本问题也只有一个。无论对哲学怎样划分，每一部分都是同一哲学的不同方面，对每一部分的理解都是通过不同的方式对整个哲学的理解。所谓本体论，就是从自然出发对主观与客观同一性的把握。所谓逻辑学，就是从人出发对主观与客观同一性的把握，所谓认识论就是从人与自然的关系出发对主观与客观同一性的把握，从根本上说，本体论、逻辑学和认识论是三同一的。进一步说，认识论、伦理学和美学也是三同一的。再进一步说，无论把哲学分成多少部分，哲学的所有这些部分都是同一的。无论哲学怎样变，它们都属于同一个不变的哲学。针对不变的逻辑是形式逻辑。针对真来说，如果以客观为标准，就会把共同的、不变的当作真，就会是自真。针对善来说，如果以个人的理性为标准，就会把追求共同利益当成是道德的，就会认为集体主义是合理的，就会是自善。针对美来说，如果以客观为标准，美就是客观以主观为手段表达出来的情感意象，美就是美，就会是自美。自尊、自科学和自知其有知也是哲学有定论的表现。总之，哲学有定论指的是哲学的一般性、必然性、确定性、一元性和哲学的理性本质。

哲学自定论。哲学自定论是指哲学向前向后自同一的过程。哲学自定论就是哲学自由论。辩证论者认为，哲学既是有定论的又是无定论的，哲学既是确定的又是不确定的，哲学是自我确定的。多个哲学组成唯一的哲学，每个哲学在唯一哲学中都有自己恰当的位置，随着唯一哲学的发展每个哲学的位置不断调整，只有通过多个哲学才能展示那唯一的哲学，多元论必然是一元论，所有不同的哲学必然是多位一体的，不断深入多个哲学的过程就是不断超入唯一哲学的过程。哲学只有通过变化才能保持自身的不变。哲学的自身同一是通过差别和对立表现出来的。哲学就是通过不确定性来保持确定性的。只有一个逻辑，这个逻辑就是辩证逻辑，形式逻辑只是辩证逻辑的形式方面。对于真来说，真是主客观的对立同一，真是从伪真走向自真的过程。对于善来说，就是意志与理性的对立同一，就是人与人之间的相互对立同一，就是所有人的自由，善是从伪善走向自善的过程。对于美来说，美就是主观与客观相互以对方为目的所表现出来的情感意象，美就是美感，美是从伪美走向自美的过程。自尊是从伪自尊走向自尊的过程，科学是从伪科学走向自科学的过程，自知是从自知其无知走向自知其有知的过程等。哲学通过个别与一般来表现自由。哲学通过偶然与必然来表现自由。哲学通过确定性和不确定性来表现自由。哲学通过意志、理性和情感来表现自由。哲学无定论指的是自由的自发性方面，哲学有定论指的是自由的理性方面，哲学自定论指的是自由本身。总之，哲学自定论指的是哲学是自由的。自由是自启发的根据。

五   自启发是启发式教学方法的前提，最终根据在于实践

学习的目的就是深入宇宙的同时超越宇宙，从而领悟人生的意义。人生的意义要靠实践来创造，要靠语言来表达。

所有的语言表达如果有意义都要依靠陈述句、判断句或命题。下面通过一个具体的陈述句所表达的意义入手探索意义的最终起源。

例如，树叶是绿的。从树叶和绿的的一般意义来说，树叶既可以表示个别也可以表示一般，同样，绿的也既可以表示个别也可以表示一般。因此，从树叶是绿的所表达的具体意义就可以转化为如下一些抽象意义。（一）个别是个别。（二）个别是一般。（三）一般是个别。（四）一般是一般。（一）和（四）必须依靠（二）才有意义。从某种意义上说，（三）可以归结为（二）。下面分析（二）个别是一般的逻辑意义。由个别是一般；一般不是个别：个别不是个别。由个别是一般；个别不是个别：个别不是个别而是一般，也就是说，万物都是自相对立而又与对立面同一的，因此，万物最终的逻辑根据是矛盾，万物是多元一体的，他物、他人和社会是另一个自己。从矛盾出发，树叶是绿的表达的意思是差别是同一的，因此，差别是矛盾；个别是一般表达的意思是对立是同一的，因此，对立是矛盾；而矛盾就是自相对立和对立同一。千差万别的感性事物和万物的本质都是矛盾的表现。

还是以树叶是绿的为例。树叶和绿的都有内涵和外延两方面。树叶既可以表示思维又可以表示存在，同样，绿的也既可以表示思维又可以表示存在。依照对个别是一般的分析对存在是思维的分析可得到：存在不是存在而是思维，也就是说，万物都是自己走向自己的反面而又与对立面同一的，因此，万物最终是自由的，人类最终的目标是自由人的联合体。差别和对立都是自由的结果，矛盾是自由的逻辑方面。

哲学既是多个又是一个，变化中的多个哲学（中外各种哲学）保持为唯一的哲学，这个哲学就是马克思的实践唯物主义。在马克思主义看来，人是宇宙显现出来的本质，自由自觉的活动和社会关系的总

和即是实践活动，人的本质就是人的实践活动，因此，宇宙的本质就是人的实践活动。唯心主义最终用宇宙之外的精神原因来解释宇宙，其他唯物主义都是用抽象的物质原因解释宇宙，而只有马克思主义哲学是关于宇宙（达到人这一阶段后）通过自己对自己的创造同时自我认识的理论，因此，马克思的实践唯物主义是唯一具有可靠根据的哲学，也就是说，马克思主义哲学与人类的起源和发展是一致的，因此，马克思主义的实践唯物主义是唯一的哲学。马克思主义哲学以前的哲学是马克思主义哲学的准备，马克思主义哲学以后的哲学是对马克思主义哲学某些部分或环节的深化。其他哲学都是马克思主义哲学的某个方面，是脱离实践活动的结果，但最终又是来源于实践活动的。马克思主义哲学既超越实践活动同时又深入实践活动，最终与实践活动合为一体。实践活动使人类在深入宇宙的同时超越宇宙，实践活动的发展表现在向后同时向前的双向展开的同一过程之中。认识到的与体验到的是相同的又是不同的。表达的与创造的是相同的又是不同的。矛盾是自由的逻辑方面，自由是实践活动的理论方面，自由是自启发的根据，因此实践活动是自启发的最终根据。

中外文参考文献

《马克思恩格斯文集》第一至六卷，人民出版社 2009 年版。

《马克思恩格斯选集》第一至四卷，人民出版社 1976 年版。

北京大学哲学系外国哲学史教研室编译：《古希腊罗马哲学》，商务
　印书馆 1961 年版。

北京大学哲学系外国哲学史教研室编译：《十六——十八世纪西欧各
　国哲学》，商务印书馆 1975 年版。

北京大学哲学系外国哲学史教研室编译：《西方哲学原著选读》上
　卷、下卷，商务印书馆 2003 年版。

陈乐民编著：《莱布尼茨读本》，江苏教育出版社 2006 年版。

陈修斋、段德智：《莱布尼茨》，东大图书公司 1994 年版。

陈修斋、杨祖陶：《欧洲哲学史稿》，湖北人民出版社 1983 年版。

陈修斋主编：《欧洲哲学史上的经验主义和理性主义》，人民出版社
　1997 年版。

单纯：《当代西方宗教哲学》，中国社会科学出版社 2004 年版。

单纯：《宗教哲学》，中国社会科学出版社 2003 年版。

邓安庆主编：《伦理学术》③，上海教育出版社 2017 年版。

邓晓芒：《徜徉在思想的密林里》，重庆大学出版社 2012 年版。

邓晓芒：《康德哲学诸问题》，生活·读书·新知三联书店 2006 年版。

邓晓芒：《实践唯物论新解：开出现象学之维》，武汉大学出版社
　2007 年版。

邓晓芒：《思辨的张力》，湖南教育出版社 1998 年版。

邓晓芒：《文学与文化三论》，湖北人民出版社 2005 年版。

邓晓芒、赵林：《西方哲学史》，高等教育出版社 2005 年版。

段德智：《莱布尼茨哲学研究》，人民出版社 2011 年版。

段德智：《死亡哲学》，湖北人民出版社 1997 年版。

段德智：《中世纪哲学研究》，人民出版社 2014 年版。

段德智选编：《陈修斋哲学与哲学史论文集》，武汉大学出版社 1995 年版。

胡景钟、张庆熊主编：《西方宗教哲学文选》，尹大贻等译，上海人民出版社 2002 年版。

江畅：《现代西方价值理论研究》，陕西师范大学出版社 1992 年版。

江畅：《自主与和谐》，武汉大学出版社 1995 年版。

林国基：《神义论语境中的社会契约论传统》，上海三联书店 2005 年版。

苗力田主编：《古希腊哲学》，中国人民大学出版社 1989 年版。

桑靖宇：《莱布尼茨与现象学》，中国社会科学出版社 2009 年版。

王太庆主编：《西方自然哲学原著选辑》（一），北京大学出版社 1988 年版。

谢地坤：《费希特的宗教哲学》，中国社会科学出版社 1993 年版。

杨祖陶：《德国古典哲学逻辑进程》，武汉大学出版社 2003 年版。

杨祖陶：《康德黑格尔哲学研究》，武汉大学出版社 2001 年版。

张传有：《幸福就要珍惜生命——奥古斯丁论宗教与人生》，湖北人民出版社 2001 年版。

张宪：《启示的理性——欧洲哲学与基督宗教思想》，四川出版集团、巴蜀书社 2006 年版。

张志刚：《理性的彷徨》，东方出版社 1997 年版。

张志刚：《走向神圣》，人民出版社 1995 年版。

赵敦华：《基督教 1500 年》，人民出版社 2007 年版。

赵敦华、傅乐安主编：《中世纪哲学》上、下卷，商务印书馆 2013 年版。

赵林：《黑格尔的宗教哲学》，武汉大学出版社 2005 年版。

赵林：《基督教与西方文化》，商务印书馆 2013 年版。

赵林：《西方文化概论》，高等教育出版社 2004 年版。

赵林：《西方宗教文化》，武汉大学出版社 2005 年版。

赵林：《论莱布尼茨的神学思想》，《道风：基督教文化评论》2006 年第 24 期。

赵林：《罪恶与自由意志——奥古斯丁"原罪"理论辨析》，《世界哲学》2006 年第 3 期。

周辅成编：《西方伦理学名著选辑》上、下卷，商务印书馆 1987 年版。

［德］恩格斯：《自然辩证法》，人民出版社 2018 年版。

［德］费尔巴哈：《对莱布尼茨哲学的叙述、分析和批判》，涂纪亮译，商务印书馆 1997 年版。

［德］费尔巴哈：《费尔巴哈哲学著作选集》上、下卷，荣震华、王太庆、刘磊译，生活·读书·新知三联书店 1962 年版。

［德］费尔巴哈：《基督教的本质》，荣震华译，商务印书馆 1997 年版。

［德］费尔巴哈：《宗教的本质》，王太庆译，商务印书馆 2003 年版。

［德］费希特：《费希特文集》第 1—5 卷，梁志学编译，商务印书馆 2014 年版。

［德］费希特：《全部知识学的基础》，王玖兴译，商务印书馆 1986 年版。

［德］H. 波塞尔编：《莱布尼茨与中国——〈中国近事〉发表 300 周年国际学术讨论会论文集》，李文潮等译，科学出版社 2002 年版。

［德］海德格尔：《谢林论人类自由的本质》，薛华译，中国法制出版社 2009 年版。

［德］海德格尔：《形而上学导论》，熊伟、王庆节译，商务印书馆 2010 年版。

［德］黑格尔：《法哲学原理》，范扬、张企泰译，商务印书馆 2010 年版。

［德］黑格尔：《历史哲学》，王造时译，上海世纪出版集团 2011 年版。

［德］黑格尔：《哲学史讲演录》第一至四卷，贺麟、王太庆译，商务印书馆1997年版。

［德］黑格尔：《宗教哲学》（上中下），魏庆征译，中国社会出版社1999年版。

［德］亨利希·海涅：《论德国宗教和哲学的历史》，海安译，商务印书馆2000年版。

［德］康德：《纯粹理性批判》，邓晓芒译，人民出版社2012年版。

［德］康德：《判断力批判》，邓晓芒译，人民出版社2011年版。

［德］康德：《实践理性批判》，邓晓芒译，人民出版社2012年版。

［德］莱布尼茨：《莱布尼茨自然哲学著作选》，祖庆年译，中国社会科学出版社1985年版。

［德］莱布尼茨：《人类理智新论》上、下册，陈修斋译，商务印书馆2002年版。

［德］莱布尼茨：《神义论》，朱雁冰译，道风书社2003年版。

［德］莱布尼茨：《神正论》，段德智译，商务印书馆2016年版。

［德］莱布尼茨：《新系统及其说明》，陈修斋译，商务印书馆2002年版。

［德］莱布尼茨、［英］克拉克：《莱布尼茨与克拉克论战书信集》，陈修斋译，商务印书馆1996年版。

［德］莱布尼茨著，段德智编：《莱布尼茨后期形而上学文集》，商务印书馆2019年版。

［德］莱布尼茨著，段德智编：《莱布尼茨早期形而上学文集》，商务印书馆2017年版。

［德］莱布尼茨著，段德智编译：《莱布尼茨自然哲学文集》，商务印书馆2018年版。

［德］马克思：《1844年经济学哲学手稿》，刘丕坤译，人民出版社1979年版。

［德］文德尔班：《哲学史教程》上、下卷，罗达仁译，商务印书馆1997年版。

［德］谢林：《布鲁诺对话：论事物的神性原理和本性原理》，邓安庆

译，商务印书馆 2008 年版。

［德］谢林：《对人类自由的本质及其相关对象的哲学研究》，邓安庆
译，商务印书馆 2008 年版。

［德］谢林：《先验唯心论体系》，梁志学、石泉译，商务印书馆 2006
年版。

［俄］列宁：《哲学笔记》，人民出版社 1998 年版。

［法］笛卡尔：《第一哲学沉思集》，庞景仁译，商务印书馆 1998
年版。

［法］服尔德（伏尔泰）：《老实人》，傅雷译，安徽文艺出版社 1999
年版。

［古罗马］奥古斯丁：《奥古斯丁选集》，中国基督教三自爱国运动委
员会、中国基督教协会，2004 年。

［古罗马］奥古斯丁：《忏悔录》，周士良译，商务印书馆 2014 年版。

［古罗马］奥古斯丁：《论三位一体》，周伟驰译，上海世纪出版集团
2009 年版。

［古罗马］奥古斯丁：《论信望爱》，许一新译，生活·读书·新知三
联书店 2014 年版。

［古罗马］奥古斯丁：《论自由意志》，成官泯译，上海世纪出版集团
2013 年版。

［古罗马］塞克斯都·恩披里克：《悬搁判断与心灵宁静》，包利民等
译，中国社会科学出版社 2017 年版。

［古希腊］爱比克泰德：《爱比克泰德论说集》，王文华译，商务印书
馆 2009 年版。

［古希腊］柏拉图：《柏拉图全集》1、2、3、4、5、6、7、8、9、
10，王晓朝译，人民出版社 2017 年版。

［古希腊］柏拉图：《柏拉图全集》第一卷、第二卷、第三卷、第四
卷，王晓朝译，人民出版社 2017 年版。

［古希腊］亚里士多德：《尼各马科伦理学》，苗力田译，中国社会科
学出版社 1999 年版。

［古希腊］亚里士多德：《形而上学》，吴寿彭译，商务印书馆 2016

年版。

［古希腊］亚里士多德著，苗力田主编：《亚里士多德全集》第二卷，中国人民大学出版社 2017 年版。

［荷兰］斯宾诺莎：《伦理学》，贺麟译，商务印书馆 2015 年版。

［美］奥尔森：《基督教神学思想史》，吴瑞诚、徐成德译，北京大学出版社 2004 年版。

［美］胡斯都·L. 冈察雷斯：《基督教思想史》第 1—3 卷，陈泽民、孙汉书等译，译林出版社 2010 年版。

［美］迈尔威利·斯图沃德编：《当代西方宗教哲学》，周伟驰等译，北京大学出版社 2001 年版。

［美］帕特里克·赖利编：《莱布尼茨政治著作选》，张国帅、李媛、杜国宏译，中国政法大学出版社 2014 年版。

［意大利］托马斯·阿奎那：《神学大全》第 1—7 卷，段德智等译，商务印书馆 2017 年版。

［英］贝克莱：《人类知识原理》，关文运译，商务印书馆 2015 年版。

［英］霍布斯：《利维坦》，黎思复、黎廷弼译，商务印书馆 2016 年版。

［英］罗素：《对莱布尼茨哲学的批评性解释》，段德智、张传有、陈家琪译，商务印书馆 2000 年版。

［英］罗素：《西方哲学史》上卷，何兆武、李约瑟译，商务印书馆 2001 年版。

［英］罗素：《西方哲学史》下卷，马元德译，商务印书馆 2001 年版。

［英］洛克：《论宗教宽容》，吴云贵译，商务印书馆 2002 年版。

［英］洛克：《人类理解论》上、下册，关文运译，商务印书馆 2015 年版。

［英］玛丽亚·罗莎·安托内萨：《莱布尼茨传》，宋斌译，中国人民大学出版社 2015 年版。

［英］麦克唐纳·罗斯：《莱布尼茨》，张传友译，中国社会科学出版社 1987 年版。

［英］休谟：《人性论》上、下册，关文运译，商务印书馆 2014

年版。

［英］休谟：《自然宗教对话录》，陈修斋、曹棉之译，商务印书馆 2002 年版。

［英］休谟：《宗教的自然史》，曾晓平译，商务印书馆 2014 年版。

Bertrand Russell, *A Critical Exposition of the philosophy of Leibniz.* Cambridge, 1900.

G. W. Leibniz, *Philosophical papers and Letters*, edited and translated by Leory E. Loemder, Chicago, 1956.

G. W. Leibniz, *Theodicy*, translated by E. M. Huggard, Oxford, 2007.

Robert Latta（ed）, *Leibniz：The Monadology and Other Philosophical Writings*, Oxford, 1898.

Thomas Aquinas, *Summa Theologiae*, Vol. 8, Cambridge University Press, 2006.

后　记

　　由于本书主题的限制，书中对必然要涉及的哲学方面的一些基础问题没有能够详细论述，而这些哲学方面的基础问题又是我特别重视的问题，所以我写作附录作补充论证。

　　一般认为，对一个哲学问题作详细的研究必须既对哲学史上的相关研究作综合研究，又对现当代的相关研究作综合研究，还要深入现实生活。附录一是我对信仰与理性的关系问题作的一个详细研究。附录一对问题的论证催生了对哲学史上的相关研究作综合研究，突出了哲学就是哲学史这一个方面，其他方面的论证相对简略。

　　关于附录二说明两点。第一，附录二对问题的论证突出了联系实际对问题的本质进行逻辑论证的方法，强调了哲学既是对现实生活的超越又是对现实生活的深入这一个方面，其他方面的论证相对简略。第二，附录二是一个与教学相关的问题，与本书所讨论的神义问题怎样联系越来呢？根据"完成了的自然主义是人本主义，完成了的人本主义是自然主义"，我们认为，哲学就是自己与自己对话和自己启发自己的过程，启发式教学活动典型地体现了哲学活动，自启发是理解哲学的一般方法。总之，附录二对贯穿本书的一个基础问题（矛盾推出一切）作了详细的论证。

　　除了对附录一和附录二的说明，对于本书的出版我心中有说不尽的话。简略的习惯不能让我把所有的话都说出来，下面的话是我忍不往要说的。

　　感谢赵林教师和江畅老师对我的指导！

　　感谢刘可风老师、王雨辰老师、高碧峰老师、陈食霖老师、万健琳老师、笪宁老师、张佳老师、陈春英老师、龚天平老师、胡真圣老师、胡学军老师和郭剑仁老师对我的帮助和支持！

　　感谢中南财经政治大学美学导师组、外国哲学导师组和逻辑学导师组全体老师对我的帮助和支持！

　　感谢杨晓芳老师为本书的出版付出的辛勤劳动！

　　感谢我的家人对我的帮助和支持！